Conversas
e
Cosmopolitans

ROBERT RAVE *e* JANE RAVE

Conversas *e* Cosmopolitans

Como uma mãe e um filho finalmente conseguiram mostrar quem realmente são

Tradução

Ana Carolina Mesquita

1ª edição

BestSeller

Rio de Janeiro | 2013

CIP-BRASIL. CATALOGAÇÃO NA FONTE
SINDICATO NACIONAL DOS EDITORES DE LIVROS, RJ.

Rave, Robert
R198c Conversas e cosmopolitans : como uma mãe e um filho finalmente conseguiram mostrar quem realmente são / Robert Rave, Jane Rave ; tradução: Ana Carolina Mesquita. – 1. ed. – Rio de Janeiro : Best*Seller*, 2013.
il.

Tradução de: Conversations and cosmopolitans
Apêndice
ISBN 978-85-7684-620-8

1. Memórias. 2. Relato autobiográfico. 3. Pais de homossexuais – Aspectos sociais. 4. Pais e filhos. I. Rave, Jane. II. Título.

13-02962 CDD: 306.76
CDU: 316.346-055.2

Texto revisado segundo o novo Acordo Ortográfico da Língua Portuguesa.

Título original norte-americano
CONVERSATIONS AND COSMOPOLITANS

Publicado mediante acordo com St. Martin's Press, 175 Fifth Avenue, New York, N.Y. 10010

Capa: Elmo Rosa
Editoração eletrônica: FA Studio

Direitos exclusivos de publicação em língua portuguesa para o Brasil adquiridos pela
EDITORA BEST SELLER LTDA.
Rua Argentina, 171, parte, São Cristóvão
Rio de Janeiro, RJ — 20921-380
que se reserva a propriedade literária desta tradução

Impresso no Brasil

ISBN 978-85-7684-620-8

Dedicado a Ron Rave, cuja fantástica habilidade de contar histórias só não é maior que o tamanho de seu coração.

SUMÁRIO

PARTE TRÊS: O jogo dos relacionamentos

AGRADECIMENTOS

Faça a bainha de suas bênçãos com gratidão,
para que elas não descosturem

— Autor desconhecido

Robert Rave gostaria de agradecer a:

Bryan Jacobson, você foi a única pessoa a ouvir noventa por cento das histórias deste livro à medida em que elas aconteciam. Você sempre me fez manter o humor ao longo de tudo isso. Sinto sua falta, Rainha. Você pode ter ido embora, mas carrego comigo a sua risada todos os dias.

Tenho uma dívida de gratidão com meu agente literário e cara sensacional, Jason Allen Ashlock. Sua sabedoria só é superada por sua graciosidade.

Agradecimentos sinceros à minha editora na St. Martin's Press, Sarah Johnson, que deixou uma impressão indelével em tudo o que escrevi.

Obrigado, obrigado e obrigado a Sally Richardson, Matthew Shear, John Murphy, Ann Day e à equipe extremamente talentosa e dedicada da St. Martin's Press por acreditarem em mim.

Meus agradecimentos a Elizabeth Newman e Michelle Weiner, da CAA.

A Matt Walker e Joshua Carmichael Fearnley, da Period Media.

A André Mello pela amizade contínua e por ler tudo o que escrevo antes de qualquer um.

A Blaire Bercy, que me ouve por horas a fio e me diz quando dar uma amenizada na loucura... e quando incendiá-la.

A Bryan Batt, Lance Bass, Robert Leleux, Heather McDonald e Mishna Wolff, autores incrivelmente generosos que dedicaram seu tempo a ler este livro e foram gentis o bastante para escrever algo a respeito dele.

Àqueles que me inspiraram, encorajaram e fizeram sorrir ao longo do caminho: SuChin Pak, Scott Seviour, Richard Chung, Lisa Delcampo, Lance Bass, Marc Malkin, Jake Gant, Luigi Picarazzi, Jonathan Kruger, Jamie King, Rodney Ferrell, Harley Rodriguez, Jeremy Blacklow, Greg Baldwin, Jennifer Gill, Michelle Jubelirer, Jon Barrett, Peter Marc Jacobson, Paul Aaron e Christopher Miele.

Já fiz isso antes, mas obrigado a *você*, leitor, por comprar meus livros, dedicar seu tempo a lê-los e divulgá-los aos amigos. Agradeço pelos e-mails, pelos tweets e pelas mensagens no Facebook. Você continua a fazer dos meus sonhos realidade.

Jane Rave gostaria de agradecer a:

Antes de mais nada, registro que Robert já agradeceu à maioria das pessoas que eu planejava agradecer, mas há algumas que merecem um repeteco.

Gostaria de agradecer à minha editora na St. Martin's Press, Sarah Johnson, por todo o apoio e pela confiança neste livro.

Obrigada à St. Martin's Press como um todo e, em particular, a Sally Richardson, Matthew Shear, John Murphy e Ann Day.

Agradeço ao meu agente (é, é engraçado dizer isso), Jason Allen Ashlock.

Gostaria também de registrar meu reconhecimento à minha família, por me apoiar e por apoiar seu irmão Robert.

Obrigada a Ron por estar sempre ao meu lado, especialmente ao longo de todo esse processo de escrever um livro, que muitas vezes foi intimidante e amedrontador. Ele é meu maior fã e o amor da minha vida.

Quando criança, sempre que eu fazia algum comentário engraçadinho para minha mãe, ela me avisava que um tapa me aguardava dizendo que eu estava "testando a água para ver se está fria".

Minha resposta, até hoje, continua sendo a mesma: "Minha senhora, eu vou até o fundo da piscina."

Introdução

Então, a grande pergunta é: "Por que escrever um livro como este juntos?" Minha mãe está feliz e satisfeita com sua vida de mãe e avó, e com certeza não está atrás do estrelato nem de quantidades astronômicas de dinheiro. Somos uma família bastante unida que está apenas tentando lidar com a vida e gostar de viver à nossa própria maneira, como milhões de outras famílias ao redor do mundo. Quanto a mim, não sou muito fã de compartilhar minhas maiores inseguranças com o mundo.

Não somos terapeutas e não pretendemos transformar sua vida da noite para o dia. Mas somos uma mãe e um filho que passaram por uma reviravolta em nossas vidas, com a qual esperamos que você consiga aprender algo. Decidimos escrever este livro tanto para fazê-lo refletir quanto para entretê-lo, na esperança de que outras famílias passando por reviravoltas semelhantes possam começar a discutir o assunto dentro de seus próprios lares. Este livro é um conjunto de conversas que minha mãe e eu tivemos — algumas por telefone, outras pessoalmente, e outras, umas poucas, pela internet.

Na verdade, essa coleção de conversas começou há 15 anos, quando enviei aos meus pais uma carta gigantesca explicando à minha mãe que ela nunca sairia com uma nora para comprar roupinhas de bebê em um futuro próximo. Não é de se surpreender que, quando eu saí do armário, minha mãe tinha várias preocupações. Na verdade, ela achava que estava prestes a me perder para uma espécie de submundo profundo e sombrio regado a promiscuidade, drogas e couro. Claro, ela conseguia compreender os problemas da minha irmã com os namorados, ou até mesmo os do meu irmão com as namoradas, porque ela mesma já havia passado por isso. Sabia como oferecer o ombro para minha irmã chorar depois de um rompimento, e também entendia a empolgação de um novo relacionamento amoroso (relacionamento heterossexual, é claro). De alguma maneira, minha mãe temia que eu acabasse desaparecendo num mundo cujas regras ela não compreendia. Mais do que isso: ela tinha medo de deixar de ser necessária.

Foi também durante essas conversas que aprendi muito sobre mim mesmo e sobre minha mãe. É bastante comum que os filhos não conheçam seus pais de fato. Eu me sinto abençoado por dizer que sou um dos poucos felizardos que conhecem os seus.

Desde então, essa nossa pequena coletânea cresceu. Mais tarde, ela mostraria a minha mãe e a mim o quanto viver de maneira transparente pode ser um processo extremamente fortalecedor. Às vezes nós discordamos, como você verá nas seções "O que diz a mamãe". Sabemos que toda história tem três lados: o seu, o do outro e a verdade. Nossa verdade repousa confortavelmente em algum lugar entre eles.

Algumas das conversas são de doer de rir, outras são dolorosamente incômodas. Todas, porém, são verdadeiras. Os nomes foram modificados para proteger os inocentes e os culpados.

Retire deste livro o que for preciso para começar o diálogo com sua própria mãe, filho, pai, filha, irmão, irmã ou melhor amigo. É claro que, olhando para trás, tantos anos depois, morro de vergonha de algumas das histórias, mas, se no fim das contas elas ajudarem você a conseguir falar, então terá valido a pena compartilhar o meu constrangimento. Nossa maior esperança é que vocês comecem a se conhecer de uma maneira nova e honesta. Com um pouco de sorte, em breve estarão desfrutando de suas próprias *Conversas* e *Cosmopolitans*.

PARTE UM:

A Carta (Saindo do armário pelo correio)

CAPÍTULO UM

O fim

A festa de formatura de um gay em treinamento que decidiu sair do armário para seus pais conservadores do Meio-Oeste americano

Um mês depois de me mudar para Nova York, sentei diante do meu computador e comecei a escrever o rascunho do que eu carinhosamente chamo de "a mensagem da honestidade e do amor". Coloquei todo o meu coração e a minha alma nessa carta, oferecendo respostas a todas as possíveis perguntas que meus pais pudessem ter em relação à minha sexualidade. Aos 21 anos, eu a enxergava como uma grande obra literária e fantasiava que um dia, anos depois da minha morte, ela seria emoldurada, como as cartas de Virginia Woolf.

Minha mãe, entretanto, menospreza o valor desse grande feito literário e o chama apenas de "a carta gay". Essa é a minha mãe: doce, mas, com toda certeza, direta. Reproduzo aqui a carta, com seus erros tipográficos e gramaticais originais, todos eles apontados por ela:

> Oi gente essa é a coisa mais dificil que já tive que fazer na vida. Esta carta não é algo que eu jamais quis escrever ou com o qual quis lidar. Durante os últimos 21 anos sempre pensei que isso passaria ou que as coisas mudariam eu acho que estava me enganando e não posso mais mentir para vocês porque amo muito vocês dois e sinto que somos extremamente próximos e me dói mais guardar isso tudo para mim do que dizer a vocês. Vou direto ao assunto: eu sou gay.
>
> Vocês precisam entender que só de escrever isso meus olhos se enchem de lágrimas porque nunca admiti isso oficialmente para mim assim preto no branco muito menos para outra pessoa. Eu sei que vai ser muito, muito dificil para vocês aceitarem que suas

esperanças e seus sonhos em relação a mim durante todos esses anos parecem ter sumido. Acreditem em mim, não sumiram. Sou o mesmo Robert, Bob, Bobby, Beto que vocês criaram tão bem. Acho que estou escrevendo esta carta porque tenho muito mais jeito às vezes para me expressar escrevendo do que dizendo as coisas fisicamente. Fico todo nervoso e atrapalhado. Além disso, queria dar tempo a vocês para pensarem a respeito e reagirem e lamentarem e passarem por todas as emoções necessárias e depois virem conversar comigo sobre o assunto quando se sentirem prontos.

Não espero que vocês entendam nem que necessariamente aceitem isso logo de cara. Eu levei 21 anos para aceitar. O melhor que pude pensar em fazer é oferecer umas perguntas e respostas básicas que provavelmente já estão na cabeça de vocês assim vocês sabem de onde isso veio em vez deu ficar só matraqueando sem parar e sem fazer lá muito sentido.

Tem certeza de que você é gay? Não é só uma fase? Tem a ver com sua criação?

Bom não tenho 100% de certeza de que sou gay. Já tentei namorar mulheres e ser sexual com elas mas simplesmente nunca rolou uma conexão nem foi legal não importa o quanto tentei nem quantas vezes. Eu apenas não me sinto sexualmente atraído por elas. Durante muitos anos só fiquei mentindo para mim mesmo dizendo que isso ia passar e que a atração viria mas eu estava apenas inevitavelmente forçando algo que não existia e depois de um tempo tive a sensação de que ia ter uma crise porque estava me sentindo muito atormentado pelas mentiras que seria obrigado a contar a mim mesmo e aos outros. Quando eu tinha uns 11 ou 12 anos muitas vezes eu ia me deitar rezando para que eu não fosse gay quando acordasse. Fiz isso quase todas as noites até mais ou menos os 19 anos quando me dei conta de que ou Deus tinha caído no sono ou isso não ia acontecer. Eu me lembro de querer ser qualquer coisa menos gay. Eu me lembro de dizer que preferia ser aleijado a ser gay. Quanto mais eu pensava que essa coisa de ser gay ia passar, mais forte ela ficava à medida que eu ia ficando mais velho.

O modo como vocês me criaram tem alguma coisa a ver com o fato de eu ser gay?

ABSOLUTAMENTE NÃO. Sempre fui eu mesmo e escolhi meus próprios interesses graças à liberdade que vocês dois me deram. Mas a escolha da minha sexualidade não estava no meio de todas as escolhas e oportunidades que vocês dois me deram. Como eu gostaria que estivesse, porque nunca teria escolhido isso. Nunca teria escolhido ser caçoado, discriminado, zombado e ridicularizado. Isso é algo que eu sei desde que era bem pequeno.

Foi por isso que você se mudou para Nova York?

NÃO. NÃO. NÃO. Quis me mudar para Nova York porque queria estar na cidade que nunca dorme, onde posso curtir a energia e a vida de uma cidade. Eu queria morar num lugar onde há algo novo para se fazer todos os dias. Eu me mudei para Nova York para ir atrás dos meus sonhos. Isso é algo muito amedrontador e empolgante para mim, no mínimo. Não só estar indeciso em relação à profissão, mas guardar esse segredo que eu sentia que não podia mais guardar. Eu sentia que se não contasse a vocês nos próximos dois meses eu teria um colapso por causa de todo o estresse que não parava de aumentar e isso não é exagero. Dizer que eu estava com coisas demais na cabeça seria uma generalização grave.

Por que está nos contando agora?

Boa pergunta. Não sei por que nesta semana ou neste dia ou neste ano específico. Só sei que não conseguiria mais mentir para vocês. Sempre fui extremamente honesto com vocês em relação a todos os outros aspectos da minha vida. Esta culpa me destroçou e eu já não conseguia mais aguentar as noites sem dormir.

Não gostaria de mentir para vocês sobre este aspecto importante de quem eu sou. Me machuca muito saber que esta carta vai machucar vocês dois. A última coisa que eu quero é machucar vocês com tudo isso. Tenho tanto amor e respeito por vocês que a última coisa que quero é machucar vocês com isso. É por isso que não conseguiria suportar a expressão dos seus rostos. Isso literalmente acabaria comigo. Mas nesses últimos dois anos já não era mais uma questão de contar a vocês ou não, era mais uma questão de quando. Por minha própria saúde mental, era hora de contar a vocês. É muito difícil mas de certa maneira só escrever isso já parece catártico e animador que as mentiras a respeito desse aspecto importantíssimo da minha vida possam terminar.

Alguém mais sabe?

NÃO. Eu sabia que vocês dois tinham de ser os primeiros, por serem as pessoas mais importantes da minha vida. Não quero divulgar isso ao mundo, pelo menos não agora. Preciso lidar com tudo isso também. Minha família imediata são as únicas pessoas com quem me preocupo a esse respeito. Não acho que tios, primos e avós precisem saber por enquanto. Quer dizer, se eles perguntarem não vou mentir nem espero que vocês mintam, mas de algum modo não imagino que isso vá acontecer. Não sou um desses gays que aparecem na TV ou no jornal com bandeiras cor-de-rosa marchando em paradas, embora eu acredite que os gays mereçam os mesmos direitos que o resto da raça humana.

Enfim, um dos motivos pelos quais nunca me considerei gay foi porque as imagens que eu via na televisão não eram eu. Não sou uma dessas imagens que a mídia representava no noticiário etc. Porém, à medida que mais gays "normais" saem do armário e levam vidas normais, eu me sinto melhor pelo fato de a maré das opiniões estar mudando. Mas voltando ao assunto, nenhum dos meus amigos sabe a não ser Laurie a quem eu tive de contar porque precisava desesperadamente conversar com alguém. Quanto ao resto dos meus amigos, tenho certeza de que vou perder 75% deles quando descobrirem. Não estou com pressa de contar a eles na verdade os amigos de quem eu realmente gosto mais a maioria deles eu vou contar pessoalmente, os outros não descobrirão por mim. Eu simplesmente não estou a fim de ser o constrangimento da família. Não quero ser aquele sobre quem todo mundo cochicha e não quero envergonhar vocês dois. Embora eu saiba que as pessoas vão cochichar e me julgar e me discriminar. Acho que isso vai ser a minha cruz. Todo mundo tem a sua. Tudo o que eu peço é que vocês continuem a me amar e depois que me apoiem e compreendam e que talvez um dia me aceitem.

Bom, essas eram apenas algumas das perguntas que achei que vocês poderiam fazer mas tenho certeza de que vocês farão muitas mais e sei que provavelmente vocês devem estar completa e absolutamente chocados. Sinto muito mesmo por fazer vocês passarem por isso mas eu simplesmente não conseguia mais mentir para vocês. Quero que nossa relação seja aberta e honesta. Me liguem depois que tiverem tempo para absorver tudo isso. Não estou esperando muita coisa e tenho certeza de que não vai ser fácil. Por favor saibam que eu amo vocês dois do fundo do meu coração e, não importa o que aconteça, tenho orgulho de ser seu filho e espero que vocês tenham orgulho de ser meus pais independentemente do quão gay ou hétero eu seja. Amo vocês e espero notícias em breve.

Com amor,
Robert

O que diz a mamãe

Era uma manhã normal de terça-feira. Eu me levantei mais ou menos às 5h30, tomei café e li o nosso jornal local. Parecia que seria mais um dia como qualquer outro em Bloomington, Illinois. Meu marido, Ron, tinha saído para trabalhar cedo aquela manhã por causa de uma reunião. Fui fazer algumas coisas do dia a dia — banco, supermercado e depois uma passada rápida na casa da minha mãe para um café —, e por fim voltei para casa quase 12h30 e me sentei à mesa da cozinha para almoçar. Quando estava prestes a dar uma mordida em meu sanduíche, nosso cachorro, Barney, começou a latir como se estivesse possuído. Isso não podia ser boa coisa. O problema, porém, tinha vindo na forma do carteiro. Coloquei o sanduíche de lado, segurei o meu temperamental e gordo shih tzu antes de acabar sendo processada e fui até a caixa de correspondência.

Corri o dedo pela pilha de cartas e fiz um lembrete mental para jogar fora a conta do cartão de crédito antes que meu marido a visse. (Sim, até eu tenho um vício.) Cheguei ao meio da pilha e vi que ali estava uma carta de Beto. Fiquei empolgada ao vê-la, porque só fazia alguns meses que ele estava morando em Nova York, mas já me mandava notícias. A carta era estranhamente grossa, mas não dei muita trela. Olhando para trás, fiquei meio surpresa de receber uma carta de verdade, escrita à mão, em vez de um e-mail. Ele adorava e-mails. O que pensei naquele momento foi: "Legal, ele tem muita coisa para me contar sobre Nova York."

Bem, adivinhe só? Ele realmente tinha *muito* para me contar, só que não sobre Nova York.

Voltei para a mesa e abri a carta toda animada, esperando ler algumas histórias engraçadas sobre o novo emprego dele numa empresa de relações públicas. Ao ler o primeiro parágrafo, fiquei completamente chocada. Reli, mas as palavras não mudavam. A carta com formatação bem-feita estava cheia de parágrafos, mas só o que eu via era: *Mãe, pai, eu sou gay.*

Achei que o melhor a fazer era continuar lendo. Eu não conseguia nem imaginar o que mais ele poderia ter para me dizer. Depois de lê-la, porém, senti muita falta do meu filho caçula. Ele estava tão longe, e eu não podia ver seu rosto para lhe dizer que estava tudo bem. Senti tanta tristeza por ele que só percebi que tinha começado a chorar quando minhas lágrimas caíram em cima do papel. Eu não estava chorando por minha causa, mas por ele. Ele estava sozinho e achou que não seria capaz de me dizer cara a cara. Por outro lado, se eu estivesse em seu lugar, será que eu teria conseguido dizer à minha mãe? Acredito que encaramos de maneiras muito diferentes os dramas na nossa vida. Acho que não tenho certeza do que eu teria feito.

Eu me preocupei com as dificuldades que ele ia enfrentar pelo resto da vida. Eu assistia ao noticiário e via como as pessoas viam os gays e as lésbicas. Também não vivia numa cidade grande, onde a exposição aos gays é mais comum. Eu ouvia os comentários maldosos que as pessoas faziam, e o que mais me doía era saber que não poderia protegê-lo do abuso e da discriminação que estariam por vir.

Eu tive medo que ele passasse por tudo aquilo sozinho, tentando encontrar sua verdadeira identidade. Quanto mais eu pensava a respeito, mais eu percebia que ele sabia quem era e podia começar a viver sua vida. Ele não precisava se preocupar comigo.

Eu era uma mãe dona de casa de meia-idade, e nunca tive a sensação de saber quem sou de fato, mas aqui estava meu filho, que sabia com certeza quem ele era. Pensei que talvez essa experiência me obrigasse a descobrir quem eu era também.

Nunca passou pela minha cabeça me preocupar com o que as outras pessoas iriam pensar. Nunca tinha me preocupado com isso antes, então por que ia começar agora? Melhor deixar isso para os filmes televisivos da semana. Ele era um dos meus filhos e precisava de mim neste momento.

Eu sabia qual teria de ser o meu próximo passo, não importa o quão difícil fosse. Liguei para Ron no trabalho e interrompi sua reunião. Só pude dizer a ele para vir para casa imediatamente porque precisávamos conversar. Tenho certeza de que ele ficou imaginando o que poderia estar acontecendo, ainda mais porque ouviu o tremor da minha voz, mas achei que ele deveria ler com seus próprios olhos o que eu hoje chamo de "a carta gay". Uma boa parte de mim sentia vontade de ligar para Robert naquele exato momento e lhe dizer que estava tudo bem; se ele conseguia dar conta de ser gay, eu também conseguiria. Mas meu marido e eu sempre agimos como um time quando o assunto são nossos filhos, por isso eu precisava que ele lesse a carta antes de eu tomar qualquer providência.

Enquanto eu esperava Ron chegar em casa, me recompus e tentei me manter ocupada. Limpei a cozinha, depois levei Barney para passear mesmo tendo acabado de fazer isso apenas vinte minutos antes.

Sentei à mesa e olhei meu sanduíche. Como não percebi nada? Seria de pensar, considerando o quanto Robert e eu somos chegados, que eu soubesse ou pelo menos suspeitasse daquilo. Todos os programas de TV que eu já tinha visto diziam que a mãe sempre sabe, seja consciente ou inconscientemente. Eu não; eu não fazia a menor ideia. Robert não era o gay estereotipado que eu via nos jornais ou nos filmes. Sempre tinha sido "bem menino".

Finalmente ouvi a porta da garagem subindo.

CAPÍTULO DOIS

O jogo da espera

Coisas para se fazer em Nova York quando se está à beira de um ataque de nervos

Fazia apenas três horas que eu havia colocado a carta no correio, mas estava desesperado para ter algum tipo de consolo. Tá bom, vamos encarar as coisas: eu estava simplesmente desesperado, e pronto. Vi um exemplar do *Village Voice* na mesa da cozinha. (Uso o temo "cozinha" inapropriadamente, porque eu morava numa quitinete em Manhattan. Não sei quantos dos seus amigos conseguem esticar a mão deitados na cama e colocar o pacote de biscoito de volta na mesa da cozinha.) Folheei febrilmente o *Voice* esperando encontrar algo que acalmasse meus nervos. Era cedo demais para começar a beber. Eu não usava drogas. Já tinha ido para a academia e gasto minha energia nervosa durante duas horas. Corri tanto na esteira que ainda tinha aquela sensação deslizante quando entrei no banheiro.

Não vi muita coisa no jornal. Fui para os classificados de massagem nas últimas páginas, mas aqueles eram do tipo que ofereciam "alívio", e eu não estava em condições de ligar para nenhum deles (mais por motivos financeiros do que morais).

Aí, de repente, algo saltou da página 87. Era uma lista de todos os grupos de autoajuda de Manhattan. Pronto: a resposta às minhas preces! Se eu não era capaz de lidar com meus próprios problemas, pelo menos poderia deitar e rolar com os problemas dos outros *e*, além disso, conseguir o consolo que eu tanto queria. No mínimo dos mínimos, poderia me consolar com o fato de existirem pessoas em situações piores do que a minha, por mais difícil que fosse acreditar.

Passei os olhos por todos os "recuperação" disso e daquilo e percebi que minhas escolhas estavam limitadas por causa do feriado do Dia do Trabalho:

Abuso de tóxicos? Não, chato demais. A verdade é que eu precisava de uns drinques, e não estava a fim de me sentir culpado por isso.

Aconselhamento sexual: unindo sexo e alma? Eu tinha 21 anos e a coisa mais próxima que eu já tinha chegado da união entre sexo e alma era berrar "Meu Deus" nos espasmos de uma cópula apaixonada (o que costumava acontecer depois de alguns minutos). Não, isso também não servia. Imaginei pessoas sentadas nuas sendo gravadas para o episódio 148 de *Real Sex* da HBO. Eu não estava preparado para esse tipo de estrelato ainda.

Ansiedade e depressão? Lógico que eu estava sofrendo de ansiedade, pelo amor de Deus. Eu tinha acabado de escrever uma carta para os meus pais admitindo ser um cara totalmente gay. Eles podiam muito bem virar as costas para mim para sempre. Podiam me desertar e me apagar completamente da sua existência. Podiam tentar me mandar para um desses centros em que as pessoas tentam fazer você virar hétero. *Ai, meu Deus. Como será que eles vão reagir?* A expectativa estava me enlouquecendo, mas eu não precisava disso; simplesmente achava que não conseguiria me identificar com essa galera neurótica.

Achava que talvez esse tipo de grupo no fim das contas não ia me ajudar muito. Por dentro, eu desejava que um deles me desse a paz que buscava e a esperança de que meus pais me aceitariam. Atirei o papel na mesa de novo, e como um verso de algum livro de Deepak Chopra, o destino me deu um tapinha no ombro e eu enxerguei a resposta às minhas preces.

Jogadores Anônimos.

Eram 11h30, e havia uma reunião ao meio-dia na igreja de St. Mark no East Village. Se eu corresse, daria tempo de chegar. Eu ainda não sabia como um encontro dos Jogadores Anônimos me ajudaria com a questão com meus pais, mas provavelmente eu conseguiria umas boas dicas de carteado ou alguma dica sobre o jogo dos Knicks desta noite. Não custava tentar.

Entrei no porão da igreja exatamente às 12h05. O lugar era úmido e mal iluminado. Pelo jeito, esses jogadores não queriam ser vistos. Num canto estavam sentados três homens gordos que fediam a charuto. O que eu confundi com um livro de apostas era na verdade o registro da recepção. Pensei que as chances de eu ficar até o fim da reunião de uma hora e meia eram de 1 em 10.

Enquanto os fumadores de charuto se inclinavam para a luz para assinar a lista, fiquei feliz pelo fato de o lugar ser mal iluminado. Eu tinha a impressão de estar no set de filmagem de *Roseanne*, mas ainda bem que nem todo mundo por ali parecia o John Goodman. Numa das pontas estava sentada uma mulher muito rígida, estilo Wall Street, vestida com terninho preto e tênis, e de sua bolsa saíam formulários de apostas do hipódromo de Belmont. Eu me aproximei dela. Ela parecia bastante normal, exceto pelo seu mau gosto para se vestir (tênis com terninho), mas eu estava disposto a deixar isso de lado porque sou uma pessoa aberta a novas experiências.

Um cara chamado Larry, que pelo que percebi ou era o líder do grupo ou um fanático de autoajuda ultra-ansioso, logo me deu as boas-vindas. Era um grupinho de dar pena, e embora eu provavelmente fosse o único capaz de dizer com segurança que consegui superar o vício em jogo na minha vida, decidi ficar e ver o que dava para aprender. Larry fez um sinal para um homem sentado à minha esquerda, ligeiramente acima do peso, que usava uma camisa com seu nome, Al, bordado no canto do peito. Parecia um homem de verdade, um cara bem durão.

— Big Al, você gostaria de compartilhar seu relato? — perguntou Larry.

Big Al pigarreou, respirou fundo e começou sua história.

— Nos últimos 14 meses, o banco confiscou minha casa, retomaram a compra do meu carro e minha esposa me deixou depois de 12 anos de casamento porque usei o único dinheiro que ainda tínhamos para as compras de supermercado para apostar no time da St. John's. Seria o maior prêmio que eu teria ganhado na semana inteira se um filho da puta não tivesse enterrado uma cesta de três pontos. Ela agora está morando num abrigo com meu filho de 7 anos.

Ele devia estar tirando uma com a nossa cara. Começou a chorar enquanto falava sobre a esposa.

— Conheci minha esposa na sétima série. Ela foi minha primeira e única paixão, e eu tinha certeza de que ela ia ficar ao meu lado para sempre...

Meu cinismo deu lugar à simpatia, e comecei a pensar na minha primeira paixão. Ele se chamava Marco Jacobs. Era lindo, atlético, masculino, e tinha o sorriso mais lindo que eu já vi. Era uma propaganda da Abercrombie & Fitch antes de existirem as propagandas da Abercrombie & Fitch. Era o sonho sexual de Bruce Weber.

Aos 14 anos, eu não tinha certeza do que eu sentia por ele, mas sabia que queria estar ao seu lado o tempo inteiro. Ele era tão descolado. Eu ia ao clube de esportes da cidade só para poder ficar perto dele. Eu jogava basquete por horas — ficava encharcado de suor, com as pernas bambas, e os braços tão cansados que mal conseguia segurar a bola —, mas valia a pena. Eu tinha certeza de que ele sentia o mesmo por mim. Qual é, o nome dele era Marco. Ele *tinha* que ser gay!

Eu não sabia o que fazer ou como expressar que eu gostava dele (quer dizer, que eu gostava dele *de verdade*). Quando a gente não estava jogando basquete ou discutindo qual banda tinha as letras mais potentes, se era o Guns N' Roses ou o Run DMC, estava passando bilhetinhos entre uma aula e outra. Em geral eles eram mais ou menos assim:

> Marco,
>
> E aí??? Comigo tudo na mesma, estou aqui na aula de geometria do Sr. Miller de saco cheio dessa m&$da. Tô doido pra dar uma volta depois. Vamos jogar? E comer pizza depois? Quero ver Máquina Mortífera no fim de semana, você tá a fim? Vamos fazer alguma coisa no fim de semana. Você já tem planos? Eu não. Bom, vou nessa, ele está me encarando.
>
> Até,
> Robert

A resposta dele:

> E aí. Nenhuma novidade. Vou jogar basquete com o Steve depois da aula. Você pode vir junto se estiver a fim. Talvez a gente precise

de um sexto cara se o Josh não aparecer. Vou ao cinema com a Natalie. Não vai dar pra gente se ver neste fim de semana.

Marco
PS. Não me passe mais bilhetinhos no corredor, cara, é meio gay.

Eu estava com medo demais para dizer a Marco que eu queria ficar com ele para sempre. E nem era uma coisa sexual; eu simplesmente o idolatrava. Como a maioria dos adolescentes gays, eu era obrigado a esconder meus verdadeiros sentimentos, e achava que estava me saindo superbem até Steve e Josh me chamarem de bicha por ficar seguindo Marco para lá e para cá. Eu normalmente teria ficado louco da vida, mas isso aconteceu durante uma excursão ao Museu da Ciência e da Indústria em Chicago, no meio do almoço. Durante o resto do passeio, todo mundo, inclusive algumas das meninas, ficaram me chamando de bicha. Até Bridget Mutler, a maior geek de toda a All Saints, disse que eu dava o cu, rindo com pedacinhos de brownie presos no aparelho, parecendo que ela tinha acabado de comer cocô. Se eu dava o cu, quem comia a merda era ela, mas mesmo assim aos olhos do mundo ela estava melhor na fita do que eu.

Eu me esforcei ao máximo para não chorar na frente deles. No ônibus de volta para casa fui sentado ao lado de David Weller. David tinha fama de conseguir revirar as pálpebras para fora e de enfiar o dedo no nariz e comer a meleca, mas nem *ele* queria se sentar ao meu lado, ao lado de uma bicha.

Marco nunca mais falou comigo.

Eu nunca contei essa história aos meus pais. Não queria lhes dar nem o menor sinal de que eu poderia ser gay, porque isso era aterrorizante demais. Então fui para casa, coloquei um sorriso no rosto e fingi que o passeio ao Museu da Ciência e da Indústria tinha sido a melhor excursão do mundo. Subi as escadas e peguei o telefone para ligar para Marco e dizer que aquilo tudo era só uma brincadeira que Steve, Josh e eu estávamos fazendo com ele. Fiquei olhando para o telefone durante o que pareceram horas, revirando o fio e fitando os números verdes e luminosos. A verdade é que eu queria que aquilo fosse uma brincadeira. Não queria que fosse real. Eu não podia dizer aquilo em voz alta, porque depois que eu dissesse aquilo para mim mesmo, seria minha realidade. Coloquei o fone no gancho, sentei na beira da cama e comecei a chorar. Daquele momento em diante, eu sabia que eu era definitivamente diferente de todo mundo, e passaria os oito anos seguintes fazendo o possível para esconder isso.

Olhei para Big Al na luz fraca daquele porão e percebi que ele tinha segredos, tanto quanto eu. Ali, sentado na cadeira dobrável, inspecionei a sala com demora e atenção. Eu definitivamente não tinha problemas com jogo. (Quem eu queria enganar? Não se pode jogar sem dinheiro.) Eu achava que queria ouvir as histórias patéticas e tristes daqueles estranhos para ver como os meus problemas não eram nada em comparação, mas percebi que talvez eu não fosse tão diferente assim. Os segredos de Al haviam lhe custado tudo o que era importante para ele, tudo o que ele amava, e o destruiu por dentro — mas ele estava disposto a arriscar tudo para ninguém descobrir seu segredo. Ele era como eu. E agora, enquanto eu esperava a resposta da minha mãe, eu me preparava para o pior, como ele.

Mas, se tem algo que minha mãe sempre me ensinou, é que às vezes é bom apostar no time mais fraco — *mesmo que as chances de vitória sejam 1 em 10.*

O que diz a mamãe

Eu tive tempo para me recompor antes de Ron chegar em casa, ou pelo menos foi o que achei. Quando ele entrou, percebeu na mesma hora que eu tinha chorado.

— O que foi?

Um milhão de coisas passaram pela minha cabeça. Como eu ia dizer aquilo? Não dava para simplesmente contar na lata. "Oi, meu amor! Seu filho é gay. Quer um café?" Não, Amélia demais.

Talvez uma abordagem mais séria. "Querido, o que estou prestes a lhe dizer pode arruinar a sua vida." Isso poderia funcionar... se eu fosse um personagem da novela *Days of Our Lives*.

Ele estava ficando cada vez mais impaciente; eu precisava dizer alguma coisa.

— Bom — perguntou ele —, o que está acontecendo, afinal?

Então, estranhamente, uma sensação de calma tomou conta de mim. Eu estendi a ele a carta sem dizer uma palavra e fui fazer café. (Achei que seria uma gentileza.)

Eu sabia que seria difícil para ele. Robert era nosso filho caçula, e como quaisquer pais tínhamos certas ideias do que desejávamos para nosso filho — e esta era provavelmente a última coisa que Ron esperaria. Sempre dissemos que o mais importante era que nossos filhos fossem felizes, mas eu não pensei que ser feliz significava isso. Enquanto eu o observava lendo a carta, fiquei preocupada com a dor que ele pudesse estar sentindo. Ele finalmente terminou de ler e olhou para mim. Odiei ver o sofrimento em seus olhos. Depois de alguns minutos, ele acabou dizendo:

— Por que tanto caso?

Ele obviamente tinha passado por cima da parte "gay" da carta, ou no mínimo escolheu não vê-la.

— Você está em estado de negação? — perguntei.

— Sobre...? — perguntou ele, sem entender.

— Seu filho acabou de contar que é gay nesta carta — disse eu, toda compreensiva.

— Tá, e daí?

Eu não tinha certeza do que me chocava mais, a carta de Robert ou a reação do meu marido. Era uma surpresa agradável. Não que eu tivesse achado que ele iria desertar nosso filho por causa disso, mas não esperava que ele ficasse tão... *tranquilo*. Meu marido tinha sido o melhor jogador de futebol americano na escola e campeão em quatro outros esportes; tinha participado do time de futebol americano na faculdade e era membro de uma fraternidade.

— Certo, e você tem certeza que para você não tem problema nenhum? — perguntei.

— Algumas vezes eu cheguei a me perguntar se ele não seria gay — contou ele, todo à vontade. — Agora eu sei com certeza. Quer um café?

O quê? Não só ele estava mais bem-resolvido com isso do que eu, como também estava usando as frases que *eu* ensaiei! Eu estava boquiaberta.

E continuava chocada. Ron começou a beber seu café.

— No fim das contas, será que isso realmente importa? Ele é nosso filho. Era nosso filho antes dessa carta. Por que isso mudaria agora?

Foi por isso que eu me casei com esse homem.

Enquanto estávamos ali sentados tomando nosso café, a primeira providência que queríamos tomar era ligar para Robert. Eu sabia que ele estaria surtando. Ou isso, ou teria se trancado em seu apartamento esperando nosso telefonema. Queríamos falar com ele o mais rápido possível para tranquilizá-lo, reafirmar nosso amor. A gente ouve tantas histórias de horror sobre adolescentes, e até jovens adultos, que se matam por coisas desse tipo. Embora soubéssemos que Robert não era do tipo que chegaria a tais extremos, também sabíamos que falar com ele imediatamente era essencial.

Disquei o número dele, ansiosa para lhe contar o quanto o amávamos. Eu ficava imaginando Robert sentado naquela quitinete olhando o telefone o fim de semana inteiro. Coitadinho.

Levei o fone ao ouvido e estava prestes a derramar meu coração e a minha alma... quando ouvi um sinal de ocupado. Tentei de novo... e de novo... e mais uma vez. Fiquei ali sentada naquela maldita mesa da cozinha com meu marido por mais de uma hora e meia. Quem era a bendita pessoa com quem ele poderia estar conversando por tanto tempo? E era melhor que ele não tivesse tirado o telefone do gancho, senão nós *realmente* teríamos uma boa conversa.

Esse merdinha.

CAPÍTULO TRÊS

ClariVIADOente

Sair do armário para uma completa estranha na esperança de que ela preveja um pouco de felicidade no seu futuro por US$ 3,99 o minuto (ver também: *Xanax verbal*)

Uma coisa que aprendi na minha primeira reunião de grupo de autoajuda foi que as pessoas precisam muito de conexão, em sua forma mais básica. Eu ainda não estava me sentindo conectado, e não podia falar com ninguém porque mal havia chegado em Nova York. Com quem eu iria conversar? Pensei em ligar para os meus amigos de infância, mas, pelas últimas notícias que eu havia ouvido, uma estava prestes a dar à luz, outro estava estudando para o exame da Ordem, e outro, um ex-colega de quarto, sempre foi adepto da filosofia de "o certo é Adão e Eva, não Adão e Carlão". Minhas escolhas, portanto, ficavam entre a mãe de um bebê, um quase advogado e um homofóbico. Qual escolher? Exatamente. Foi o que eu pensei. Por isso eu fiz o que eu jurei jamais fazer.

Antes me permitam fazer uma introdução e dizer que nunca me considerei um cara inteligente. Eu me saí razoavelmente bem na escola, viajei, e tinha um emprego decente numa pequena empresa de RP de teatro. Mas toda a minha força e inteligência aparentemente desceram pelo ralo quando, num esforço para fazer a famosa conexão importantíssima, busquei alguém que se chamava "Mãe Cleo".

Infelizmente, eu não tinha a pequena fortuna necessária para falar com a quase desconhecida vidente Mãe Cleo em pessoa. Não, Mãe Cleo estava ocupada demais atendendo sua legião de devotos discípulos. Escolhi a Cleo mais barata porque, afinal, precisava pagar o aluguel. Disquei, e depois de navegar por propagandas intermináveis durante novecentos números, finalmente me colocaram na linha com uma pessoa de verdade, que me pediu os dados do meu cartão de crédito. Hesitei um pouco, e a telefonista farejou meu medo.

— Olha só, querido — disse ela com um forte sotaque jamaicano. — Você vai pagar quase nada por uma leitura. Em que outro lugar alguém abriria as cartas por US$ 3,99? — Ela só não mencionou que esse valor era por minuto.

— Tá bom — falei, querendo alguma espécie de confirmação de que sair do armário para meus pais tinha sido a melhor coisa que eu fiz.

— Aguarde a confirmação do cartão de crédito — avisou ela, agora com sotaque metamorfoseado, jamaicano do Brooklyn. — Pronto. Vou transferir você para a sua xamã — disse ela.

— Minha o quê? Que diabo é isso?

Eu tinha 21 anos e vinha do Meio-Oeste. Com o sotaque forte dela, achei que não tinha entendido direito. Como eu podia saber que xamã era outra palavra para mestre zen espiritual?

— Linha telefônica espiritual da sabedoria da Mãe Cleo. Aqui quem fala é a Xamã Debbie. Data de nascimento, por favor?

Espere aí. O nome da minha xamã era Debbie? Posso ser maluco, mas Debbie não me parecia nem um pouco o nome de alguma profetisa que tudo sabe. Debbie parecia mais o nome de uma funcionária do turno da noite de uma lanchonete.

— 10 de junho de 1974 — respondi.

— Um momento, por favor — pediu ela, depois me colocou na espera pelo que pareceram anos. Comecei a rabiscar um papel, pensando nos meus pais e na reação deles à minha carta. Andei pelo apartamento tentando não pensar nisso.

Quinze minutos se passaram, e nada ainda de Debbie. Primeiro achei que a ligação havia caído, mas enquanto eu estava na espera um sininho tocava de vez em quando, obviamente para lembrar os clientes de que eles continuavam conectados e que não estavam em coma. Eu me recusei a desligar. Se eu ligasse de novo, eles me cobrariam US$ 15,99, pois esta seria considerada uma nova chamada e, que se dane, eu precisava de uma confirmação de que as coisas iam dar certo para mim. Porém, eu precisava de algo para passar o tempo.

Tentei de tudo. Liguei o computador e logo o desliguei, porque meus pais podiam estar on-line e começar a me mandar mensagens via chat, ou, pior ainda, ver que eu estava on-line e me ignorar. Liguei a televisão. Surpreendentemente, gravitei até o Lifetime. Sorte minha que eles estavam exibindo um filme baseado em história real estrelando Patty Duke, no qual o personagem dela investiga a morte de seu filho gay no exército. De repente imaginei minha mãe assistindo a esse docudrama enquanto lia a carta.

— Alô? Alô? — eu a ouvi repetir.

— Ah, oi. Não ouvi o fim dos sininhos — falei com uma risada. Debbie não achou isso muito engraçado, pois me interrompeu logo.

— Enfim — vociferou ela.

— Desculpe — murmurei. Estava sendo repreendido por uma falsa xamã. Percebi que eu tinha problemas muito maiores do que simplesmente ter dito aos meus pais que sou gay.

— Para as pessoas nascidas em 10 de junho, a vida claramente tem seus altos e baixos. O mais bem-sucedido nascido desse dia consegue sintetizar e conciliar os opostos... feliz e triste, maníaco e depressivo, engraçado e trágico. O menos bem-sucedido pode ser enlouquecido pelo pêndulo que oscila entre a luz e a escuridão...

Isso parecia estranhamente familiar para mim, mas eu não conseguia identificar por que exatamente. Deixei que ela continuasse.

— Esclareça o que está atormentando você. Cuidado com o escapismo, seja dentro do mundo ou para fora dele, e também não procure sua outra metade em outra pessoa. Lute para integrar suas ações e fantasias.

— Perdão, Xamã Debbie.

— O que foi? — perguntou ela irritada.

— Isso que você virou foi uma página?

— Não, do que você está falando?

— Eu ouvi muito bem você virando uma página.

— Não virei nada — disse ela, com grosseria. — A décima carta dos arcanos maiores é a Roda da Fortuna, que indica uma mudança na sorte e ensina que não existe nada permanente, só a mudança...

Enquanto ela continuava a ler, caminhei até a estante e comecei a atirar livros em cima da cama. Ah, é, saiba você que eu ainda estava sendo cobrado.

— As pessoas regidas pelo número 1 tendem a ser ambiciosas, mas os nascidos em 10 de junho costumam conseguir manifestar esse impulso sutilmente e manipulando...

— ... os outros pelos bastidores? — interrompi. Longa pausa. — É, foi o que eu pensei. Eu também tenho *A linguagem secreta dos aniversários*. Ironicamente eu ganhei esse livro de aniversário.

Ainda silêncio.

— Por que você não me diz apenas por que ligou para cá afinal, para começo de conversa? — O sotaque dela de repente mudou, de xamã jamaicana para dona de casa de Montgomery.

De repente eu não soube o que responder.

— Hã...

— Escute aqui, querido, pode desembuchar. Você já pagou todo esse dinheiro mesmo — insistiu ela.

— Tá bom — falei. — Mandei uma carta para os meus pais dizendo que sou gay — falei nervoso. — E agora estou surtando!

— Numa carta? Que diabos você espera? Por que você mandou uma carta para eles?

— Hã, Debbie? Será que podíamos julgar menos e sermos um pouquinho mais construtivos? Isso me ajudaria muito. Obrigado.

— Desculpe, querido. Bom, qual é o problema? — perguntou ela.

— Bom, e se eles me abandonarem? Já ouvi histórias terríveis. O pai de um cara que eu conheço teve um infarto quando descobriu! Não quero ter esse peso na minha consciência!

— E por que você acha que seu pai vai ter um infarto quando descobrir? Ele tem histórico de problemas cardíacos?

— Não. Bom, não que eu saiba. E minha mãe? Como isso vai afetar minha mãe? Sou o caçula da família. Ela está esperando que eu case.. dá para sentir!

— Quando foi a última vez que ela lhe perguntou se ia se casar? — perguntou a Xamã Debbie.

— Faz um tempinho.

— E sobre namoradas? — interrogou ela.

— Desde o primeiro ano de faculdade que ela não pergunta — confessei.

— Querido, ela sabe. Se é consciente ou não, não importa, ela sabe de alguma forma. Essa carta não vai ser uma surpresa para eles — gracejou ela.

— Sério? — falei, todo solene.

— Sim, e adivinhe só? Vai ficar tudo bem — disse ela.

— Sei lá, mas...

— Mas nada. Desligue esse maldito telefone — a voz dela de repente voltou para aquele tom maluco de xamã — e ligue agora mesmo para eles! Seja homem!

— Acho que você tem razão. Obrigado, Debbie. Você é demais! Esse dinheiro foi bem gasto.

Debbie fez com que eu me sentisse melhor, então valeu a despesa. Mas apesar do conselho, não consegui ter coragem suficiente para ligar para casa.

— Hã-hã — eu a ouvi murmurar. — Ligue pra eles — disse ela.

— Ei, Debbie, falando nisso, você acha que existe algum jeito de me darem um desconto nessa ligação, já que você estava lendo o livro?

De repente, numa voz robótica, a Xamã Debbie cantarolou:

— Obrigada por ligar para Mãe Cleo. Até logo.

Àquela altura, eu estava menos preocupado com o que meus pais diriam do que com a minha próxima fatura do cartão de crédito.

O que diz a mamãe

Mãe Cleo? Fala sério. Achei que Robert estava brincando quando ele me contou essa história. Dei gargalhadas.

— Ah, por favor. Eu lhe ensinei a não entrar nessas furadas! — repreendi.

— Como assim, "eu lhe ensinei a não entrar nessas furadas"? Você adora videntes — disse ele.

— Mas... Mãe Cleo? — perguntei.

— Tá, qual é o problema?

— É ridículo.

Como você já deve ter percebido, Robert tem uma necessidade constante de saber que tudo está bem. Acho que pode haver um pouco de TOC aí, mas não tenho muita certeza. Não sou médica. Eu não deveria ter me surpreendido tanto por ele ter apelado para uma vidente; o que me surpreendeu *de verdade* foi ele ter escolhido uma vidente da televisão. Se ele estava indo por esse caminho, devia ter ligado, no mínimo, para a Mãe Dináh.

É óbvio que, às vezes, é mais fácil contar tudo a um estranho. Ser um gay no armário não é fácil e revelar esse tipo de coisa a quem se ama é difícil. Se foi por isso que ele precisava de Debbie, então quem se importa com quem ela era? Se ela o ouviu, então valeu a pena.

Eu disse a ele que eu também deveria arrumar um número 1-900. Quem sabe eu não ganhava um dinheiro extra para ajudar a pagar a conta por aquela ligação?

Nem preciso dizer que ele não achou engraçado.

CAPÍTULO QUATRO

Solofobia

O medo de meus pais de que o filho acabasse ficando sozinho (mas isso não tem nada, NADA mesmo, a ver com os problemas de compromisso dele)

Vamos encarar as coisas. O mundo está mudando. Nós, da raça humana, não gostamos de pessoas. Se fosse por mim, eu preferiria não ter nenhum contato humano com ninguém. (Certo, cachorros tudo bem.) Meu amor pelo próximo foi substituído pelo meu amor pela tecnologia. Ainda bem que a tecnologia me deu a opção de evitar todo mundo completamente.

Então, quando o telefone tocou dois dias depois de eu falar com a Xamã Debbie, pensei seriamente em evitar todo contato com outros seres humanos a partir daquele momento. Só que a tecnologia e a minha mãe não eram grandes amigas. Meu coração afundou imediatamente até os meus pés. O telefone tocou mais duas vezes. A secretária disparou, depois o bip.

"Oi", ouvi minha mãe dizer com voz fraca. Dava para ouvir fungadelas ao fundo. Isso era alarmante, porque ela não era de chorar. Naquele momento, todo o meu corpo se aqueceu, como se eu tivesse acabado de entrar numa banheira de água quente. *Diga alguma coisa!*, pensei. Fiquei imóvel. Ah, merda. Minha mente saltou por todas as possibilidades. O que eu mais temia era que aquela não fosse a ligação positiva pela qual eu estava torcendo.

Eu respondi com o alô mais animado possível, como se não fizesse a menor ideia de por que ela estava me ligando. Quando não ouvi sua resposta, pensei o pior. Até eu perceber que, na verdade, eu não tinha atendido ainda.

Agarrei o fone depressa e disse:

— Sim! Alô. O que vocês estão fazendo? Viram o jogo do Cubs? — Eu clamava por conversa inútil. Nada poderia ter me preparado para o que eles estavam prestes a dizer.

— Bom, a gente recebeu sua carta. — Ouvi minha mãe dizer. As sutilezas foram atiradas pela janela. Eles se jogaram de cabeça no assunto.

— Ah, que bom — falei. Antes que eles pudessem dizer qualquer coisa, comecei imediatamente a colocar tudo para fora. — Espero ter respondido a todas as suas perguntas, porque eu realmente achei que era a melhor maneira de contar e queria que vocês soubessem de novo que ser gay não foi o motivo da minha mudança para Nova York. Espero mesmo que vocês entendam por que eu quero ficar...

Eu não parava de falar. Quando eu era pequeno, meus pais costumavam chamar essa aflição de "diarreia pela boca". Eu tinha a impressão de que não estava mais falando de mim, e sim de algum amigo meu. Eu tinha virado a Whitney Houston. Tenho certeza de que vocês já viram ela fazendo isso. Nas entrevistas de televisão, sempre que Whitney começa a ficar nervosa (ou, no caso dela, a suar de nervosismo), ela começa a se referir a si mesma na terceira pessoa. "Não, Diane, Whitney não usa crack. Crack é vulgar e eu não sou vulgar!" Ou, a minha frase preferida: "Não brinque com a Whitney!" Fui vítima disso durante essa conversa, mas parei antes de dizer: "Não, pai, Robert não dorme com garotas. Garotas são vulgares!"

Finalmente tive que parar e respirar fundo, e ouvi minha mãe lutando para não chorar.

— Não quero que você fique chateada — falei. — Isso é algo com que eu tenho que aprender a lidar. Continuo sendo a mesma pessoa — acrescentei com ênfase.

— Nós sabemos — disse meu pai.

— Só não queremos que você acabe ficando solitário — interrompeu minha mãe.

Hã? Solitário? De todas as coisas possíveis com que eles poderiam se preocupar — Aids, discriminação, vício em drogas e álcool —, *meus* pais estavam preocupados com a possibilidade de eu não encontrar um namorado. Era inacreditável.

— Como assim? — perguntei surpreso.

— Os únicos gays que conhecemos sempre foram sozinhos — disse ela, com a voz trêmula.

— Não queremos que você fique sozinho para o resto da vida — comentou meu pai em voz baixa. Essa era uma reação para a qual a apresentadora Ricki Lake não tinha me preparado. Agora foi a minha vez de fazer uma longa pausa. Depois eu consegui lembrar.

— Eu conheço casais gays — falei com confiança. — Lembra de Gary e Gary? Você construiu a primeira casa deles como casal, e eles estão juntos há anos.

— Na verdade, Gary L. morreu há um ano, agora só Gary B. mora naquela casa sozinho — disse meu pai solenemente.

— E as lésbicas? — joguei de volta. — Você construiu um monte de casas para lésbicas nos últimos anos — argumentei. — Lembra de Marie e Colleen?

— Colleen largou Marie para ficar com a treinadora do time de vôlei feminino da universidade — respondeu minha mãe. *ARGH!*

— Gente, essa não é a questão agora. A questão é que eu sou gay. Eu poderia acabar sozinho mesmo sendo hétero. Qual é o problema?

Minha mãe voltou a chorar, o que me deixou preocupado: encontrar minha alma gêmea talvez fosse muito mais difícil do que eu imaginava.

— Nós sabemos que não estaremos aqui para sempre, e queremos ter certeza de que todos os nossos filhos estarão felizes e terão alguém para compartilhar sua vida, mas pelo pouquíssimo que conhecemos da vida gay, a maioria dos gays termina sozinho — disse ela de novo.

Uau. Ela me atingiu com um soco de direita e outro de esquerda. Primeiro, falando sobre a proximidade do fim deles e, segundo, sobre a perspectiva de ser solteiro e gay para o resto da minha vida. Eu tinha apenas 21 anos. Não consegui digerir bem nenhuma das duas coisas. Durante o restante da conversa, fiquei basicamente em silêncio. Acho que ainda não havia caído minha ficha sobre o que significava exatamente ser gay. Droga, eu nunca tinha pensado em ser gay **e** sozinho pelo resto da vida. Àquela altura, ter um encontro já me faria feliz.

Mark Twain disse o seguinte sobre as mães: "Minha mãe teve muitos problemas comigo, mas acho que ela gostou." Meu relacionamento com a minha mãe foi assim a vida inteira.

O que diz a mamãe

Depois de conversar com Robert e lhe dizer que nós o amávamos de qualquer jeito, acho que ele se sentiu um pouco aliviado por não precisar mais fingir para as pessoas que ele mais amava. Seu pai e eu sentimos o mesmo: Robert era nosso filho, e ser gay ou não realmente não importava. Como iríamos contar isso ao seu irmão e à sua irmã era com ele.

Ele meio que entrou em pânico quando perguntamos como ele faria isso, então eu me intrometi e disse que iria contar aos dois, e ele insistiu que eu lhes mostrasse a carta. Por mais difícil que isso fosse, concordei em fazer o que ele pediu na semana seguinte. Naquele momento, o mais importante era garantir que nosso filho soubesse que nós o amamos e que sempre estaremos ao seu lado... não importa o que aconteça. E acho que nos saímos bem em provar isso para ele naquele dia.

Não havia um guia para me ensinar como lidar com isso. Pensando bem, acho que talvez houvesse, mas não é assim que lido com as situações. Eu as enfrento aqui e agora.

Acho que terminei nossa conversa com:

— E então, o que mais você conta de novidade?

Mais tarde, achei que tinha sido uma coisa muito boba de se dizer.

Alguns dias depois, Ron e eu estávamos no carro. Eu estava no meio de uma frase e ele me silenciou, aumentou o volume do rádio. A música tocou até o fim. Olhei para Ron e nossos olhos se encheram de lágrimas.

Ele me fez comprar a música e mandar para Robert imediatamente. O título era "A Father's Love", de George Strait. A ideia principal da letra é: "Os pais não amam os filhos de vez em quando. É um amor sem fim."

Isso é que era música de fazer chorar. Acho que emocionou até mesmo o Beto.

CAPÍTULO CINCO

A Síndrome de Abercrombie

A crença entre os gays de que usar as roupas da Abercrombie & Fitch vai torná-los tão sexies quanto os caras dos anúncios da marca

Uma das coisas que eu mais amo em Nova York é a diversidade — de restaurantes, teatros, casas noturnas, bairros, e do que na época mais me interessava: homens. Um gay disponível poderia escolher um cara musculoso do Chelsea ou um gostoso magrinho tatuado do East Village. Poderia ir ao Hell's Kitchen para apanhar um jovem executivo, ao Upper East Side para um cara do tipo Wall Street, ou ao Upper West Side para pegar americanos de ascendência britânica, brancos e protestantes que pensam estar sendo superousados só por estarem ali. No entanto, apesar da imensa variedade nova-iorquina, algo permanece completamente consistente entre a comunidade gay: a obsessão pelo corpo perfeito, ou seja, gordura zero. Todo bar gay, casa noturna e academia está cheio deles: bíceps enormes, bundas redondas perfeitas, barrigas de tanquinho perfeitamente esculpidas e peitorais gigantes — tudo o que eu não tinha.

Como verdadeiro membro do Meio-Oeste, o máximo de exercício que eu fazia era dirigir até a loja de bebida e carregar o barrilete para dentro do caminhão. Sinceramente acho que eu não conhecia a expressão "tanquinho" até me mudar para Nova York. Claro que havia caras com corpos esculturais na faculdade, mas eles estavam todos nos times esportivos e eu achava que eles tinham *nascido* assim.

Porém, para todo canto que eu olhava em Nova York, lá estavam aqueles homens lindos vendendo matrículas em academias, ou se divertindo nas casas noturnas mais badaladas ou às vezes apenas pulando o fingimento e vendendo sexo mesmo. Eu definitivamente estava pronto para entrar de cabeça no que significava ser gay em Nova York. Se eu pudesse obter "o visual" daqueles caras, teria essa vida completa, com direito a amigos, lugares para ir, dançar, comer. Para mim, esse mundo era o equivalente gay do fast food, e como todo bom exemplar do Meio-Oeste, essa era minha culinária predileta.

O medo da minha mãe de que eu acabasse sozinho era uma preocupação constante na minha cabeça, e, se eu não quisesse ser um maluco cujos únicos amores são seu computador e sua coleção de CDs da Madonna, percebi que eu precisava começar a malhar, e rápido. Entretanto, meu corpo perfeito de Antonio Sabàto Jr. precisava ser colocado em stand-by, porque eu estava de viagem marcada para visitar meus pais. Era a primeira vez que eu estaria com eles após minha saída do armário.

Saí do avião sentindo-me muito confiante. Eu estava sendo sincero e aberto com relação a quem sou. Eu agora era um nova-iorquino. Quem se importa se eu só estava morando em Nova York há menos de um ano? Eu já era mais descolado que antes. Sabia algumas coisas antes do resto do mundo. E mesmo não tendo o corpo sarado dos meus colegas de Nova York, meu físico ainda era melhor do que noventa por cento de Bloomington. Eu definitivamente estava "me achando", por assim dizer.

Passei os primeiros dias em casa sem fazer mais nada a não ser dormir. Eu estava morando na cidade que nunca dorme e precisava descansar. Por fim, depois do meu estupor grogue, fui até a cozinha, onde encontrei minha mãe de bolsa em riste, pronta para sair.

— Está pronto? — perguntou ela.

— Para quê? — falei, pegando um cookie com gotas de chocolate na despensa.

— Quero que você venha comigo a uma reunião do Vigilantes do Peso. Falo de você o tempo todo no nosso grupo e adoraria que as meninas o conhecessem.

— Meninas? Grupo? A gente está falando do Vigilantes do Peso ou do AA? — respondi. Ela ficou me olhando por um segundo e depois foi para a garagem. Em questão de segundos eu já estava sentado ao lado dela no carro.

Às 7 horas da manhã estávamos sentados no estacionamento quase vazio esperando a líder do grupo, Diane, chegar. Parecia que eu estava indo pela primeira vez a um bar gay. Eu usava óculos escuros e um boné dos New York Yankees enfiado no rosto, bebericava meu café expresso e rezava para ninguém reconhecer o carro da minha mãe. Olhei pela janela, observando a porta. Eu devia estar louco de ter vindo aqui. E se alguém me visse? Um monte de gente que estudou comigo na faculdade ainda morava na cidade. E se estivessem indo ao trabalho e me vissem indo a uma reunião do Vigilantes do Peso? E se eu fosse confundido com um... *guloso?* Seria possível que eu fosse considerado um Vigilante do Peso quando nem membro eu era?

Eu estava disposto a arriscar tudo para apoiar a minha mãe, ou pelo menos foi o que eu disse a mim mesmo. Enfim, eu sabia que tinha de fazer alguma mudança para começar a chamar um pouco de atenção em Manhattan. Então pensei que talvez desse para pegar umas dicas aqui sem precisar ser "um deles".

Por fim, Diane chegou e abriu a porta para os "adiantados", como ela os chamou na reunião. Ai, meu Deus, isso era tão humilhante. Eu me sentia uma daquelas pessoas que vão ao shopping às 6 horas da manhã para se exercitar.

Entrei com a minha mãe. Olhe para o chão, ficava me convencendo. Não faça contato visual com ninguém, senão eles vão pensar que você é um deles. Minha mãe foi até a mesa e eles entregaram a ela um cartão no qual se marca o peso da pessoa. Então ela foi para o meio da sala e começou a arrumar as cadeiras com as outras senhoras.

— As reuniões de vocês são assim? — perguntou ela, colocando uma cadeira no chão.

— Reuniões? — perguntei, ajudando a arrumar as cadeiras com todas elas.

— Bom, eu supus que o seu "grupo" tivesse reuniões. Acho que não. Quem diria que os gays seriam assim tão desorganizados? — disse ela, sorrindo como se tivesse dito uma piada.

Ela achou que estava sendo engraçadíssima. Fiquei sem ter o que falar.

Ela entrou na fila para a balança e fui logo procurar uma cadeira para mim antes de a reunião começar. Mas, antes que eu pudesse sentar, a exagerada e animada Diane me interrompeu.

— Ah, não, nem pensar — disse ela severamente. Quê? Eu só ia me sentar. Não é como se eu tivesse sacado do bolso uma barra de chocolate.

— Perdão? — falei sem entender.

— E quem é você? Você precisa ser pesado — avisou ela, para meu horror.

— Ah, não, eu não... Estou só... bem... eu me chamo Robert!

— Ótimo, Robert, venha aqui se pesar, por gentileza!

— Na verdade, eu só vim para dar apoio à minha mãe — expliquei.

— É mesmo? Ora, vamos, todo mundo pode perder uns quilinhos — disse ela, segurando minha cintura. (Essa era a região que eu chamava de "problemática".) Fiquei horrorizado. Eu me senti de novo aquele menino gorduchinho, e olha que eu era de longe o mais magro dali.

Ela me cutucou.

— Vamos. Não seja tímido. Somos todos meio gordinhos.

Ah, não, ela não fez isso.

Ela passou o braço pelos meus ombros e me conduziu até a balança. Lá estava Nancy, uma mulher na casa dos 60, de pé sorrindo. Ai, meu Deus, olhei freneticamente ao redor, procurando minha mãe. Ela estava entretida numa conversa com outra pessoa, que, depois de olhar com atenção, percebi ter sido minha professora do primário, a Sra. Karen. Abaixei a cabeça, na esperança de que ela não fosse me notar.

— Suba aqui — disse Nancy sorrindo.

Pisei relutantemente na balança enquanto ela deslizava os marcadores para a direita.

— Parece que é 84 — disse ela entusiasmada.

— Oitenta e quatro? — falei horrorizado. Se com 1,80 metro eu tivesse 84 quilos de puro músculo, teria ficado empolgadíssimo, mas aquilo não era músculo.

— Vou tirar os sapatos — insisti.

— Claro — concordou ela, e seu tom mudou. Estava cética. — Parece que temos um sapatólatra, senhoras. — Todo mundo, incluindo minha mãe, suspirou. No trajeto de carro para casa, descobri que sapatólatra é uma pessoa que acredita que tirar os sapatos fazia uma grande diferença ao se pesar.

Coloquei os tênis de lado, voltei a pisar na balança e respirei fundo.

— Oitenta e três quilos — disse ela. Eu estava esperando que meus tênis pesassem pelo menos uns dez quilos. Infelizmente, pesavam apenas um.

— Pegue esse cartão e vá se juntar aos outros — informou ela.

— Obrigado — respondi sarcasticamente. Eu queria arrancar fora os olhos da doce Nancy. Eu me sentei ao lado da minha mãe e comecei a contar os minutos para esse pesadelo terminar.

— Sejam bem-vindos, todos vocês — disse Diane entusiasmada. — Temos hoje um novo membro, que veio de Nova York e está aqui com sua mãe, Jane. Digam "oi" para Robert!

Um vibrante "Oi, Robert" veio do grupo.

Aquele cumprimento foi uma confirmação para mim, não um consolo. Confirmação de que realmente existia um inferno e que era lá que eu estava. Olhei ao redor da sala e vi outro rosto familiar. Era a mãe de um cara que estudou comigo na escola. Já podia ouvir a conversa ao telefone entre eles: "Você nunca vai acreditar quem eu vi no Vigilantes do Peso hoje de manhã, Kyle. Robert Rave. Ele foi com a mãe dele e, além de ser gordinho, ele é gay!"

Exatamente quando as coisas não poderiam piorar, ouvi Diane dizer:

— Robert, poderia se levantar e nos falar um pouco sobre você?

Minha mãe pareceu horrorizada, mas eu não tinha certeza se era por mim ou se ela estava com medo que eu a constrangesse na frente das suas novas amigas. Ela olhou para Diane com cara fechada.

— Diane, acho que ele não quer fazer isso — disse ela, em minha defesa.

— Ora, Jane, você sabe que faz parte do processo reconhecer por que estamos aqui — continuou ela.

— Mas Diane, se ele não quer... — minha mãe tentou interromper.

— Tudo bem, mãe. Eu vou falar — disse eu, para minha própria surpresa. Naquele momento, percebi que o amor da minha mãe com certeza não havia mudado. Ela ainda estava tentando me proteger de situações constrangedoras. Então percebi que eu estar aqui não tinha nada a ver com restabelecer uma conexão com ela, porque eu nunca a perdi. Meu papel naquela reunião era dar apoio a minha mãe. Ser gay era algo secundário.

Eu me levantei devagar.

— Meu nome é Robert Rave, e vim aqui hoje para dar apoio a minha mãe, que ficou ao meu lado minha vida inteira. Agora é a minha vez de estar ao lado dela em sua luta com a comida — falei. Pude ver os olhos de algumas das senhoras se enchendo de lágrimas. — Agora eu moro em Nova York, a terra das pessoas bonitas, e estou tendo que resolver algumas questões pessoais em relação à minha própria imagem corporal, então acho que mais uma vez minha mãe me fez um favor sem perceber, ao me trazer aqui. Mas enfim, essa é a *minha* mãe: ela sabe exatamente do que eu preciso antes mesmo de eu saber.

Voltei para meu lugar e minha mãe apertou meu braço, e depois ouvimos o restante das mulheres darem o relato da semana. Alguns minutos depois, saímos de fininho no meio da palestra motivacional de Diane. Fomos direto ao IHOP para comer uma pilha de panquecas em comemoração.

O que diz a mamãe

Quando Robert veio para casa naquele fim de semana, eu disse que, como ele estava descobrindo quem ele era, eu também tentaria fazer algumas descobertas. Tenho certeza de que ele achou que eu queria dizer que iria descobrir por que ele é gay, de onde isso se originou e blá-blá-blá. Desculpe, Beto, eu realmente estava me referindo somente a mim mesma. Meio relutante, ele concordou em me acompanhar a uma reunião do Vigilantes do Peso — só para me agradar, eu acho.

Ele é gay e eu sou gordinha. Ele provavelmente achou que poderia lidar com minhas amigas gordinhas se eu pudesse lidar com o fato de ele ser gay.

Minha primeira reunião do Vigilantes do Peso foi difícil. Foi constrangedor entrar por aquela porta. A primeira pessoa que eu vi foi a mãe de um dos colegas de escola de Robert. Ela era uma verdadeira sabe-tudo. Eu tinha uma escolha: ou eu ia para casa sentir pena de mim mesma e comer biscoitos ou podia participar daquela reunião e me dar a chance de um recomeço. Disse a mim mesma: "Que se dane. Você pode fazer isso." E fui.

Com o passar das semanas, pude conhecer Diane, a líder do grupo. Ela é uma menina ótima, mais ou menos da idade da minha filha e com um belo senso de humor. Ela não estava nem aí para a nossa aparência. Ouvir suas dificuldades para emagrecer nos fazia rir e às vezes até chorar, pois todas nós lutávamos a mesma batalha.

Fora minhas amigas do Vigilantes, Robert provavelmente é a única pessoa que eu conheço, além de mim, que entende como é difícil ter uma boa aparência e um corpo bonito. Ele fala muito sobre a obsessão que os gays têm com o corpo perfeito. Ele me disse que, se você não se enquadra em determinado padrão de beleza física, não tem chance na comunidade gay. Os gays mais me pareceram um bando de mulheres nojentas. Mas, bem, ainda acho que as mulheres são muito pressionadas para terem um corpo lindo, independentemente da idade. E acho que eu sucumbi a essa pressão.

Porém, tenho um marido maravilhoso que me enxerga como uma menina de 17 anos e cinquenta quilos que não envelheceu nem um só dia desde a escola. Ele não vê o que *eu vejo* quando olho no espelho. Ron diz que estou ótima e que para ele não importa meu peso. A maioria das mulheres adoraria ouvir isso dos maridos, mas, de certa forma, no final acaba sendo mais destrutivo, porque meio que sinto que ele tem razão, então passo a não me preocupar e continuo comendo o que como, sem me sentir à vontade comigo mesma. Em suma: eu não estava feliz com meu corpo, mas todo mundo tem suas questões — até os magrinhos não gostam de algumas coisas em si mesmos e os gays também. Então acho que estamos todos ferrados, certo?

Nunca imaginei que na minha idade eu estaria planejando os meus dias em torno das reuniões do Vigilantes do Peso. Quando eu era jovem, era popular na escola e fazia a maioria das coisas que as garotas adolescentes faziam naquela época. Era líder de torcida, rainha em algumas festas, membro da banda escolar... basicamente eu estava em todas as atividades extracurriculares. Adorava a vida ao ar livre, nadar, praticar esqui aquático; sinceramente, eu amava a vida e ponto. Queria cantar, dançar e curtir cada momento.

À medida que fui envelhecendo deixei meu peso me controlar, em vez de controlá-lo, e acabei tendo que desistir de muitas coisas que eu amava fazer.

Eu mal sabia que ao me juntar ao Vigilantes do Peso e começar a emagrecer, todos os outros membros da família decidiriam que também precisavam fazer o mesmo. Somos uma família muito unida e fiquei feliz por eles quererem emagrecer. Logo me tornei a contadora de pontos de todo mundo.

Sei que naquela manhã Robert foi para me dar apoio, mas saiu da reunião com a certeza de que aquilo iria ajudá-lo também. Por isso, juntos começamos a enfrentar os mesmos demônios.

Ele estava procurando ajuda para ter uma boa aparência e conseguir encontrar um companheiro. E eu? Eu só estava tentando encontrar a pessoa que existe dentro de mim, aquela que ama a vida.

CAPÍTULO SEIS

Depilar ou não depilar

A longa discussão entre minha mãe e eu sobre a depilação masculina

Minha mãe me ligou naquela manhã para me dizer que tinha uma nova receita de frango com apenas três pontos a porção. Quem precisa dos *brunches* chiques de Manhattan quando tem sua mãe telefonando para passar uma receita de frango? Infelizmente (ou felizmente, dependendo do ponto de vista), eu não tinha tempo para anotá-la, pois estava atrasado para um compromisso.

— Que tipo de compromisso? — quis saber ela.

— É pessoal — expliquei.

— Ai, meu Deus! Está tudo bem? — perguntou ela, parecendo irritada. Para mim, o culpado por sua irritação era o fato de acordar todo dia às 5 horas da manhã, mas ela jogava a culpa disso no meu pai.

— Está tudo bem.

— Se está tudo bem, que compromisso é esse? Ai, meu Deus! É a sua saúde? Você está bem, não é? Está fazendo sexo seguro? Pelo amor de Deus, o que é?

Eu estava mais nervoso para contar isso a ela do que quando estive ao dizer que sou gay.

— Estou indo me depilar.

— Você está indo o quê?!

— Estou indo me depilar.

O pânico dela se transformou em risada.

— Essa é boa, Beto. (Ela adora me chamar assim quando faz piada. Com certeza ela compartilha do meu apreço por todas as coisas latinas.) Depois de passar vários minutos convencendo minha mãe de que eu estava falando sério, muito sério, ela me disse que não entendia por que um homem desejaria se depilar. Na opinião dela, "os homens não fazem esse tipo de coisa, só as mulheres".

Quando eu saí do armário, sabia que teria que educar minha família em um monte de aspectos da vida gay, mas aquilo já era demais para mim. Qual seria o tópico da próxima conversa? Os Prazeres do Sexo Gay?

Continuei tentando fazer com que ela desligasse antes de me fazer a temível pergunta que, eu sabia, viria na sequência. Eu não precisava que a minha mãe soubesse *daquilo*. Mas ela estava indo justamente *naquela* direção. Eu tentei logo desviar o assunto.

— Como está o joelho da vovó? — perguntei, mais ou menos preocupado. (Ela havia acabado de passar por uma cirurgia do joelho, na semana passada.)

— Ela vai sobreviver. Agora me diga, o que esse maluco vai depilar?

Pronto. Aí estava. Bem na minha cara. A pergunta que a maioria dos gays não gosta de discutir nem com seus amigos mais chegados, muito embora saibam que todo mundo já passou por isso.

— Se quer mesmo saber, peito, barriga e costas.

— Você tem costas peludas? — perguntou ela com nojo.

— Não, mas não gosto de ter nem um pouquinho de pelo ali.

— Que coisa mais gay — disse ela. — Desculpe, você entendeu o que eu quis dizer. — Ela não precisava se preocupar; aquilo era tão gay que até mesmo *eu* tinha muita vergonha de fazer isso, que dirá de conversar a respeito com a minha mãe. Lembre-se, isso tudo foi antes de a palavra "depilação masculina" se tornar parte do nosso léxico graças ao reality show *Queer Eye for the Straight Guy.*

Por sorte, minha irmã, seu marido e seus dois filhos estavam visitando meus pais naquele fim de semana.

— Espere um pouquinho. Julie acabou de chegar — disse ela. Pude ouvi-la abafando o bocal, mas do jeito que só uma mãe consegue fazer, ou seja, me fazendo ouvir cada palavra. — Seu irmão vai se depilar! — avisou ela distraída.

Ouvi minha irmã ao fundo.

— Sério? Acho que Jeff devia se depilar também. Ele é peludo. — Jeff, meu cunhado, é um cara ótimo, homem de família, um camarada, mas não é alguém com quem eu gostaria de compartilhar meus hábitos de asseio pessoal.

— Jeff, venha aqui um minuto! — ouvi minha irmã gritar. Não, isso não estava acontecendo comigo.

— Mãe, tenho que ir. Vou chegar atrasado na Rima — falei.

— Rima? Essa pessoa tem nome? Que tipo de pessoa quer trabalhar arrancando pelos das áreas mais íntimas de outra? Mais importante: que tipo de pessoa *deixa* a outra fazer isso?

— Na verdade, ela tem mais ou menos a sua idade e é uma mulher russa maravilhosa e *normal*, que me diz que a filha está estudando piano clássico e o filho acabou de concluir o segundo ano do ensino médio. (Deixei de fora que ela costumava me dizer isso enquanto eu estava deitado de costas para que ela arrancasse cera quente da minha bunda.)

— Oh, meu Deus! Não posso nem...

Naquele momento, meu cunhado entrou na sala, e eu ouvi minha irmã lhe dizendo para levantar a camisa. Ele pareceu confuso, mas obedeceu, pois sabia que era melhor obedecer quando minha mãe e minha irmã estavam no mesmo lugar.

— É, você com certeza devia se depilar. Parece um suéter — ouvi minha irmã dizendo. — Posso levar você à minha depiladora. Ela é rápida e não dói. — Eu conseguia ouvir minha mãe resmungando.

— Tenho mesmo que ir. Vou me atrasar — falei.

— Só um segundo. Seu pai acabou de chegar do escritório — disse ela.

Maravilha.

— Por que Jeff está aqui no meio da minha sala com a camisa levantada? Não preciso ver essa merda — ouvi meu pai dizer. Eu amo o meu pai! Ele falou exatamente o que eu estava pensando.

— Você sabe o que seu filho anda fazendo? Ele anda se depilando — disse minha mãe. — Está depilando peito, costas e sabe Deus o que mais com cera quente — soltou ela.

— Não vejo problema nisso, Jane — respondeu ele, para minha surpresa.

— O quê? — minha mãe e eu falamos ao mesmo tempo.

— É como o nosso quintal — disse ele. — Quando a gente se mudou, as árvores dos fundos eram gigantes e os arbustos pareciam não ser aparados há anos. Você mesma disse que aquilo mais parecia um terreno baldio. A gente nem queria convidar ninguém para ficar no quintal antes de dar um jeito — continuou ele.

— Onde você quer chegar com isso? — perguntou ela.

— Estou dizendo que Robert precisa aparar as árvores e os arbustos para alguém aparecer em seu quintal.

O que diz a mamãe

Eu tinha 11 anos quando descobri o kit de barbear do meu pai no banheiro dos meus pais. Na escola, duas amigas comentaram sobre minhas pernas, que eram bastante peludas para uma garota daquela idade. Mas como eu era loira, mal dava para ver. Eu nunca tinha pensado em me livrar dos pelos das minhas pernas até então. Era o destino, eu estava por acaso no banheiro com as ferramentas certas para realizar a tarefa.

Sentei na prateleira do meu pai, estiquei a perna esquerda e passei creme de barbear. Peguei a navalha e a movi devagar pela minha perna. Nada mau, pensei. Fiz outra fileira e mais uma, até terminar todo o creme de barbear. Olhei para mim mesma no espelho e sorri. Eu me sentia adulta. Isto é, só até olhar para baixo e ver minha perna ensanguentada. Abri o armário de remédios e comecei a colocar curativos, quando ouvi minha mãe batendo na porta do banheiro.

— O que você está fazendo aí dentro? — perguntou ela.

— Hã... nada — respondi.

Minha mãe me conhecia melhor do que ninguém e logo me mandou sair do banheiro.

— Tá bom! — Pulei da prateleira, abri a porta do banheiro e andei até o corredor.

— O que estava acontecendo aí dentro?

— Nada — respondi, torcendo para ela não notar as várias lacerações na minha perna.

— Isso não parece nada para mim. Você está sangrando — disse ela. E eu que pensava que os curativos tinham coberto os sinais de sangue.

— Oh — falei, e olhei de olhos arregalados para a minha mãe. Eu não tinha muita certeza do que deveria fazer em seguida. Decidi apelar para ela como mulher. — Patti Carlson começou a raspar as pernas e achei que tinha chegado a hora.

— Você podia ter se machucado feio! — repreendeu minha mãe. — É melhor torcer para seu pai não perceber que você andou mexendo no kit de barbear dele. — Minha mãe era a mais calma, enquanto meu pai era o disciplinador rígido.

Eu não sabia direito qual seria a melhor saída para essa situação. Ou eu fingia chorar para escapar de um castigo mais duro ou simplesmente fincava o pé, mas antes que eu pudesse dizer alguma coisa minha mãe se abaixou para inspecionar minha perna.

De repente, ela ficou bem quieta. Eu não sabia direito se ela ia me bater ou me mandar para o meu quarto.

— Bom, melhor você entrar lá e terminar a outra perna. Você não vai querer parecer uma maluca — disse ela, como se eu já não estivesse parecendo alguém que tinha fugido do sanatório com aquelas pernas cheias de curativos. Desconsiderando o fato de eu ter 11 anos e estar usando uma navalha, o mais importante era garantir que eu não tivesse apenas uma perna peluda de macaco.

— Certo — concordei e corri para o banheiro antes que ela pudesse dizer mais alguma coisa.

A segunda perna foi muito mais fácil que a primeira. Só precisei de três curativos. Para mim, parecia um grande avanço.

Sem que meu pai soubesse, continuei a fazer isso durante vários meses, e quando eu estava no primeiro ano do ensino médio, já tinha as pernas mais bem raspadas da classe inteira. Quanto à cera, a história é diferente. Nunca me depilei com cera e provavelmente nunca vou me depilar. Na verdade, se fizesse isso, nunca diria nada a ninguém.

Agora que eu sei um pouquinho sobre os gays, não entendo por que eles acham que precisam depilar todos os pelos do corpo. Será que eles gostam de sentir dor? Será que todos os gays e lésbicas se depilam? Acredite em mim, estou aprendendo nessa vida. Estou dando duro aqui.

Pessoalmente, acho que um pouco de pelo no peito é algo atraente em um homem. Não sei por que Ron não tem nenhum. Mas o meu genro deveria se depilar, porque ele é peludo demais. Descobri isso outro dia na cozinha. Acho que, pensando no assunto, como querer estar com alguém que parece estar usando um suéter?

Enfim, a questão é: meu filho se depila com cera. Eu inclusive já dei carona para ele até um instituto de depilação. E, já que estamos falando nesse assunto, as unhas dele são mais bem-feitas do que as minhas. Eu gostaria de ser mais parecida com meu filho. Ele está dando uma geral daquelas. Talvez eu devesse começar a ir com ele, embora eu desconfie que isso o deixaria louco. Gostaria de conhecer essa tal de Rima e descobrir por que diabos ela trabalha com isso.

CAPÍTULO SETE

Pontific-ação

Receber uma lavagem cerebral para ficar contando tudo o que você come e colocar isso num sistema de pontos para enlouquecer sistematicamente seus amigos, sua família e seus vizinhos. O lado (nada) legal: a visão pouco entusiasmada que todos os gays disponíveis fazem do autor; sem calorias, sem graça, sem diversão

Eu estava voltando para Nova York depois de mais uma visita caótica aos meus pais quando, no voo de volta para casa, peguei o pacote de informes do Vigilantes do Peso que minha mãe me deu depois de irmos a outra reunião juntos. Rapidinho encobri aquilo, como se eu estivesse lendo pornografia. Olhei minha tabela. Era oficial, como alguma espécie de registro médico. Ali estavam meu nome, endereço, número de identidade e, é claro, o meu peso, 84 quilos, em letras garrafais no rodapé.

Puxei dois grossos livretos da pasta de vinil. Se a senhora sentada à minha direita tinha alguma dúvida sobre a minha sexualidade, agora não tinha mais. Além de eu ter uma pasta de vinil, minha pasta de vinil estava cheia de coisas de dieta. Gay, gay, gay!

O Livro Número Um era o *Compêndio completo de alimentos*, uma listagem com todo o tipo possível de comida que se pode encontrar, desde o café encontrado nas lojas jamaicanas a todos os tipos imagináveis de cachorros-quentes. Cada alimento, é claro, era acompanhado por um valor numérico. Eram duzentas e cinquenta páginas, para ser mais preciso. Eu imediatamente coloquei o Livro Número Dois no bolso do assento à minha frente como cortesia ao próximo passageiro interessado em perder peso, porque, para um nova-iorquino, o Livro Número Dois era inútil. Chamava-se *Compêndio para comer fora: valores em pontos para os alimentos servidos em 57 redes de restaurantes populares*. Pelo visto, os caras do Vigilantes do Peso não eram muito favoráveis à vida nessa cidade, porque se fossem, saberiam que eu estaria quebrando uma regra fundamental em diversos âmbitos.

Há uma regra tácita segundo a qual, como nova-iorquino jovem e descolado, você *jamais* frequenta nenhuma rede de restaurantes. Além disso, como nova-iorquino *gay*, quando você pensa em "comer fora", pensa no T.G.I. Hooligans. Comer em redes de restaurantes não é mal visto só por ser brega demais, mas também porque nelas a maior parte do cardápio é de fritura, e fritura significa gordurinhas para os garotos gays de Manhattan.

A aeromoça veio deslizando pelo corredor com o carrinho de bebidas e lanches. Eu estava armado e prestes a colocar o Vigilantes do Peso à prova pela primeira vez. Ela me entregou uma Coca Diet (minha versão pessoal do crack) e um kit de lanches que incluía o seguinte: um pacote de balas de caramelo, dois biscoitos cream-cracker, dois pacotinhos de Oreos e alguma espécie de queijo processado.

Fui direto para os biscoitos recheados, mas, antes de devorá-los, dei uma conferida no livro. Dois biscoitos representavam cinco pontos. Não era tão ruim. Os cream-crackers contavam três pontos; o queijo, quatro; e a bala eu não contei, porque não considerava bala alimento. Doze pontos! Não parecia assim tão mau. Lembrei de ter lido que trinta pontos era algo razoável para uma refeição. Eu ainda tinha 18 para gastar. Enquanto contava os pontos, a mulher à minha direita se inclinou e disse:

— Você esqueceu as balas.

— Ah, não. Isso não é comida — expliquei. — É bala.

— Olha só, estou contando esses pontos há nove meses, e balas contam! — continuou ela com certa irritação.

— Então quantos pontos são? — perguntei.

— Dois pontos.

— Certo, não é assim tão ruim.

— Catorze pontos para um lanchinho? — vociferou ela. — Você só pode consumir trinta pontos por *dia*!

Ai, que merda. Fiquei sentado em silêncio durante o resto do voo.

Cheguei ao meu apartamento me sentindo ainda mais consciente de mim mesmo. Tinha um arsenal de materiais do Vigilantes, incluindo uma espécie de monitor de pontos, com o qual se pode calcular o valor em pontos de qualquer coisa que você coloca na boca. (Inserir aqui uma indireta sexual.) Eu, particularmente, acredito que o uso da palavra "ponto" foi um jeito inteligente de disfarçar a verdadeira palavra que eles queriam usar, *pontificação*, outra palavra para "pregação" ou "dogma". A última coisa que eu precisava era de um programa de perda de peso pregando para mim. Já tinha pressão suficiente nesse vasto mundo gay.

Fiquei felicíssimo com uma coisa: se eu me exercitasse, receberia pontos bônus que eu poderia usar para comer algo da minha escolha, dependendo de quantos pontos eu gastasse na academia. Eu havia frequentado a academia, mas até então era mais para fazer social do que para malhar. Eu era novo na cidade e queria conhecer gente. Agora eu tinha um *motivo* para usar os aparelhos.

Mais tarde naquele mesmo dia, cheguei à academia disposto a ganhar pontos extra para comer. Eu havia acabado de fazer supinos e, no caminho até o bebedouro, senti meu rosto começar a arder. Ele era um dos homens mais lindos que eu já tinha visto. Um 1,80 metro de altura, cabelo pretíssimo, sobrancelhas espessas e olhos castanhos profundos; ele era impressionante. Quando ele sorriu para um amigo, vi a covinha em sua bochecha. E o corpo? Impecável. Nem um grama de gordura. Ele era musculoso, mas não superbombado. Por um segundo, cheguei até a pensar que tinha me exercitado demais e estava tendo alucinações. Ele era completamente másculo, não havia nada de feminino nele. Era uma mistura de tudo com o que eu sempre fantasiei.

E nem me olhou quando passei por ele.

Porém, naquela noite algo mágico aconteceu, na forma de um telefonema da minha mãe.

— Estou tão animada. Acabei de receber uma receita sensacional de torta de chocolate que só tem dois pontos por fatia — disparou ela.

— E o que leva? — perguntei triste.

— Oh-oh. Qual o problema?

— Nada que você entenderia.

— Por quê?

— Porque...

— Sim?

— Porque tem a ver com um cara de quem eu tô a fim — falei.

Houve um longo silêncio, e não tive certeza se ela estava desmaiada no chão tendo um ataque cardíaco ou não.

Para minha surpresa, ela disse:

— Bom, quem está perdendo é ele. Dane-se ele. Existem outros caras.

De repente, senti que era eu quem deveria estar desmaiado no chão tendo um ataque cardíaco. Respirei fundo, expirei e disse:

— Então, me conte dessa receita. Preciso de uma boa sobremesa. Estou morrendo de fome.

Daquele dia em diante, minha mãe e eu nunca deixamos de fazer nosso telefonema diário, nosso momento para falar sobre "os pontos"... e sobre os homens.

Semanas depois, graças à minha mãe e à neurótica da Diane do Vigilantes do Peso, que me ligava para saber do meu progresso, eu já tinha perdido quase quatro quilos. Mas isso não importava; não era esse o resultado que eu queria. As pessoas mal falavam comigo na academia, mesmo eu estando nessa versão mais leve. Que inferno, eu tinha inclusive desembolsado 150 dólares para fazer reflexos loiros no cabelo e me tornar ainda mais atraente. (Será possível ficar ainda mais gay?) Eu tinha vontade de dizer: chega. Estava cansado de ficar policiando tudo o que eu comia, sem falar de escrever isso tudo num diário cada maldito segundo do meu dia. Estava obcecado com pontos. Como a minha dieta, minha vida havia se inserido em um regime rígido, e eu estava precisando de uma mudança drástica.

Minha mãe me ligou depois de uma reunião do Vigilantes para compartilhar seu emagrecimento comigo. Estava felicíssima, mas, como só ela consegue, percebeu pela minha voz que novamente algo não estava bem.

— Ai, meu Deus. O que foi agora? — perguntou ela, interrompendo meu discurso de parabenização.

— Como assim?

— Eu conheço você, então é melhor me contar logo.

— Não é nada... tá, tudo bem. Eu só achava que, depois de ter emagrecido um pouco, talvez alguém me chamasse para sair. Que inferno, a essa altura eu ficaria feliz só de alguém me olhar duas vezes — falei solenemente.

Ela suspirou.

— Bom, era disso que a gente tinha medo quando você nos contou que era gay.

— Do quê?

— De ficar *sozinho*. — Quando ela disse isso, senti a palavra "sozinho" ecoar. Pela voz, pude perceber que ela estava com pena de mim, e de repente o tom dela mudou.

— Vi em uma das minhas revistas uma matéria sobre um livro chamado *Finding the boyfriend within* (*Encontrando o namorado dentro de você*, em português). Acho que você devia comprá-lo. O sumário parece exatamente com o que você está passando.

— O quê? — falei com raiva. — Você estava lendo uma revista feminina!

— Ah, calma, esse livro é para gays. Tente. Talvez você goste. Além disso, o cara da capa é lindo. Preciso correr para comprar o remédio de hemorroidas do seu pai antes que a farmácia feche, mas compre o livro.

Pelo amor de Deus, eu estava na idade em que precisava encontrar o namorado na esquina, não *dentro de mim*! Espere um pouco... ela disse que precisava comprar remédio para hemorroidas? Enfim, eu nunca iria comprar aquele livro maldito (embora ela tenha dito que o autor era gatinho). Não, não e não, o inferno iria congelar antes de eu comprar um livro assim tão ridículo.

Bom, o primeiro capítulo de *Encontrando o namorado dentro de você* — sim, pelo visto o inferno se congelou — descreve os detalhes da vida do autor, um gay bem-sucedido na faixa dos 40. Certa vez ele estava em um jantar quando uma bicha nojenta e mal-humorada não parava de fazer perguntas sobre a frequente aparição dele nas colunas de fofocas. Quando o assunto passou para relacionamentos, a bicha entediada em questão lhe perguntou: "De que vale isso tudo se não lhe trouxe nenhum namorado?" A resposta do autor para as zombarias da bicha enfastiada era que ele estava saindo com o "namorado dentro dele". Em geral, eu seria o entediado da história, porque, sinceramente, se alguém me dissesse que estava saindo com o namorado dentro de si, eu provavelmente cairia na risada.

O primeiro exercício do livro lidava com a descoberta da sua voz orientadora interior. Pelo visto, todos nós temos uma; apenas a ignoramos. Minha mãe sempre me ensinou que as vozes na minha cabeça não são coisas boas, por isso sempre abaixei o volume delas.

Para começar o procedimento, fui instruído a me sentar à mesa com um "bloco de papel e duas canetas de ponta fina". Este foi o problema número um para mim. Um bloco de papel e duas canetas de ponta fina? Será que estávamos em 1982? Dei uma folheada rápida no livro até as páginas iniciais para ver de quando era a impressão. Não. Definitivamente estávamos mesmo nos anos 1990.

Respirei fundo e pensei, dane-se. Minha própria mãe já pensava que eu precisava colocar a casa mental em ordem, então por que não tentar? Liguei meu computador e me preparei para a mágica.

O que segue é meu primeiro bate-papo:

EU: Oi.

VOZ: Oi.

EU: Você está maluco. Vão nos colocar num hospício logo, logo.

VOZ: Não, não vão. Estamos muito bem.

EU: Estou aqui sentado tendo um diálogo comigo mesmo e me referindo a mim mesmo na terceira pessoa. Quem estou achando que sou, a Whitney Houston?

VOZ: Não manda essa.

EU: Essa o quê?

VOZ: O sarcasmo.

EU: Epa. O que está acontecendo aqui?

VOZ: Pare de tentar ser todo engraçadinho e inteligente. Está na cara que você veio para cá por algum motivo. Vamos logo ao que interessa.

EU: Ei, Mandão Mandônidas, não venha me dizer por que eu estou aqui ou deixo de estar.

VOZ: Vou nessa.
EU: Beleza! Espere. Tenho umas perguntas.
VOZ: (silêncio)
EU: Por favor.
VOZ: (silêncio)
EU: *Por favor*! Quero conversar e entender toda essa merda.
VOZ: Tá bom, mas não quero mais saber dessas gracinhas — se você começar, vou embora.
EU: Só eu mesmo para ter uma voz interior passiva-agressiva.
VOZ: Você estava dizendo que...?
EU: Nada. Não é importante. Certo, lá vai minha primeira pergunta. O que há de errado comigo?
VOZ: Nada. Você está muito bem.
EU: Então por que ninguém repara em mim — nem finge um mínimo interesse momentâneo?
VOZ: O que você queria olhando para o chão toda vez que alguém passa por você?
EU: Mas eu não faço isso.
VOZ: Eu sou sua voz interior. Eu sei dessas coisas, se liga.
EU: Mas por quê?
VOZ: Porque você acha que não é bom o bastante ou gatinho o bastante para chamar a atenção deles.
EU: Pode ser.
VOZ: Você usa seu peso e sua aparência física como motivo para não se abrir para os outros. Você se sente menos...
EU: Ei, ei, ei. Calma aí. Não pedi tudo isso.
VOZ: Pediu sim, consciente ou não.
EU: Mas por que eu dou tanta importância para isso? Quer dizer, nada disso deveria importar no âmbito maior da vida. Sou uma pessoa legal — e, na maior parte do tempo, uma pessoa boa. Tento agir corretamente com os outros, o melhor possível.
VOZ: Você poderia ter mais amigos se quisesse, mas você acha que eles vão acabar abandonando você porque não é bom o bastante, então você se poupa da dor da perda deles e tem apenas uns poucos amigos.

EU: (silêncio)
VOZ: Já terminamos a conversa?
EU: (silêncio)
VOZ: Vá. Pergunte. Eu sei o que você está pensando, lembra?
EU: Mas por que isso importa tanto para mim? A lógica me diz que eu *não deveria* me importar!
VOZ: Porque você tem medo.
EU: De quê?
VOZ: De ficar sozinho.

Desliguei o computador como se ele tivesse sido possuído. Talvez esse livro não fosse uma piada, no fim das contas. Talvez eu realmente quisesse encontrar alguém para ficar comigo por mais de cinco minutos, mas talvez precisasse descobrir minhas merdas antes. Ou talvez eu só estivesse preparado para ser internado no Lar Campos Verdejantes para Doentes Mentais.

O que diz a mamãe

Quando penso na minha juventude, percebo que não conheci pessoalmente nenhum gay. Eu ouvia meus pais falarem de "tal e tal pessoa" e de como "um certo alguém" da cidade morava com outro homem. Quando isso aconteceu, foi a notícia da cidade.

Entenda, eu vim de uma comunidade de 1,4 mil pessoas. Cresci numa cidade onde os negros tinham que sair da cidade ao pôr do sol. Não me admira que as pessoas não quisessem sair do armário. A mínima desconfiança de que alguém era gay, já fazia com que os outros homens infernizassem a vida desse cidadão.

Eu não gostava que alguém fosse motivo de chacota, não importa se a pessoa estava no armário, era gorda ou feia. Todos nós somos, no fundo, um pouco estranhos, mas na maioria das vezes fazemos praticamente as mesmas coisas. A única grande diferença que vejo nos gays é que os heterossexuais são interessados demais no que os gays fazem entre quatro paredes. Eu não dou a mínima para quem faz o que no seu quarto. Para mim, as pessoas que se importam com isso provavelmente não têm vida sexual própria. Ser gay, de acordo com meu filho, não significa fazer sexo o tempo todo.

Eu tive um amigo na escola que foi adotado "das Ilhas", seja lá o que isso signifique. Ele era moreno, não era considerado nem preto nem branco, e sempre era chamado de "bichinha". A vida para ele era dura. Os pais dele eram bem mais velhos que os da maioria de nós; eram bem rígidos e não entendiam todo o tormento que ele passava na escola. Não sei como ele sobreviveu. Ele era zombado e provocado o dia inteiro, e depois ia para casa, onde também se encrencava se olhasse do jeito errado para os pais.

Foram essas as primeiras coisas que eu pensei quando Robert nos contou que era gay. Eu lembro desse menino quando penso no que meu filho vai ter que passar. As pessoas podem ser cruéis, e não quero isso para o meu filho. Ele é uma pessoa tão feliz, sempre foi. Não quero ver seu espírito se apagar só porque ele é gay. Ele é a alegria da vida do meu marido e da minha, mas não podemos protegê-lo de um bando de idiotas. Ele é adulto, mas continuo sendo sua mãe.

Encontrar o namorado dentro de si mesmo me pareceu um bom recurso para ele. Ele andava reclamando que estava sozinho. Na mesma hora entrei no modo mãe, descobri este livro numa revista e sugeri que ele o lesse. Eu sei que eu poderia usar um livro desses — não porque eu precise encontrar um namorado, mas apenas porque todos nós precisamos de um pouquinho de autodescoberta.

Acho que vou pedir o livro emprestado a ele.

PARTE DOIS:

Mudança climática

CAPÍTULO OITO

Previsão do tempo

O radar Doppler mostra uma frente fria vindo de Bloomington e se movendo em direção à cidade de Nova York

Os planetas estavam muito desalinhados ultimamente. Coisas estranhas estavam acontecendo comigo o tempo todo. As pessoas começaram a me olhar nos olhos na rua. Eu podia jurar ter ouvido um "E aí?" do cara gostoso da academia. Talvez *dias ensolarados* estivessem no meu futuro. Mas, como qualquer outro padrão climático, foi apenas temporário.

Durante o inverno, me contaram sobre um lugar mágico para gays e lésbicas. Um lugar onde não havia carros, apenas milhas e milhas de praias intermináveis. Um lugar onde hordas de lindos homens gays puxavam as compras do supermercado num carrinho vermelho, indo e voltando de suas casas de praia. Um lugar onde homens bem-sucedidos e sofisticados alugavam casas juntos para passar o verão e celebravam um verdadeiro sentimento comunitário. Não se parecia com nada que eu já tivesse ouvido falar na minha infância e na adolescência, mas enfim, eu nunca tinha ouvido nada sobre a infância e a adolescência dos gays, exceto padre Gene, que dizia gostar de quentão. Infelizmente, ninguém no meu distrito escolar sabia que ele estava falando de um quentão específico, Quent Koening, o *quarterback* de nossa escola.

Ansioso para me juntar a um amigo nessa "casa alugada em conjunto", eu sabia que teria que pedir dinheiro aos meus pais. Meu salário de RP no teatro não dava para pagar nem meu aluguel, quanto mais uma casa glamorosa nos "Pines", como a praia se chama.

— Que diabo é Fire Island? — perguntou minha mãe. Joguei o papo de vendedor em cima dela, contando como era essencial para minha saúde mental que eu passasse os fins de semana por lá, pois não poderia passar nem mais um fim de semana entediado e sozinho na cidade. — Mas você nunca viu esse lugar. — Era uma questão sincera, não era um ataque.

Ah, ela era boa, mas eu estava pronto para tudo.

— Fica na praia — argumentei, parecendo mais ter 15 do que 21 anos. Eu havia usado uma tática de negociação parecida quando quis um suéter caro da Ralph Lauren que eu jurei usar em todos os principais eventos familiares. Então ela cedeu. Comprei o suéter e o usei uma vez num jantar de Natal. O suéter pinicava, e depois desapareceu misteriosamente do meu armário — e nunca mais se ouviu falar dele.

— Três mil e quinhentos dólares é muito dinheiro para dois fins de semana por mês — disse ela, de novo com razão. Eu não estava conseguindo. Para minha sorte, estávamos na era da internet, e enquanto a gente conversava, fiz uma busca no meu computador. Infelizmente esse episódio aconteceu antes da banda larga, portanto iria demorar.

— Você tem visto algum ex-colega meu da escola? — Eu sabia que isso levaria o tempo necessário para que eu encontrasse as palavras-chave que selariam minha transação imobiliária.

— Na verdade, trombei com Mary Whitmore. — Mary Whitmore era mãe de um dos meus ex-melhores amigos no ensino médio, Richard. Ela era uma fofoqueira e tinha que parecer uma "mãe descolada" aos olhos do mundo, mas eu nunca achei que ela fosse. Eu a enxergava mais como uma mulher reprimida.

— Como anda o Richard? — Na verdade eu não estava nem aí, mas os únicos resultados para minha busca na internet eram títulos de filmes pornô com a expressão Fire Island. Eu achei que isso não iria me ajudar.

— Ele acabou de casar e está esperando o primeiro filho — contou minha mãe.

— Ah, que legal. Sempre achei que ele fosse gay — falei. Esperava uma risada, mas ela não riu. — Alôô? Sei que não sou Eddie Murphy, mas isso foi engraçado o bastante para pelo menos um risinho. O que está rolando?

— Mary me disse que sentia muito ao saber de você — disse ela secamente.

Eu tirei os olhos da tela do computador cheia de homens seminus na mesma hora, e olhei para o chão.

— Sente muito por mim? Por quê? — perguntei, torcendo para que talvez ela estivesse mal informada e tivesse ouvido falar que fui diagnosticado com alguma doença terminal.

— Eu fiz a mesma pergunta para ela — disse minha mãe. — Ela disse que sentia muito por saber que você é gay e que eu devia estar arrasada.

Pude sentir o ardor em meus olhos e minhas faces, além de uma dor aguda no fundo da garganta.

— Ah.

Sentindo que eu não queria ouvir mais nada, ela continuou.

— Achei que deveria lhe contar isso também, já que estamos falando do assunto.

— Diga — falei.

— Outro dia, seu pai trombou com Stan, seu ex-colega de quarto na faculdade, no jogo de basquete da Wesleyan. Ele disse a seu pai que Joanne Luding, da secretaria, estava contando aos seus amigos que continuam na faculdade que você e seu pai não estão se dando bem porque você é "homossexual".

— Quê? Que vadia — gritei ao telefone. Aquilo não era apenas uma mentira, era uma mentira cruel. Uma coisa que nunca esperei ao sair do armário foi que as pessoas que eu amava seriam tratadas de modo diferente por minha causa. Era algo cruel de se dizer a qualquer pessoa, principalmente a um pai.

— A reação do seu pai foi igual à sua. Ele disse a Stan que Joanne é uma vadia que devia ser demitida. Ele realmente vai falar com um amigo dele, o diretor da seção de alunos, para infernizar a vida dela e dizer para ela não se meter com nossa família.

Isso é algo bastante interessante na minha família. Somos as pessoas mais legais do mundo, mas se alguém se meter com a gente, damos uma de Sopranos.

— E o que aconteceu com Mary? — perguntei.

— Eu disse a ela para não sentir muito por mim porque você tinha um namorado lindo e rico, o que é bem melhor do que ela pode dizer daquele marido gordo e careca dela. Então, por mais que a gente apreciasse a "pena" dela, ela deveria guardá-la só para si e reservá-la para os problemas da sua própria família, incluindo o filho enrustido *dela*.

Eu me esforcei ao máximo para dar uma risada falsa. Era engraçado para caramba, mas eu ainda estava muito chateado pelas pessoas estarem sendo tão ignorantes com meus pais. Eu me senti violado. Enojado. Foi tudo o que pude fazer para evitar cair no choro ao telefone.

— E aí, já tem alguns nomes para mim? — perguntou minha mãe.

— O quê? — falei ainda tonto.

— Bom, achei que você estava tentando descobrir algumas palavras-chave para me fazer comprar essa ideia de Fire Island, então desembuche.

Eu não tive tanta sorte, apenas umas poucas pseudocelebridades haviam passado por lá.

— Calvin Klein e Michael Kors vão para lá o tempo todo — falei, sabendo que ela reconheceria esses nomes. — Seria bom para a minha carreira — acrescentei.

Ela riu.

— Só se você fosse para a cama com eles. E *não* faça isso — vociferou ela.

Diversas promessas monetárias depois, meus pais finalmente concordaram em me emprestar o dinheiro.

Duas semanas antes do início do verão, meu amigo Lance, que tinha me convidado para ir à casa que eles estavam alugando, me contou que a casa já estava lotada, pois um dos caras ia levar o namorado venezuelano. Em vez de ligar para a imigração e delatar o Sr. Venezuela para reconquistar meu lugar na casa, aceitei a sugestão de Lance de dividir uma casa com um amigo de um amigo de um amigo. Ah, as alegrias de não ser especialmente popular (ou latino).

Pensei em desistir da ideia, mas meus pais já tinham mandado o cheque, e renovar o guarda-roupa para o verão com o dinheiro não os agradaria muito.

Fiz as malas, peguei o trem de Manhattan para Long Island e cheguei a tempo de ver as balsas se aproximando da zona de embarque e desembarque. Nesse intervalo, um grupo de bibas estava se embebedando num boteco do porto enquanto esperavam para embarcar. Vi tudo aquilo com uma mistura de empolgação e medo. Ao seguir as hordas de homens para dentro da balsa, eu parecia estar numa boate flutuante. Quando deixamos a costa e olhei para Long Island, senti um imenso alívio e paz. Não estava preocupado em pagar o aluguel, e havia esquecido as Mary Whitmores do mundo.

Quinze minutos depois, cheguei a uma casinha muito fofa quase na praia, ocupada por um grupo de homens que eu nunca havia visto antes e não sabia nada a respeito. O mais novo era 16 anos mais velho que eu. Além de mim, havia outros seis "colegas" habitando aquela casa de veraneio no número 404 da Ocean Drive. Os "gays" chamavam a casa de pitoresca e charmosa. Vindo de uma cidadezinha de Illinois, eu a chamava de pequena e suja. Acho que a casa não tinha passado por uma reforma desde o início dos anos 1970. Nunca tinha visto tantas tonalidades de marrom na minha vida. Havia três quartos para seis caras. De repente me senti num episódio de uma versão gay de *The Real World*. Fui o último a chegar.

— Steven! O massagista chegou! — disse um homem sarado na faixa dos 40 ao entrar na cozinha com uma margarita. Todos os conhecidos estereótipos de gays que eu tinha da minha infância e adolescência de repente saltavam diante dos meus olhos, de Speedos, ainda por cima.

— Ah, não sou o massagista, mas fico lisonjeado — brinquei.

— Faxineiro?

— Não — falei. — Outra tentativa?

— Traficante?

— Com certeza não.

— Bom, se você não é nenhuma das três coisas, não serve para mim — disse ele. Voltou para o seu quarto e fechou a porta.

— Você deve ser o Robert — disse uma voz simpática atrás de mim.

— Ele mesmo — respondi um pouco nervoso.

— Sou Corey. Bem-vindo a Fire Island.

— Alguém aí quer margueritas e foie gras?

Jeremy, de aparência bastante masculina (mas voz definitivamente feminina) e sotaque de Long Island, veio de outro cômodo com uma travessa nas mãos. Eu nem sequer tinha guardado minhas malas e já estava passando por uma cerimônia de iniciação. E eu que pensava que a *minha* fraternidade era ruim!

— O que esse cara *tomou*? — disse baixinho uma voz que vinha da cozinha. O nome dele era Fred e parecia ser o mais equilibrado do grupo. Cheguei a essa conclusão por conta de seus óculos elegantes.

Achei que Fred estava sendo muito duro com nosso gracioso anfitrião, mas, no final das contas, Jeremy realmente parecia feliz, feliz tipo Jack Nicholson em *O iluminado*.

— Provavelmente um pouquinho de Zoloft — comentei de forma inocente.

— O quê? O que é isso? Algum tipo de droga nova? Por acaso vocês são daqueles baladeiros drogadinhos? — disparou Fred.

— Não, é um remédio, e se eu fosse um baladeiro drogadinho, você acha que estaria aqui? — falei.

— Ótimo, não uso drogas nem nada do tipo — disse ele. Eu me aproximei das margueritas, pois tive a sensação de que a noite seria longa.

Talvez seja a diferença de idade, mas sempre imaginei uma "casa compartilhada" exatamente assim: você aluga um quarto numa casa de praia, entra e sai quando quer, compra sua própria comida, fica na piscina ou na praia e arruma sua própria bagunça. Percebi que eu não poderia estar mais enganado quando Larry reuniu o grupo em volta da mesa de centro para repassar as "regras da casa":

1. No início de cada fim de semana, cada hóspede deve desembolsar 50 dólares para mantimentos.
2. No início de cada fim de semana, cada hóspede deve desembolsar 50 dólares para pagar a faxineira.
3. O jantar é preparado depois do "Chá do Fim de Tarde", ou simplesmente "Chá do Fim", às 22h30 — um grupo cozinha e outro limpa.
4. É proibido música alta depois das 23 horas.

5. Quem trouxer um peguete para casa tem que pagar 50 dólares de "taxa de convidado".
6. Todos os hóspedes devem plantar flores e cuidar delas no primeiro dia de cada mês.
7. Nossa casa será decorada como a da série *Supergatas* para o Dança na Praia 15.

Aquela não era exatamente a casa desencanada que eu estava esperando. Comecei a pensar em todas as coisas desagradáveis que eu poderia fazer com meu amigo Lance. Colocar laxante em pó nos shakes de proteína dele? Adulterar seu hidratante com bronzeador barato?

Antes que eu pudesse desenvolver meus planos diabólicos, fui arrastado para a primeira atividade da noite, o Chá do Fim de Tarde, ou, para encurtar, Chá do Fim. Quando diziam Chá do Fim, eu imaginava britânicos sentados, tomando chá Earl Grey com louça chique de porcelana. Mas, ao entrar com Corey no bar, logo percebi que Chá do Fim significava que a maioria dos frequentadores estava "no fim", chapados de álcool ou narcóticos. A outra explicação era que os garotos que se achavam mais do que os outros empinavam o nariz tão alto que olhar para você lá embaixo era "o fim".

Fazia poucos meses que eu havia começado o programa de Vigilantes do Peso, mas eu estava me sentindo bem comigo mesmo. Usava uma roupa legal, tinha escovado os dentes e passado um perfume que peguei emprestado de um dos caras da casa. Talvez isso não fosse tão ruim! Corey e eu ficamos na fila para mais uma bebida quando alguém atrás de nós disse:

— Ah, que gracinha. Ele tem pneuzinhos!

Que completo imbecil!, pensei. Quem diz algo assim em voz alta? Depois, senti pena do coitado do cara fora de forma com pneuzinhos. Ele provavelmente não devia ter se vestido apropriadamente.

— Corey — ouvi a voz dizer. Corey virou-se. — Corey, você não vai nos apresentar seu amigo com pneuzinhos? — disse ainda mais alto o homem afeminado. Mortificado, rezei para que as cinzas do cigarro de algum gay sem noção caíssem no olho dele. Torci para que o liquidificador que fazia as margueritas entrasse em curto-circuito e causasse um incêndio, engolindo todo o prédio em chamas incontroláveis.

— Este é Robert — disse Corey. — É o primeiro verão dele aqui, então seja legal.

— Ele tem muito o que aprender — comentou o homem com um risinho abafado.

O amigo dele lhe deu uma cotovelada no peito.

— Não ligue pra ele. É que ele se divertiu com Tina um pouco mais do que devia.

Eu não sabia quem era Tina (metanfetamina), mas, no final do verão, eu tinha a impressão de que ela havia visitado um monte de casas de Fire Island. Enquanto Corey continuava conversando sobre amenidades, eu me retirei para os fundos do bar, torcendo para chegar a hora de voltar à casa para o jantar. Por precaução, no caso improvável de o jantar se atrasar, comecei a olhar em volta em busca de alguém para conversar. Eu não queria ser a única pessoa a ficar sozinha, parecendo e se sentindo um completo fracassado.

Nos últimos vinte anos, eu tivera o mesmo *modus operandi*. Quando forçado a entrar em qualquer forma de competição, abandonava o páreo. Não queria que ninguém soubesse de meus interesses secretos — isso me deixaria vulnerável demais para algum ataque. Então, desistia e partia para algo que não me interessava tanto. Olhando ao redor para o resto dos caras no Chá do Fim, decidi tomar uma atitude. Eu podia ser o maluco retraído falando sozinho ou podia tentar falar com alguém. Metade daqueles caras era um bando de menininhas mesmo. Bastaria eu gritar "buu" que eles sairiam correndo para suas casas repletas de Prada. Então, fui atrás do que eu queria.

Aproximei-me de um cara bonito, moreno e de aparência italiana chamado Angelo. Ele era sexy, tinha um belo corpo musculoso e, o mais importante para mim, era másculo. Conversando com ele, descobri que tinha 31 anos, quase dez anos mais velho do que eu. Ele se tornou ainda mais interessante quando descobri que também tinha um emprego bom e estável. (Bons jantares na cidade!)

O Chá do Fim veio, passou e lá estávamos Angelo e eu sentados, ainda conversando sobre tudo, de música a filmes (ei, isso era Fire Island, não o Museu de Arte Moderna). Fomos a um restaurante na ilha, e eu mal consegui me concentrar na comida. Não sei muito bem se estava me apaixonando por ele ou apenas feliz por alguém prestar atenção em mim, mas, de qualquer forma, eu queria curtir um romance de verão. Naquela noite, nenhum de nós estava a fim de pagar 50 dólares para ficar na casa do outro, então consumamos nosso romance junto à piscina do meu lar compartilhado. Olhando para trás, acho que essa devia ter sido a bandeira vermelha número um. A bandeira vermelha número dois devia ter sido o fato de que eu só via Angelo em fins de semana alternados, e nunca quando nós dois estávamos de volta à cidade. Porém, mais uma vez não dei importância; estava simplesmente feliz por estar com alguém tão gatinho quanto ele. Achei que eu não seria capaz de conseguir nada melhor.

Dois meses depois, em uma tarde quente de julho, Corey e eu fomos dançar no Pavillion, a "casa noturna" de Fire Island. Novamente, o que os gays chamam de casa noturna eu chamo de inferno sem saída de emergência. Corey e eu abrimos caminho até a pista de dança e vi meu Angelo dançando.

— Ele está lindo, né, Corey? Ele dança de um jeito tão sexy!

Então me aproximei e percebi que Angelo estava dançando com outro homem; aliás, ele estava se esfregando em outro homem. E o outro homem era ninguém menos que o afeminado que havia insultado meus pneuzinhos dois meses antes. Depois, vi os dois cheirarem pó na pista de dança. Isso explicou muito sobre Angelo e sua falta de comprometimento para me ver. Depois descobri que ele costumava ficar na farra por até três dias seguidos e ficava enfurnado em algum clube de sexo durante todo esse tempo.

Saí para me recompor. Não dava para competir com aquilo. Eu nem sequer tinha vontade de competir.

Corey contou a Angelo o que havia acontecido e ele foi logo atrás de mim. Depois de ouvir todas as suas desculpas, eu o perdoei e disse que estava disposto a deixar passar, mas falei que ele devia pegar leve com as drogas. Fomos ao bar e pegamos uma bebida.

— Você é muito sexy — disse ele. Ninguém nunca havia me dito algo assim, pelo menos nenhum cara. Isso me fez sentir tão vivo.

— Obrigado, mas você é mais ainda.

— Ah, eu sei — respondeu ele na cara dura. — Mas e aí, o que você acha da gente? — perguntou ele com um grande sorriso no rosto enquanto seus olhos não paravam de mexer.

— Como assim?

— Você sabe... nós dois. O que você acha da nossa relação? — perguntou ele, ainda sorrindo.

— Bem — respirei fundo. — Estou muito feliz. Fico contente que a gente tenha se conhecido. Quero ter um futuro com você, de verdade. Tenho que ser honesto. Acho que poderia me apaixonar por você — falei, olhando para suas pupilas, que estavam superdilatadas.

— Sério? — disse ele surpreso.

— Sim. Por quê?

— Porque não sinto nada por você — soltou ele com indiferença. — Nada, nem de um lado, nem de outro. Na verdade, sou ambivalente a você.

Acho que foi a coisa mais cruel que alguém poderia me dizer. Senti como se alguém tivesse me rasgado em pedacinhos e depois me atirado num balde de merda. Voltei para casa a pé naquela noite, deitei na cama e fiquei ouvindo todos os caras saindo para ir a festas nas casas de outras pessoas, rindo, se divertindo, chamando uns aos outros de “Mary” ou “Menina”. Eu sabia que nunca faria parte desse grupo. Talvez *todo mundo* também se sentisse ambivalente em relação a mim. Que droga, até aquele momento, eu mesmo tinha me sentido ambivalente em relação a mim.

Fiz as malas no dia seguinte e nunca mais voltei. No trem de volta a Manhattan, pensei em Mary Whitmore e seu filho, Richard, e em Joanne Luding. Fiquei pensando se eles não teriam razão de sentir pena dos meus pais. Queria ter alguma grande resposta ou sinal de um propósito maior, algo que me garantisse que, na verdade, os dignos de pena eram os Whitmores e Ludings. Mas essa resposta não existia. Aquele não era o mundo em que vivíamos. A única coisa que eu realmente sabia era que, independentemente do que acontecesse, eu ainda teria o amor e o apoio dos meus pais; então nada de choradeira com pena de mim mesmo.

Desapareci misteriosamente de Fire Island sem deixar rastros, assim como aquele casaco Ralph Lauren coceguento que comprei com dinheiro emprestado quando era adolescente.

O que diz a mamãe

Quando Robert nos contou que ia alugar um chalé na praia com mais seis homens, pensei: "Como ele é sortudo!" Sempre quis fazer algo assim também. Enfim, isso é outro livro.

Após concordar em emprestar-lhe o dinheiro do aluguel, falei do chalé que ele estava alugando em Fire Island para todo mundo que eu conhecia. Ao trombar com uma antiga vizinha no mercado, cheguei a me gabar com ela do chalé de veraneio que Robert havia alugado na praia. Quando ela me perguntou onde, respondi com orgulho:

— Fire Island. É muito chique e pitoresco. Eles usam carrinhos vermelhos para levar as compras de supermercado e coisas assim pelo calçadão. Não existem carros por lá, sabia?

Ela me olhou com uma pontada de loucura. Loucura que depois se transformou em piedade.

— Oh, Jane, tenho tanta pena de você por causa de Robert — disse a sabichona.

— Pena de mim por causa do meu filho? — rosnei de volta.

— Fire Island é um lugar aonde os *homossexuais* vão para conhecer outras pessoas.

Odiei a maneira como ela disse a palavra. Ela agiu como se eu tivesse acabado de sair dos milharais. Eu poderia ter matado Robert por não ter me dito aonde estava indo, não porque sentisse raiva por conta do lugar, mas porque aquela idiota com um permanente horrível estava tentando me depreciar — e no mercado, ainda por cima. De qualquer forma, aprendi mais alguma coisa sobre o estilo de vida gay.

Depois de dizer a ela que enfiasse seu melão em um lugar bem desconfortável, decidi fazer uma pequena pesquisa sobre Fire Island. Quando cheguei em casa, fui direto ao computador (com o qual não me sentia muito à vontade, mas que Robert estava me ensinando pelo telefone a usar). Digitei "Fire Island" na coisinha de busca e cliquei em alguns sites que eram apenas para adultos. Coisa muito indecente, se quer saber. Finalmente achei um que me pareceu um pouco melhor.

Havia um artigo de uma mulher chamada Martha Stewslut, uma imitação da Martha Stewart em formato *drag queen*. Não me empolguei ao ver alguém mexendo com a rainha do lar que é Martha Stewart. Eu gostava dela. Figurinha difícil, mas, mesmo assim, eu gostava dela. Enfim, continuei lendo. Essa mulher dava instruções passo a passo de como fazer uma torta de chocolate, o que me irritou porque eu estava no Vigilantes do Peso e aquilo com certeza me faria passar dos limites. Cliquei em algumas imagens da ilha, que era linda.

Olhei mais um pouco o site e fiquei confusa. Robert odeia cozinhar. Será que uma praia boa, mas não espetacular, valia 3.500 dólares? Isso não era para Robert. Esse não era o estilo dele. No entanto, meu arranca-rabo no supermercado me deu uma ideia do porquê ele queria se aventurar naquela ilha mágica.

Duas semanas depois da primeira visita de Robert àquela casa, tive a minha resposta. Ele me ligou para dizer que conhecera um cara chamado Angelo. Até me mandou uma foto por e-mail. Isso foi um grande passo para nós dois, pois antes eu não tinha a mínima ideia de como se fazia o download de uma foto.

Mas, falando sério, finalmente havia um rosto. Esse foi o primeiro cara de que Robert me falou, não era apenas um fantasma. Era um rosto italiano, com a barba por fazer. Ele era muito bonitinho. De certa forma me lembrava o cruzamento de Sylvester Stallone com um mafioso. Fiquei pensando se os rituais de namoro para dois homens são os mesmo de quando se trata de um homem e uma mulher. Eu diria que sim. Robert me disse que eram "mais ou menos", exceto no primeiro encontro, quando há a dança da descoberta para saber quem fica "em cima" e quem fica "embaixo". Não quis saber mais nada sobre isso.

Eu sabia que Robert seria um ótimo partido para alguém. Ele foi criado em um bom lar e tinha bons princípios morais, estudou em escolas católicas e tudo mais.

Robert me contava dos encontros que tinha com Angelo. Jantares na praia, longas caminhadas à beira-mar, saídas para dançar e as festas às quais iam juntos. Ele estava se divertido mais do que eu! Sou casada há 37 anos, mas não fique achando que sou alguma velhinha. Casei-me aos 17 e tenho *apenas* 50 e poucos. Sim, eu disse *apenas*. Enfim, adoro os detalhes que ele me dá (bem, até certo ponto). Meu marido foi o único homem que eu namorei de verdade, então não sei o que é namorar. Acho que esse é outro motivo pelo qual Robert compartilha suas experiências comigo. Ele me deixa viver cada experiência com ele, ao contrário de alguns filhos, que mal se comunicam com os pais. Não quero parecer uma senhora da autoajuda, mas a comunicação é a chave para qualquer relacionamento bem-sucedido, seja com o cônjuge ou com o filho. Claro, ele não me contava tudo, apenas algumas coisas.

Aparentemente, Angelo sabia uma coisa ou outra sobre comunicação, e Robert sentiu pela primeira vez o gosto da rejeição. Ficou arrasado. Eu já havia passado por esses momentos de lágrimas por causa dos namorados da minha filha, mas nunca imaginei que teria que lidar com meu filho nesse sentido. Era uma experiência estranha. Senti-me bem (mas estranha) quando disse a ele: "Os homens são uns idiotas." Tive a sensação de estar quebrando um código secreto da sociedade feminina ou algo assim. Enquanto ouvia meu filho inconsolável, tudo em que eu conseguia pensar era: onde posso encontrar alguém para quebrar as pernas daquele cara? Como ele pôde ser tão cruel? Que idiota.

CAPÍTULO NOVE

Um dia "daqueles"

Um sentimento que você nunca, nunca deve compartilhar com sua mãe — a não ser que deseje um bombardeio de cartas, e-mails e ligações telefônicas para dar uma conferida no seu equilíbrio mental

Ao escapar de Fire Island e de meu "relacionamento de verão" (uso esse termo de forma imprecisa, já que encontros em dois fins de semana ao mês por três meses dificilmente pode ser considerado um relacionamento), eu me sentia ainda pior do que antes de passar pela experiência do meu primeiro acampamento gay. Minha mãe percebeu meu estado e começou a me telefonar duas vezes por dia, uma ligação mais intensa que a outra.

— Tem certeza de que você está bem? — perguntava ela.

— Estou bem — respondia, enfiando na boca uma caixa de cookies com o dobro de gotinhas de chocolate. Que se dane o Vigilantes do Peso e seus malditos pontos. Quem precisa deles?

Após alguns dias (certo, talvez semanas), achei que eu estava bem. Então, um dia, *aquilo* chegou pelo correio. Era um pequeno envelope de papel manilha que lhe dava um ar de coisa oficial; no entanto, reconheci instantaneamente a suave caligrafia. Retirei o lacre e abri com cuidado. Com minha mãe, não dava para saber o que esperar, podia ser qualquer coisa — um cartão alegre, uma foto minha com meu cachorro Barney. Estava esperando algo animado. O que abri era mais chocante do que qualquer coisa que tivesse aberto antes. Tinha um tamanho pequeno, 15 x 15 centímetros, para ser exato. E tinha um leão desanimado olhando diretamente para mim. Grandes letras maiúsculas amarelas diziam *Um dia "daqueles": uma lição de vida para levantar o seu astral.* O que diabos ela havia me mandado?

Dentro do livro havia muitas fotos de animais em poses "excêntricas", posições tão pouco naturais que pensei seriamente em chamar o PETA. Embaixo de cada foto havia uma legenda supostamente inspiradora. Porém, elas só me deixaram mais irritado e deprimido. Voltei à sobrecapa interna do livro para me assustar com seu preço de venda. Como um escritor que estava batalhando, aquilo me deixou maluco. Ali estava eu, trabalhando como mero relações-públicas durante o dia e à noite devotando horas ao desenvolvimento do ofício da escrita, e recebo um livro de um mané piegas, com aquele preço! Na capa, proclamava-se com orgulho: "Best-seller do *New York Times*." Aquilo era algum tipo de piada doentia e distorcida? Tenho certeza de que esse cara estava fazendo uma fortuna (uma fortuna e meia, se vivesse no Canadá). Pessoas como minha mãe gastavam dinheiro com fotos de animais parecendo tristes e deprimidos, com falas como: "Há dias horríveis em que você se sente péssimo, mal-humorado..." Pode me chamar de pessimista, mas não preciso comparar as dificuldades que passo na vida com as de um hipopótamo! Talvez um pinguim, mas não um hipopótamo.

Quando eu era pequeno e ficava triste, minha mãe me chamava para ir ao McDonald's mandar minha tristeza embora com um sorvete de baunilha, dois cheeseburgers sem verdura ou molho e uma batata frita tamanho grande. Não tenho certeza se aquilo levava minha depressão embora, mas eu geralmente entrava em um estado de coma alimentar e não tinha mais capacidade de pensar em absolutamente nada. Minha mãe ficava louca por termos de esperar pelos cheeseburgers especiais.

— Por que você simplesmente não tira o picles, a cebola, o ketchup e a mostarda? — perguntava ela.

— Não é a mesma coisa. Meu hambúrguer fica com um gosto ruim depois que toca esses troços — argumentava eu.

Ela se aborrecia toda vez que o caixa nos mandava encostar o carro para esperar. Eu ficava feliz de não ser o único com um gosto culinário tão refinado. Eles haviam criado toda uma seção para nós, a linha amarela.

— É uma palhaçada ter que esperar vinte minutos — reclamava minha mãe.

Nos dias em que não queria esperar, ela mandava o meu pai no seu lugar. Ele ia comigo feliz da vida, esquecido de como havia sido a experiência anterior. Depois de algum tempo, ele se dava conta de que aquela espera na linha amarela (que já durava 23 minutos) dentro do carro lhe era estranhamente familiar.

— Não me lembro de ter demorado tudo isso da última vez — comentava ele.

— Não, o atendente deve estar em treinamento — respondia eu, mesmo sabendo que a última vez tinha durado 28 minutos.

— É mesmo.

Meus pais eram daqueles que faziam de tudo para alegrar o filho. Uma vez, quando eu estava no ensino fundamental, Chad Thomas deu uma festa enorme para a classe e convidou todo mundo, menos eu e umas outras poucas pessoas.

— É que não tem espaço — disse ele.

Fiquei arrasado. Quando contei aos meus pais, eles ficaram enraivecidos, mas a raiva deles se transformou rapidamente em ação. Duas semanas depois, dei minha própria festa e convidei toda a classe, menos Chad Thomas. Não foi uma festa qualquer: minha mãe foi ao melhor supermercado da região e comprou os melhores biscoitos, os chiques, não aqueles gelados baratos em forma de animais que supostamente ofereceram na festa de Chad. Tivemos jogos e prêmios *de verdade*, não aquelas estúpidas lembrancinhas de papel machê que a mãe dele distribuiu. Na minha festa, demos Hulk Hogans e bonecos das estrelas da WWE. A festa foi um enorme sucesso e todo mundo falou dela na escola durante toda a semana. Eu tinha finalmente alcançado popularidade e fama no sexto ano. Infelizmente, após esse episódio, Chad veio para cima com tudo e fez uma festa do pijama completa, com a presença de Mark Ketchum, a estrela do basquete do ensino médio e o melhor amigo do irmão mais velho de Chad. Não dava para competir, então joguei a toalha. V. S. F., Chad.

Hoje eu estava mais velho e seguindo o programa do Vigilantes do Peso, então o McDonald's não era mais uma opção, assim como dar uma festa também não era. Não poderia imaginar meus pais dando uma festa para um monte de gays competindo por um boneco na nossa sala — a menos, é claro, que os bonecos da WWE fossem substituídos pela boneca da Britney Spears ou pelo Billy, o primeiro boneco gay com anatomia apropriada (os dois eram, para mim, igualmente asquerosos). No entanto, tenho certeza de que, se eu lhes tivesse pedido, meus pais certamente teriam feito essa festa só para me animar.

E lá estava eu, sentado em meu apartamento em Manhattan com um leão deprimido me encarando. Não pude acreditar que minha mãe, sangue do meu sangue, tinha me sujeitado a um livro tão infantil. Será que ela realmente achava que um bando de animais deprimidos faria eu me sentir melhor? Abri o livro e comecei a lê-lo do começo. Não havia nada lá que fosse uma surpreendente lição de vida ou algo novo para mim. À medida que o folheava, os animais se tornavam mais otimistas a cada página. Então, do nada, esses animais "felizes e bem-ajustados" caíram em êxtase, porque agora tinham um *parceiro*, alguém para amá-los. O único efeito que isso teve em mim foi me lembrar do quanto eu estava deprimido. Agora, até os malditos animais tinham alguém ao seu lado. Aquilo me enlouqueceu. Joguei o livro no chão e jurei que nunca teria um animal de estimação. Saí para caminhar pelo bairro e amaldiçoei todo animal que cruzou meu caminho.

Tive a sensação de estar vagando por horas. Pensava que tinha saído da minha minidepressão, mas, graças ao lembrete de minha mãe de que eu estava sozinho, eu me via sucumbindo de novo. Andei a esmo pelas ruas cheias de gente de Nova York e, por acaso, vi os arcos dourados do McDonald's no meio da Times Square. Um santuário. Eu sabia que estava em um "programa de emagrecimento" e que estava tentando melhorar minha forma física, mas joguei tudo isso pela janela. Entrei lá e instantaneamente reconheci o cheiro daquelas batatas fritas. Eu me sentia em casa.

Esperei na fila com uma empolgação nervosa, como se estivesse fazendo algo diabolicamente errado. Dei uma olhada no cardápio para saber se alguma mudança tinha ocorrido desde a última vez que nos encontramos. Embora algumas coisas tivessem sido adicionadas, o principal continuava lá. Eu estava tão orgulhoso dos meus arcos, sempre cumprindo o que prometiam. Eu era o próximo e fiz meu pedido a uma moça tristonha.

— Sim, oi! — falei com um entusiasmo exagerado. — Quanto tempo!

A caixa olhou para mim como se eu fosse um dos loucos de rua. (Ela não estava tão enganada assim.)

— Enfim, quero um milk-shake grande de baunilha, uma batata frita grande, e dois cheeseburgers *especiais* — falei à beira de um orgasmo.

— São US$ 9,86. — Os preços realmente tinham subido desde minha última visita. — Vá para o balcão amarelo — indicou ela.

Para meu profundo espanto, até em Nova York você era orientado a esperar num canto pelo seu pedido especial. Sorri, lembrando-me dos dias com meu pai. Ahhhh, sim, eu finalmente me sentia melhor, e nem tinha dado uma McMordida ainda.

À medida que os minutos foram passando, o que era um sorriso rapidamente se tornou um sorriso forçado. O sorriso forçado foi substituído por uma expressão petrificada, seguida por um balançar para a frente e para trás com a parte anterior da planta dos pés. Vinte e seis minutos depois, finalmente trouxeram a comida para mim. Na verdade, jogaram-na em cima de mim dentro de um saco.

Eu voltei praticamente saltitando ao meu apartamento, com meu tesouro nas mãos. (Sim, eu falei saltitando.) Entrei em casa e imediatamente me joguei no sofá. Depois, coloquei toda a minha refeição em um prato e a olhei fixamente, absorvendo todo o seu aroma. Minhas preocupações se dissolveram como a gordura no papel que cobria meu hambúrguer. Peguei *Um dia "daqueles"* e comecei a lê-lo. Dessa vez foi diferente. Os animais eram bonitinhos, e as legendas eram espirituosas. Adorei os ursos polares fingindo fazer ioga. A zebra rindo era genial. O rato na cabeça do gato de repente parecia comovente. Esse homem era um gênio literário: em 112 páginas e menos de cem frases, ele havia capturado toda a variedade de minhas emoções.

Quase trinta minutos haviam se passado, e eu me vi deitado no sofá com um sorriso malicioso, lembrando-me de todos os momentos bobos que tinha vivido na casa dos meus pais. Olhei para o meu prato e, para minha surpresa, eu não havia comido nada! Não era de comida que eu precisava; era do conforto do meu lar e de ter em mente que, ao entrar em colapso, tudo o que eu precisava fazer era ver as coisas com outros olhos. Logo percebi que os estranhos vinte e poucos minutos que o McDonald's faz você esperar são o tempo perfeito para você colocar a cabeça no lugar e pôr sua vida em perspectiva. Era uma sessão de McTerapia — e barata, em comparação com outros tratamentos.

Naquele espaço de tempo, percebi que meu romance de verão com Angelo era muito parecido com os cheeseburgers que eu sempre pedia quando criança. Só que eu havia cometido o erro de não especificar que queria um cheeseburger *especial*; sem todos os extras encobrindo tudo. Da próxima vez, vou esperar os vinte minutos adicionais para ter o que realmente quero.

O que diz a mamãe

Após ele ter sido rejeitado, pensei muito sobre como poderia fazer Robert acreditar que ainda havia muitos caras por aí. Parei em uma livraria e andei pelos corredores, sem saber muito bem o que estava fazendo lá. Então um livro chamou minha atenção. Era de tamanho pequeno, mas eu sabia que seria capaz de surtir grandes efeitos. Ao folheá-lo, me pareceu perfeito. Era algo que ele entenderia instantaneamente — um livro sobre como até mesmo baleias, cachorros e gatos sempre encontram alguém no final. Quis mostrar a ele que até uma baleia pode achar um parceiro. Achei que isso seria o bastante para resolver o problema. Várias ligações raivosas depois, percebi que talvez aquela não tivesse sido a melhor opção de livro para animá-lo.

Nenhum casal tem um relacionamento perfeito — não importa se você é hétero ou gay. Todos têm que dar e receber para descobrir quem a outra pessoa é, sua essência e suas motivações. O Dr. Phil do *talk show* pode chamar isso de outra coisa; eu só chamo do que é, simples assim: *Let's Make a Deal*, outro *talk show*. Ou seja: vamos fazer um trato. A premissa básica desse programa era que o competidor precisava escolher entre prêmios escondidos atrás de três portas. Alguns eram realmente fantásticos e outros nem tanto. A pessoa poderia escolher a coisa mais garantida ou apostar em algo incerto para conseguir algo melhor. A vida não é diferente. Em vários momentos cruciais na trajetória de uma pessoa, surgem escolhas. Ao assumir riscos, você pode conseguir uma recompensa ou, se você se basear apenas na promessa de que coisas melhores virão, perder tudo.

Aprendi que, em alguns momentos da vida, é melhor ficar com o que se tem e sair do jogo; em outros, é melhor fazer uma tentativa e se abrir para o novo. (Ao longo de minha trajetória, já fiquei emperrada em algumas situações.) Meu marido trabalhou duro para sustentar a família; minha função era cuidar dos filhos e acompanhá-los pelos estágios da vida. Para nós, a família está em primeiro lugar, caso você ainda não tenha percebido.

Talvez Robert tenha aprendido a lição de não se deixar distrair pelo físico e ignorar o caráter. E realmente *espero* que ele tenha aprendido a não procurar um namorado em uma ilha de gays — até eu sei disso, e olha que nunca coloquei o pé lá.

Dou a impressão de ser alguém que sabe todas as respostas, mas eu não sei. Uma coisa é certa: conheço meu filho. Isso foi tudo o que tentei dizer a ele, mas não consegui pôr em palavras. Então fiz o que qualquer mãe teria feito: mandei-lhe um livro de fotografias recheado com baleias, cachorros e gatos que encontraram o amor. Sim, ao reler essa frase, percebo que estou parecendo uma louca, mas, fala sério, quem não ama filhotinhos? Se eles não lhe fizerem sorrir, é porque você tem um coração de pedra.

CAPÍTULO DEZ

It's Getting Hot in Here (Está ficando quente aqui)

Famoso trecho de uma música do *rapper* Nelly, ou o que minha mãe diz depois de beber muitos cosmopolitans (depois de apenas um, para ser exato)

Assim como todo mundo, minha mãe e eu estávamos a caminho do mais novo restaurante da moda em Nova York, o Cafeteria, para encontrarmos meu amigo Freddy (também conhecido como "Prefeito", pois não há pessoa que ele não conheça). Queria dar à minha mãe uma verdadeira experiência nova-iorquina. O Cafeteria era elegante e estava em alta. A roupa dos garçons era de grife. O espaço branco reluzente, com referências à era espacial, fora projetado por um arquiteto *avant-garde*. Madonna já foi lá. Bem, acho que não preciso dizer mais nada.

Minha mãe estava animada para ir, mas cismou com o nome e o conceito do restaurante.

— Acho que é um nome idiota. Quem você conhece que tem boas lembranças de algo com o nome de Cafeteria*? — reclamou ela no táxi, a caminho do restaurante.

Por mais que eu odeie admitir, porque o Cafeteria era o destino de tudo o que era descolado naquela época, ela tinha razão. Só em Nova York você precisa reservar uma mesa com semanas de antecedência para se sentar em um salão obscenamente barulhento e pagar três vezes mais pela mesma comida da qual você se esquivava quando a cozinheira da escola a jogava em seu prato. Ainda assim, eu estava disposto a jogar fora as lembranças dessa cantina da escola para que minha mãe se divertisse comigo. (Para ser bem sincero, eu tinha lá meus motivos secretos. O Cafeteria ficava em Chelsea e parecia ser *o* lugar aonde todo

* Em inglês, "cafeteria" quer dizer cantina, refeitório. (*N. da T.*)

cara lindo e solteiro ia jantar. Sim, eu estava indo caçar com a minha mãe. Triste mas verdadeiro.)

Minha mãe e eu chegamos pontualmente, uma verdadeira gafe para os círculos de Nova York e uma gafe ainda maior para um dos lugares mais frequentados por gays fashionistas como aquele. A *hostess* nos deu aquela revirada de olhos do tipo "nossa, que bom ver vocês" e nos guiou pelo restaurante barulhento e agitado. Descemos as escadas e chegamos a uma sala esquisita e mal-iluminada com oito mesas espremidas uma ao lado da outra.

"A vaca magrela", como minha mãe a chamou, nos colocou em uma mesa pequena no canto, adjacente a um grande banco em L onde estavam sentados gays ricos. Eu me sentei rapidinho para olhar cobiçosamente para o banco. Expliquei à minha mãe que eu costumava jogar "Dê Nome ao Maluco", jogo que criei quando ia sozinho aos cafés durante meus primeiros meses na Big Apple. Pode ser jogado em qualquer lugar e as regras são bastante simples. O objetivo é descobrir a história de vida de cada pessoa à mesa, incluindo a de quem ganhava o título de "doido varrido" ou, de forma mais civilizada, "não bate bem das bolas".

Enquanto minha mãe se remexia na cadeira dela, examinei a mesa ao lado. Especulei que o cara de aparência conservadora provavelmente gostava de ser amarrado e chicoteado, enquanto o cara de camiseta estava tendo um caso com o namorado do cara de aparência conservadora. Mesmo assim, nenhum deles conseguiu ganhar o título de maluco, e por isso o homem bonito com camisa de botão acabou levando o título por falta de opção melhor. Ele tinha uma dessas risadas enlouquecidas — não estou me referindo a essas pessoas que riem mais alto que os outros, mas de uma pessoa que ri por mais tempo que as outras enquanto seus olhos dizem: "Eu como casquinha de ferida quando estou sozinho." Levei três minutos para avaliar aquela mesa, e de repente temi que minha mãe e eu fôssemos os taxados como os maiores malucos do restaurante pela mesa *deles*.

Esqueci de mencionar que, em vez de cadeiras, nós estávamos desajeitadamente sentados em ovos de isopor à nossa minimesa.

— Algum problema? — perguntou a garçonete.

— Estamos para lá de ridículos — disse minha mãe, segurando a ponta da mesa para manter o equilíbrio. A garçonete tentou explicar à minha mãe do Meio-Oeste que aquela era a última tendência em design de móveis.

— Um ovo horizontal? Quem projeta essas coisas? Provavelmente algum idiota que nunca precisou sentar nelas. Eu me sinto como se estivesse prestes a parir — disse minha mãe dando de ombros.

A garçonete-magrela-aspirante-a-modelo olhou indiferente para minha mãe; um olhar que com certeza foi praticado durante horas em frente ao espelho para que, quando ela finalmente subisse na passarela, não expressasse absolutamente qualquer emoção. Eu poderia fazer a mesma cara se quisesse, não seria difícil. Aperfeiçoei essa expressão ao vivenciar as alegrias de um analgésico após uma cirurgia no pé, mas ninguém bateu à minha porta para me contratar como modelo.

— Poderia nos trazer dois cosmopolitans... imediatamente? — gritei, antes que minha mãe fosse com tudo para cima dela.

Minha mãe olhou ao redor da pequena sala no último andar daquele restaurante *trés chic*, me encarou com convicção e disse:

— Eu não entendo. Parece que estamos em um porão. O que há de especial?

Apesar de, no fundo, concordar com o que ela estava dizendo (pois muitas vezes eu pensava a mesma coisa, só que nunca falei em voz alta), eu precisava corroborar aquela mentira de que aquele merecia ser considerado o restaurante mais descolado da cidade de Nova York.

Peguei a pequena tigela e, oferecendo-a à minha mãe, disse:

— Coma uma batatinha e relaxe.

Ela enfiou a mão na tigela e inspecionou o que parecia ser ar frito.

— Isso mais parece torresmo — disse ela sem rodeios.

Deu uma mordida.

— Apimentado! — exclamou ela mastigando, antes de ter uma crise de tosse. A mesa dos malucos ficou nos encarando.

Precisávamos tomar algo rapidamente, senão ela ficaria entediada ou, pior ainda, cairia no sono. Por sorte, a garçonete que estava servindo bebidas aproximou-se da nossa mesa com uma rodada de cosmopolitans que ficaram por conta de Freddy — ele havia telefonado para o restaurante para avisar que estava operando em ritmo de Ilha da Fantasia. Eu sabia que Manhattan era uma ilha, mas fazer esse tipo de conexão era realmente um exagero. Minha mãe hesitou quando a garçonete pôs as bebidas na mesa.

— Não sei, não. Você sabe que não sou muito de beber — protestou ela.

— Mãe, experimente. Você vai gostar, confie em mim. Além do mais, é isso que elas estão sempre bebendo em *Sex and the City*. E você é uma garota *Sex and the City* — provoquei.

Minha mãe pode até ser estilosa, mas definitivamente não é uma garota *Sex and the City*. Mas quem sabe eu estivesse errado; talvez durante os cinco meses de reuniões no Vigilantes do Peso, as quatro ou cinco mulheres do grupo se juntassem para falar sobre suas vidas sexuais (só que com bombas de chocolate em vez de cosmopolitans).

Três cosmos (e minha mãe três vezes mais bêbada) depois, Freddy finalmente chegou com um grupo de homens bonitos e sofisticados. Eles se sentaram à uma mesa com bancos corridos enquanto eu e minha mãe permanecemos nos ovos.

— Uau! Como ele é bonito! — soltou minha mãe bem alto.

— Ele é gay — sussurrei no ouvido dela.

— E daí? Não posso dizer que ele é bonito só porque ele é gay? — perguntou ela em um volume que, para ela, era um cochicho, quando na verdade era um grito agudo.

Freddy fez as apresentações: Marc, um titã da propaganda em Nova York; Ross, um artista bem-sucedido, e Rupert, o Rupert Everett do *Casamento do meu melhor amigo*. O filme tinha sido lançado uns nove meses antes e ele estava ficando famoso, especialmente entre os garotos gays do Cafeteria. Rupert havia representado o primeiro personagem gay de um filme que eu tinha gostado de verdade. Ele era másculo, bonito e inteligente; tudo o que eu estava buscando em um companheiro. Tive uma queda instantânea por ele depois de ver seu sorriso fascinante. Nem preciso dizer que ele nem sequer olhou duas vezes para mim. Antes de eu começar a sentir pena de mim mesmo, minha mãe, quase gritando, falou:

— De onde eu conheço aquele cara?

Afundei ainda mais em meu assento de isopor.

Olhei para minha mãe e percebi que o rosto dela estava cada vez mais corado e que ela estava começando a suar. Eu havia visto essa expressão apenas três vezes na minha vida. A primeira havia sido na festa de casamento do meu irmão. A segunda, no chá de bebê da minha irmã. E a terceira, quando eu disse aos meus pais que queria me mudar para Nova York; naquela ocasião, o rosto dela virou um tomate.

— Está quente aqui — disse ela repetidas vezes quase enrolando a língua. "Está quente aqui" era um código para meus irmãos de que nossa mãe estava alta/quase bêbada, e este momento em si já proporcionava uma cena digna de contemplação. Pedi licença para ir ao banheiro, para dar um minuto a ela para se recompor e também para escapar de possíveis escândalos embaraçosos na frente de Rupert (como se ele fosse me notar).

Eu saí por menos de cinco minutos mas, quando voltei, vi minha mãe sentada à mesa com todos os gays finos, ricos e fofos que Freddy tinha trazido. Foi um sucesso. Eles a amaram.

— Acho que você devia dar um fora nesse idiota — ouvi ela dizendo a Marc.

— Eu amei essa mulher — disse Marc a Freddy. — Ela tem que vir para o nosso coquetel na semana que vem, Lou.

Não só minha mãe estava alegrinha como tinha se transformado em um autêntico sucesso bem diante dos meus olhos. Ela deu mais um gole em outro cosmopolitan enquanto eu sentava no meu ovo.

Ouvi a garçonete explicar a história das cadeiras de ovos para outra mesa.

— É um autêntico Paulista — disse ela, e sabe-se lá o que isso quer dizer. O comentário dela, no entanto, me fez pensar sobre minha própria autenticidade. Como um garoto que tentava encontrar sua turma, eu nunca sabia ao certo em que grupo poderia me encaixar. Eu era basicamente amigo de todo mundo, mas, ao mesmo tempo, amigo de ninguém. Sempre soube que era gay, mas era impossível contar isso para alguém em uma escolinha católica. Queria encontrar pessoas como eu, mas, ao mesmo tempo, eu tinha a paranoia de que seria taxado de gay; então sempre ficava em cima do muro. Embora minha mãe não soubesse o que eu estava passando naquela época, ela me deu um conselho valioso que levo comigo até hoje: "A melhor forma de conhecer pessoas é simplesmente ser autêntico." Só me dei conta da verdade desse conselho anos depois, enquanto bebia cosmopolitans no porão de um restaurante da moda em Manhattan. Ela não ficou impressionada com o restaurante, a comida, os garçons ou as subcelebridades. Ela estava apenas lá, sendo ela mesma e aproveitando uma saída à noite com o filho.

Dei uma olhada em volta da sala, que já estava com a capacidade esgotada de homens bonitos procurando defeitos uns nos outros, cada um tentando ser o que *achava* que deveria ser. Respirei fundo e me apresentei para os outros caras na mesa e corajosamente puxei conversa com eles. Desisti de tentar bancar o descolado — nem mesmo o cara mais descolado do mundo poderia parecer charmoso e encantador chocando um ovo gigante e com a mãe bêbada de cosmos. E eu amei cada mínimo segundo daquela noite: talvez minha mãe fosse mais *Sex and the City* do que eu jamais havia imaginado.

O que diz a mamãe

Cosmopolitans. Duas doses de vodca com limão. Uma dose de Cointreau. Duas doses de suco de cranberry. E uma velha senhora no chão.

O conceito de encontrar pessoas para beber é totalmente fora da minha realidade. De onde eu venho, não é comum ouvir alguém dizer: "Vamos nos encontrar para beber alguma coisa." Se essa rara ocasião ocorresse, as opções seriam poucas. Há um único e exclusivo restaurante na minha cidadezinha, onde as únicas pessoas sentadas bebendo são as mesmas desde as 10 horas da manhã. E é isso, a não ser que você prefira ficar em pé no estacionamento de um posto de gasolina tomando uma cerveja. Então, quando Robert disse que a gente iria encontrar uns amigos para tomar uns drinques, eu não sabia muito bem o que esperar.

Nunca fui de beber, e me casei tão jovem que perdi todo o aspecto social da coisa. Tentei beber pela primeira vez com meu então namorado (e agora marido) quando tinha 15 anos. Odiei. Minha segunda tentativa foi aos 20 anos, quando fui a Las Vegas com minha mãe para uma viagem de férias. Fui barrada na entrada do cassino, pois era muito jovem para entrar e também para beber. Nem sequer a reclamação de minha mãe com a gerência os fez mudar de ideia. Eles não estavam nem aí. Então, em vez de termos uma maravilhosa farra, tivemos, ao contrário do que queríamos, uma viagem serena. Não importava se, na época, eu era casada e tinha dois filhos. É claro que as pessoas não entendiam que uma mãe precisava de uns drinques de vez em quando para não acabar num manicômio. Agora eu estava com o meu filho, e a gente iria se divertir juntos.

Pelo que eu me lembro (e até hoje a lembrança está nebulosa), descemos até o porão de algum restaurante que era supostamente *o* lugar badalado do momento. Robert sempre achou um jeito de entrar nesses lugares. Não entendo como ele consegue, porque, quando se mudou para Nova York, não conhecia uma vivalma por lá, mas, quase um ano depois, estava me levando a um lugar sobre o qual eu tinha lido na revista *In Style* no avião. Ele tinha feito algumas piadas sobre a "máfia gay", e me perguntei algumas vezes se ele não seria um cara importante da quadrilha. Pelo que tinha visto nos filmes, ele era novo demais para ser o chefão da família criminosa.

Atravessamos o restaurante e descemos as escadas próximas à cozinha. Não sabia que eles levavam "lugar quente" tão ao pé da letra. A *hostess*, ou "a mulher que acreditava estar em uma passarela", nos levou a uma sala que mais parecia a versão chique de um iglu: paredes brancas com detalhes em azul-gelo, couro branco e mesas de laca branca baixíssimas. Robert chamou aquilo de "bar", mas para mim mais parecia um porão, pequeno e úmido. Como o lugar estava cheio, ou porque a gente não parecia descolado o bastante, a garçonete nos conduziu para além das cabines de couro branco. Deu a Robert o cardápio e disse para aproveitar. Ele sorriu com educação, puxou um banquinho em forma de ovo e sentou, enquanto tentava, da melhor forma possível, parecer à vontade em um lugar com tantos olhares. Eu até me considero uma mulher moderna, mas a ideia de sentar em um ovo gigante não era algo que eu estava preparada a fazer. Robert me falou que era tudo parte da "experiência nova-iorquina".

— Se você quer um ambiente aconchegante — na decoração, nos funcionários ou nos clientes —, podemos ir ao T.G.I. Friday's — provocou ele. Então, tentei me acomodar no ovo, quase caindo três vezes. O que eu não faço pelo Beto.

No começo, achei que Robert e seu amigo Freddy eram um casal; ele falava tanto do "Prefeito" que só pude supor que esse era o novo paquera dele. Quando Freddy finalmente chegou, meu queixo quase caiu no chão; Robert não tinha falado que Freddy tinha a minha idade. Se o cara é legal ou não, não me interessa, eu não quero uma pessoa da minha idade com o meu filho. Respirei fundo e continuei nossa conversa agradável, e isso depois de apenas um cosmo.

Percebi que estava bem mais extrovertida do que o normal, mas nem me preocupei com isso. Robert pediu outra rodada, e, mais uma vez, hesitei. Não bebo muito, só uma taça de vinho de vez em quando — é que eu nunca achei uma bebida de que realmente gostasse. Bem, depois do terceiro cosmo, acho que a encontrei. Eu tinha que aproveitar enquanto ainda estava sóbria e dizer a Freddy que Robert era muito novo para ele; mas estava me divertindo tanto que precisei deixar essa conversa para depois. Após um tempinho, embora ainda nem tivesse entrado na menopausa, achei que estava sentindo calores súbitos, porque de repente ficou muito quente lá dentro. Alguns minutos depois, eu não conseguia ouvir muita coisa, apenas barulho. Robert sorriu e me disse que era tudo culpa dos cosmos. Caramba, àquela altura, eu até pensava que era parte do "cosmos".

Freddy me apresentou a um monte de gente famosa naquela noite, mas não me pergunte quem eram, por favor; simplesmente não consigo lembrar. Rupert Everett ficava sorrindo para mim, ou pelo menos achei que sim. Ele estava mesmo era olhando para o barman atrás de mim. Na verdade, um monte de homens bonitos estava olhando na nossa direção, e logo percebi que seus olhares não eram para mim. Como eu ia saber que ele era gay na vida real?

Nunca havia estado em uma situação assim. Não sabia para onde olhar nem o que fazer, então continuei sorrindo e dei outro gole no cosmo. Robert depois me contou que a maioria das pessoas naquele bar era gay — o que, depois dos trinta primeiros minutos, não era uma notícia em primeira mão. Eu podia estar mais para lá do que para cá, mas isso eu percebi. Disse a Robert que não sabia distinguir quem era gay e quem não era — e, se eu fosse jovem e solteira, estaria paquerando.

Minha chance finalmente chegou quando Robert pediu licença para ir ao banheiro. Desengonçada, saí do meu ovo e sentei meu traseiro ao lado de Freddy para descobrir o que exatamente estava havendo entre ele e meu filho.

— Olha só — comecei —, você é um homem muito divertido e, que diabo, se eu fosse gay, daria em cima de você. — Freddy sorriu e olhou para mim como se soubesse onde a conversa iria terminar. — Se você realmente gosta do meu filho, isso é uma coisa, mas se você apenas o está usando como seu trofeuzinho, não aceito. Já vi muitos homens fazerem isso com mulheres que conheço, e não vou deixar ninguém fazer isso com meu filho.

Eu disse o que eu achava com toda a calma. Freddy me olhava e sorria como o gato de *Alice no país das maravilhas*. Contou que eu estava totalmente enganada e que os dois definitivamente não eram um casal. Eram bons amigos, e Robert o considerava um guia na "louca vida gay". Dei um enorme suspiro de alívio e um gole de cosmo na sequência.

— Nossa, você é durona, mulher! Será que você pode inspecionar meu namorado e me dizer se ele presta? — gritou Marc, o figurão da propaganda, do outro lado da mesa. Todo mundo riu e fizemos um brinde. Robert voltou e não soube o que pensar daquela situação. Apenas sentou calado e sorriu para mim enquanto eu estava sentada com um grupo de homens da minha idade, mas que definitivamente não estavam interessados em nada que eu pudesse dar. Essa também foi outra experiência que nunca esperei ter com meu filho, mas que eu não trocaria por nada no mundo.

Eu precisava tomar um ar, então perguntei a Robert se poderíamos deixar o "refeitório" para trás e voltar para casa a pé, em vez de pegar um táxi, porque eu estava com medo de passar mal. Andamos pela Sétima Avenida com as luzes da Times Square reluzindo atrás de nós. Sim, essa era sem dúvida uma "experiência nova-iorquina", como Robert gostava de chamar. No entanto, isso para mim é mais uma experiência Robert/Jane, mãe/filho, em sintonia com os cosmos; o nome era cosmos mesmo?

CAPÍTULO ONZE

Você está dentro ou fora?

Muito antes de *Project Runway* e Heidi Klum, já existia minha mãe

A Srta. D era uma estrela em ascensão que conheci por meio de outro amigo relações-públicas. A gente a chamava de Srta. D, de Diva, é claro. Não sei muito bem por que, mas a Srta. D gostou de mim logo de cara e, para mim, ela era loucamente divertida. Acho que era o único a tolerar a honestidade horripilante de sua natureza. Sei de mais de uma ocasião em que ela fez seu assessor chorar.

E olha que ele tinha 42 anos.

A Srta. D me ligou numa noite em que eu estava pronto para me esparramar no sofá após um longo dia de trabalho e vigorosos exercícios na academia. Ela tinha acabado de terminar com o namorado, que ela acreditava ser "o escolhido".

— Como você está? — perguntei em tom compreensivo. A gente não tinha aquele tipo de relação de chorar um no ombro do outro, mas talvez ela estivesse tentando levar nossa amizade para outro patamar.

— Sei lá, acho que bem.

— Tem alguma coisa que eu possa fazer? Você está precisando de algo? A gente pode alugar um filme engraçado. Eu posso apenas ficar ao seu lado, se você quiser. Ou posso levar sopa pra você.

Houve uma longa pausa. Percebi que Srta. D estava soluçando e tentando se recompor.

— Você está aí, querida? — perguntei. — Vamos lá, desabafe. Vai se sentir melhor.

— Estava só dando um trago no cigarro — disse ela, e expirou.

— Ah.

— Um: não quero alugar um filme engraçado com você. Isso me parece absolutamente horrível. Dois: quer ficar ao meu lado? Eu passo. Três: e sopa? Você está de brincadeira! Eu levei um fora. Não estou doente.

Eu não a apelidei Srta. D por ela ser um poço de alegria e otimismo.

— Só achei que você precisava de consolo. Isso foi tudo em que consegui pensar.

— Isso aqui não é nenhum *Amigas para sempre* e eu não sou uma gorda. Não preciso que você tenha uma vagina, Robert. Dessa vez, preciso do seu pênis.

— Tudo bem, em relação a isso, pode deixar comigo. Você me ligou para mais alguma coisa além de me esculhambar? Ou isso faz parte do seu plano para se sentir melhor?

— Não, isso é um bônus que estou curtindo excepcionalmente. O que você vai fazer hoje à noite? — perguntou ela. Antes de eu responder, ela já tinha enfiado os dois pés no meu peito: — Para que eu estou fingindo? Você vai ficar em casa. Venha para a première de um filme comigo.

— Eu odeio você — falei.

— E isso é jeito de falar com uma amiga que levou um fora sem a menor cerimônia apenas algumas horas atrás?

— Acho que não.

Sei que sair com a Srta. D pode parecer uma tortura para a maioria das pessoas, mas, de alguma maneira estranha, o masoquista em mim a achava incrivelmente divertida. Ela fazia comentários mais incisivos e desagradáveis que qualquer gay maldoso que eu já tivesse conhecido. Queixava-se e resmungava sem parar em qualquer lugar que a gente estivesse. Ela nunca tomou a iniciativa de pagar a conta quando saía comigo. Ouvi a Srta. D me contar em detalhes o que esperava daquela noite e me dei conta do porquê o namorado tinha lhe dado um fora: ela era uma idiota.

Mas era minha, para o bem ou para o mal. O negócio com a Srta. D é que ela pode realmente ser muito divertida. É uma mulher deslumbrante, o que significa que lindos homens hétero tentam dar em cima dela e que os gays praticamente fazem testes para o papel de seu novo amigo gay. De um jeito ou de outro, eu sabia que estaria rodeado de muitos homens solteiros. Outra coisa é que ela era absolutamente hilária, e diz o que pensa sempre que tem vontade. Alguns se referem a ela como "o demônio" ou "a vaca", mas eu simplesmente a chamava de "minha amiga".

— E nem tente me dizer que não pode; você estava pronto para se acabar de chorar comigo no sofá há menos de trinta segundos — disse ela.

— É, acho que posso ir.

— "Acho"? Por favor, me poupe desse debate interno se vai ficar no sofá assistindo a reprises de *Seinfeld* ou vai a uma première. — Verdade seja dita, eu estava mais inclinado ao *Seinfeld*.

— Eu só vou por sua causa.

— Tá, tá bom. Enfim, no caminho passo aí para buscar você. Estão me mandando uma limusine. Ah, e se vista bem macho — acrescentou ela.

— Por que, em geral eu vou de vestido? Como é que passou pela sua cabeça me dizer isso?

Silêncio.

— Alô?

Uma hora depois, a Srta. D veio me buscar. No banco de trás, dei um beijo e um abraço bem apertado nela.

— Sinto muito por hoje. Veja dessa forma: agora você está livre para encontrar o cara certo. Tudo acontece por um motivo; mesmo que você ainda não saiba qual é, um dia vai descobrir. Qualquer homem pode se considerar uma pessoa de sorte tendo você como namorada. — segurei a mão dela com força.

Nossos olhos se encontraram e eu tinha certeza de que meu apoio a emocionara muito. Ela abriu a boca e disse:

— Olha só, vou precisar que você seja ultramasculino quando a gente passar pela fila de imprensa. Não quero que pensem que eu trouxe meu amigo gay para essa première.

Não sei por que eu tinha me dado o trabalho de me preocupar com ela.

— Srta. D, o que você quer dizer com isso? É a segunda vez que faz referência à minha masculinidade e, além do mais, por que seria ruim levar seu amigo gay à première de um filme? Francamente, uma imagem mais flexível lhe cairia muito bem.

— Não esquente com isso, não é nada pessoal. Mas não quero ficar conhecida como a maria-purpurina que levou um fora. Não, obrigada.

— É a coisa mais burra que já ouvi você dizer, e olha que já ouvi de você coisas bem idiotas nesse pouco tempo que te conheço.

— Levei um fora do amor da minha vida — disse ela, enquanto sua expressão passava de condescendente e malvada para a ponto de se debulhar em lágrimas.

É difícil ver uma pessoa de quem você gosta, ou qualquer pessoa, passar pelas emoções do fim de um relacionamento. Isso me fez pensar na minha vida e em como eu me sentiria se a pessoa com quem eu pensasse que passaria o resto da vida de repente me dissesse: "Não me sinto mais atraído por você. Não acho você sexy." Ah, eu não mencionei essa parte? Sim, ele disse isso a ela. E foi por essa razão que eu estava concordando com tudo o que a Srta. D quisesse.

— Tudo bem — falei, dando um enorme suspiro. — Você quer que, no tapete vermelho, eu segure a virilha para dar uma superapimentada na situação? — ri.

— Certo, vamos combinar: homens hétero não falam "virilha" nem frases como "dar uma superapimentada na situação". Talvez você devesse ficar calado.

— Ah, espere aí, eu me passei por hétero durante 21 anos da minha vida. Tenho certeza de que posso fazer isso por algumas horas — protestei. — A Srta. D arqueou sua muito bem-feita sobrancelha. — O que foi? Pois eu vou lhe dar os nomes e os telefones das pessoas que pensavam que eu era hétero.

— Deixe isso para outra hora, Ellen DeGeneres — falou ela, olhando pela janela. — Acho que estamos quase chegando.

Ela abaixou a cabeça de novo e começou a escrever um torpedo.

O carro foi diminuindo a velocidade e, quanto mais nos aproximávamos do cinema, mais nervoso eu ficava. "Será que no fim das contas não consigo mais enganar ninguém?"

A Srta. D estava muito ocupada com seus torpedos para perceber as gotas de suor se formando na minha testa.

O carro parou.

— Aqui vamos nós — disse ela, e sorriu para mim.

Sorri de volta, feliz por ter tomado a decisão mais altruísta: ficar ao lado dela apesar de seu mau comportamento. Ela se inclinou e me beijou, pondo a mão sobre meu joelho. Em uma voz doce e suave, disse:

— Não vá fazer merda.

O motorista deu a volta no carro e abriu a porta para Srta. D. Ela saiu graciosamente, refletindo em cada detalhe e gesto a estrela que é. Nasceu para ser exatamente isso. Eu atravessei o banco de trás e tinha quase saído do carro quando perdi o equilíbrio e saí aos trambolhões. Eu me senti como o Tio Chico da Família Adams.

A Srta. D pegou meu braço, caminhamos até a Broadway e esperamos para entrarmos pelo tapete vermelho. Quando paramos para que a celebridade pudesse desfilar pela fila de imprensa, não pude deixar de pensar que não havia chance de convencer alguém com meu fingimento. Eu estava com vergonha por estar tentando ser algo que não era. Assumir quem eu era havia sido tão emocionalmente desgastante! Eu me senti uma farsa. Percebi que essa coisa de atuar era para as pessoas no tapete vermelho, não para mim.

— Certo, tá pronto? — perguntou a Srta. D.

Balancei a cabeça positivamente. Ela passou o braço pelo meu e demos um passo. A Srta. D se virou, olhou para mim e paramos. Apertou meu braço e me disse:

— Deixe comigo.

— É mesmo?

— Vejo você do outro lado — disse ela, e virou as costas para mim. As luzes dos flashes enlouqueceram e achei meu lugar longe daquele brilho. Tinha me livrado de uma fria.

Então, foi nesse momento que eu *o* vi.

Enquanto eu ficava de lado e mantinha distância, deixando a Srta. D ser fotografada por uma legião de paparazzi, um homem incrivelmente atraente estava na extremidade oposta do tapete vermelho. Nossos olhares se cruzaram e senti uma onda de adrenalina passar pelo meu corpo. Ele era estonteante. Eu precisava conhecê-lo. Chamem de confiança ou necessidade de ficar com um cara lindo, mas, para surpresa da Srta. D, eu peguei o braço dela e rapidamente passamos pela fila de imprensa, em direção ao lugar onde meu futuro marido me esperava.

— O que diabos foi aquilo? — perguntou ela, enquanto entrávamos nos lobby.

Antes que eu pudesse responder, uma jovem mulher com fones de ouvido e microfone se aproximou da Srta. D.

— Só um segundinho — disse a Srta. D para ela.

— Sem problemas. Quando estiver pronta, estou com suas entradas — informou a morena, saindo para falar com outra mulher com fone de ouvido e microfone.

— Você me disse para ser mais macho, então peguei minha mulher para entrarmos — falei sussurrando.

— Ei, amiguinho, estou aqui pela imprensa, não por esse filme de merda.

Estava prestes a responder quando o vi novamente, o cara do tapete vermelho. Agora ele estava exatamente no mesmo lugar onde eu estive apenas alguns minutos antes. *Será que estava procurando por mim?*

A Srta. D continuou a falar monotonamente.

— Se não houver fotos minhas por aí, de que outra forma *ele* vai saber que o fim desse relacionamento não significou nada para mim?

Então o meu futuro amante passou ao meu lado e suspirei alto.

— Bem, isso foi masculino — sussurrou a Srta. D.

— Bem, Sally Sunshine — falei —, aparentemente vocês dois tiveram a mesma ideia, porque ele acabou de subir no tapete vermelho com uma loira gostosa.

Meu futuro amante conduzia o ex da Srta. D e sua acompanhante até o tapete vermelho.

— Ai, meu Deus. Tenho que ir! — disse ela, e sumiu pelas escadas rolantes em busca da moça que tinha nossas entradas.

— Garota da assessoria! — gritou, enquanto subia rapidamente os degraus. — Oi! Garota da assessoria!

Passei uns 15 minutos sozinho no lobby, observando as pessoas. *Talvez* também estivesse esperando que o cara gato passasse por mim de novo. Estava aliviado de estar longe da Srta. D, mesmo que por pouco tempo. Sem qualquer sinal do meu homem misterioso e com a multidão começando a aumentar, saí dali para achar meu assento. Se havia algo mais insuportável do que os ataques verbais da Srta. D eram grandes multidões. Andei em direção às escadas rolantes e enfiei a mão no bolso para pegar minha entrada.

Nada.

Três garotas vestindo terninhos pretos e segurando pranchetas me olharam como se eu fosse um homem-bomba.

— Posso ajudar, senhor? — disse a mais alta.

— Acho que estou sem a minha entrada — falei sem me alterar. — A moça me encarou e falou pelo seu microfone.

— Becky, você pode vir aqui, por favor? Há um cavalheiro sem a entrada. — Isso foi seguido por uma rajada de "a-hãs", "certo", "entendi", sem nunca tirar os olhos de mim.

Então a mulher à esquerda começou a falar comigo enquanto a líder continuou a me encarar.

— O senhor pode vir para cá? Em um minuto virá uma pessoa falar com você.

Pensei que iam me levar para a sala dos fundos e me espancar.

Finalmente, uma mulher apareceu do nada e se apresentou como Becky. Estava muito tensa e suada enquanto me olhava de cima a baixo. Arqueou a sobrancelha sem sequer dizer oi. Tipo de olhar que diz: "Quem é esse penetra otário?"

Após alguns instantes constrangedores esperando que ela dissesse alguma coisa, eu finalmente falei:

— Oi, minha namorada teve uma emergência e foi embora com minha entrada. — Tentei usar todo o meu charme do Meio-Oeste e me aproximei mais. — Tem alguma forma de você me deixar entrar?

Ela tinha um olhar aterrorizado, um olhar que eu conhecia muito bem desde que trabalhara em outras empresas de relações públicas. Estando tão próximo a Becky, percebi que seu vestido não lhe caía bem, seu cabelo estava meio desgrenhado e eu sabia que ela provavelmente não dormia oito horas por noite há pelo menos um ano. Isso era normal para uma assistente de relações públicas. Eu me vi nela. Imaginei como deve ser para essa jovem RP sentir-se pilhada de manhã até a noite. Achei que talvez pudesse puxá-la de lado e conversar sobre trabalho, dar conselhos e dicas sobre o que tinha aprendido com meus vários trabalhos em RP, nem que fosse simplesmente para ajudá-la a escapar do destino de se tornar uma pessoa raivosa e amarga. Queria que alguém tivesse feito isso por mim. Sorri carinhosamente para ela, pronto para distribuir minha sabedoria, quando de repente ela falou:

— Por acaso você está de brincadeira comigo? Você realmente espera que eu caia nessa? Sem chance. De jeito nenhum.

Tarde demais.

— Nossa. Tudo bem, então. Eu estava com a Srta. D — expliquei educadamente.

— Srta. D? Tá bom — zombou ela.

— Sim, Srta. D — retruquei.

— E onde está sua amiga Srta. D agora? — Ela me pegou desprevenido.

Não acredito em nenhum tipo de violência, mas estava prestes a arrancar minhas próprias orelhas só para não ter mais de ouvir a vozinha presunçosa da Becky.

— Sério, pode perguntar a qualquer pessoa da imprensa que estiver lá no tapete vermelho e eles vão confirmar — expliquei.

— Há outros convidados esperando para entrar. Você vai ter que mandar sua "amiga" aparecer e buscar você — disse Becky. — Ou pode simplesmente ligar para ela. Ah, mas vamos ver, você certamente não tem o número. Ou tem?

Becky não se parecia em nada comigo. Na verdade, ela gostava de ser má. Alguém tinha que deter essa mulher.

— Para começar, dá pra você não falar comigo desse jeito? — falei. Ela não disse nada. — O celular da minha amiga ficou fora de área dentro da sala — argumentei. — Já tentei ligar para ela três vezes, mas obrigado por sua sugestão, inteligência rara.

— Senhor, você terá que sair do caminho para deixar nossos convidados com entrada passar — disse ela, segurando a prancheta.

Quando se mudou para Nova York e conseguiu o que achava ser um fabuloso trabalho como RP, Becky provavelmente não tinha noção de que a vida dela seria um inferno. É possível que algum dia ela tivesse sido uma garota legal, até mesmo tranquila — uma pessoa de quem eu até poderia querer ser amigo. Previ que, dentro de três meses, ela estaria viciada em drogas prescritas. Isso até me deixou um pouco aliviado.

Antes de eu perder a cabeça, ouvi a voz de um homem atrás de mim.

— Becky, ele realmente estava no tapete vermelho com a Srta. D — disse a voz.

Eu me virei e vi o homem alto com belos cabelos escuros e olhos azuis. Acho que ele deve ter conseguido ver dentro da minha alma naquele exato momento. É muito provável.

— Muito obrigado! — disse alto o suficiente para qualquer pessoa que tivesse ouvido o esporro que levei de Becky. Olhei para esse homem lindo e estiloso e balancei minha cabeça positivamente, como se concordasse com alguma coisa; o que não fez o menor sentido, pois não tinha nada a ver com as palavras que saíam da minha boca. Pouco me importava, pois queria que Becky soubesse que ele e eu estávamos em total sintonia, apesar de termos acabado de nos conhecer.

Olhei para Becky atrás de mim, que tentava esconder a raiva diante deste último acontecimento.

— Obrigado, Becky! — falei com um sorriso imenso no rosto.

— Eu levo você — disse meu novo marido.

— Qual seu nome? — perguntei.

— Ryan. — Ele estendeu a mão para me cumprimentar. Quando a apertei, ele a segurou por um tempo maior do que o normal. Havia uma óbvia e inegável conexão entre nós.

— Meu nome é Robert — disse, olhando bem nos seus olhos.

— Então você é o acompanhante dela hoje à noite?

— Acompanhante? Eu não sou prostituto — respondi.

— Não, quis dizer que você a acompanhou aqui. Desculpe, não tive a intenção...

— Tudo bem. Quer dizer, fico lisonjeado por você me considerar bonito o bastante para ser prostituto, mas não sou — expliquei.

Ryan não sabia bem o que pensar de mim.

— Você é uma boa companhia mesmo assim.

— Sou? — perguntei. — Quer dizer, sim, eu sou.

— Então a Srta. D deixou você para trás, né? Você deve estar encrencado — falou ele, e riu.

— É, acho que sim. Por incrível que pareça ela viu um dos seus ex se preparando para subir no tapete vermelho com você e...

Eu parei no meio da frase. Na hora em que saiu da minha boca, já tinha me arrependido de ter falado. Pelo jeito, eu me deixava levar tão fácil por olhos lindos, um ótimo sorriso e um corpo sensacional que acabei entregando minha quase-amiga por eles.

— Enfim... você a viu por aí? — perguntei, olhando em volta do stand de comidas. As pessoas pegavam refrigerante e pipoca grátis no caminho para dentro. Não havia ainda sinal algum da Srta. D, e olhei para Ryan de novo. Nossa, como ele era lindo. Não estava nem aí se jamais a veria de novo.

— Não. Talvez ela esteja no banheiro. Quer que eu espere com você? — perguntou ele, olhando para mim por um tempo maior que o normal. Eu conhecia o jogo dele. Estava interessado. AI. MEU. DEUS. Ele estava interessado em *mim*!

— Seria maravilhoso — falei um pouco animado demais. Rapidamente me corrigi. — É, acho que seria legal. Tenho certeza de que logo, logo ela vai aparecer.

— Mas que namorada você tem! — falou Ryan.

Percebi que estava numa sinuca de bico quando Ryan chamou a Srta. D de minha namorada.

— Bem, hã, é, ela é uma mulher e tanto — disse eu, ignorando a designação que ele havia dado à Srta. D.

Pesei os prós e contras entre falar a verdade sobre Srta D, mas sabia que, se a expusesse, passaria as duas horas seguintes me desculpando por ter arruinado toda a falcatrua na esperança de conseguir um pretendente. Não seria a coisa certa a se fazer, e ela tinha acabado de passar pelo fim de um relacionamento. Ela precisava que eu fingisse ser seu namorado e eu iria atender ao seu pedido, mesmo morrendo por dentro. Olhei para Ryan enquanto ele falava ao microfone. "Dane-se você, Srta. D!", pensei.

— Ela não é minha namorada — deixei escapar como se tivesse síndrome de Tourette. A Srta. D teria que superar: havia um garoto em jogo.

— Opa. — Ryan olhou para mim intrigado. Em um ataque de pânico, eu aparentemente tinha gritado a notícia.

— Além disso, eu sou gay — falei, ainda gritando enquanto ele se aproximava de mim.

— Certo, e agora todo o departamento de relações públicas lá do estúdio sabe disso também — disse ele, e balançou a cabeça.

Sorri nervoso e me vi disparando frases desconexas para tudo quanto era lado.

— Ela estava sem namorado e me pediu para vir com ela. Precisava aparecer com alguém porque o ex estaria aqui. É apenas uma amiga!

Agora, não me leve a mal, mas a Srta. D já tinha me entregado para seu próprio benefício várias vezes. Certa vez, estávamos num elevador que aos poucos ficou cada vez mais lotado, algo que a Srta. D odeia, por ser um pouco claustrofóbica. Além de afetá-la psicologicamente, esse mal também lhe causava problemas intestinais. Enquanto a Srta. D olhava fixamente para o chão, desejando que o elevador inteiro passasse despercebido, ela emitiu o gás mais fedorento que já senti até hoje. Era tão fedido que até pensei em sair do elevador e subir os 26 andares até o lobby pelas escadas. Percebendo que os outros passageiros estavam morrendo sufocados, a Srta. D virou-se para mim e disse:

— Isso é revoltante. Nunca vou entender os homens.

Ela não culpou apenas a mim pelo mau cheiro, mas a todo o gênero masculino.

Depois, quando estávamos no carro, perguntei sobre o ocorrido e ela me disse:

— Eu não peido, entendeu? Se alguma vez houver a menor emissão de gás em meus arredores, é vinda de você, não de mim. Estamos entendidos?

Então, quando eu estava na sala de cinema do Sony Lincoln Square, peidei para a vida pessoal da Srta. D. No entanto, Ryan não parecia interessado na vida sexual dela. Por outro lado, ele de repente ficou muito interessado na minha sexualidade.

— Então você é abertamente gay? — perguntou ele.

— Sim, você não? — perguntei sorrindo.

— Sim — disse Ryan, enquanto sua cara caía no chão. Seus olhos percorreram toda a sala, evitando os meus.

— Ótimo! — falei sem saber o que estava acontecendo.

Ryan não reagiu imediatamente ao que eu havia dito. Quando finalmente o fez, disse da forma mais distante possível:

— É, acho que é. Olha só, acho que isso não vai dar certo. — Era como se tivéssemos terminado antes mesmo de começar.

— Espere, desculpe, o quê? O que você quer dizer? — perguntei.

Pela forma como ele reagiu, parecia até que eu tinha lhe confessado estar com uma herpes violenta. Ele me repreendeu com um constrangido sorriso falso que dava a impressão de que precisava desesperadamente ir ao banheiro. Fiquei lá olhando para ele, confuso.

— Então, obviamente, você gosta de homens másculos? — falei.

Ele balançou a cabeça positivamente.

— E eu obviamente devo ser másculo o bastante para você, pois pensou que eu era heterossexual. Então, não sei muito bem qual é o problema — continuei.

Ryan com certeza já tinha passado por uma situação dessas antes ou a tinha visto em algum tipo de filme pornô. Seja como for, o caso é que minha bichice era um grande desapontamento para essa bicha.

— É... — respondeu ele, deixando o resto no ar. — Melhor eu voltar ao trabalho. Aproveite o filme. — Virou as costas para mim e desceu o longo corredor.

Aproveite o filme? Ele estava de brincadeira comigo? Nada de "vejo você na festa"?

Então era isso? Eu tinha que pensar rápido. Decidi que a melhor abordagem seria analisar calmamente o que eu tinha feito de errado. Permaneci em pé no mesmo lugar, sem querer assustá-lo ao correr atrás dele para continuar nossa conversa. Sabia que ele mudaria de opinião, mas não queria ter de esperar até a festa para a ficha dele cair.

— Você só me queria se pensasse que eu era hétero? Posso voltar para o armário! Faço isso, se é o que quer! — gritei do outro lado do corredor. Bem sutil, eu sei. Para minha total surpresa, Ryan não se virou.

Entrei na sala de cinema para achar a Srta. D e sentar. Claro que, quando a encontrei, uma pessoa por quem ela previamente sentia atração já havia tomado meu assento. A essa altura, o filme já estava prestes a começar e o diretor se dirigia a uma plateia lotada. Pedi ajuda a um lanterninha e juntos encontramos o último lugar disponível: na fileira da frente.

Depois que o filme acabou, esperei pela Srta. D do lado de fora do cinema.

— Onde você estava? — perguntou a Srta. D, de repente preocupada.

— Você fugiu com meu ingresso quando não quis ver o "Gatinho Miau" — expliquei, virando para ela. A Srta. D chamava seu ex de Gatinho Miau quando namoravam para que ninguém descobrisse essa relação secreta. Eu não entendia aquele apelido, mas depois que ela me chamou disso pela primeira vez, decidi odiar gatos.

— Por que você está se mexendo que nem um idiota? Está ridículo — falou ela.

— Ah, estou? Graças a você, tive que me sentar na fileira da frente do cinema. Fiquei lá sozinho assistindo a um filme horrível me sentindo um imbecil esse tempo todo. E agora estou cheio de torcicolo — reclamei.

— Algo mais? Porque a festa pós-première é descendo a rua e quero chegar lá antes do Gatinho — disse a Srta. D.

— Não, vamos lá — falei. — É bom que lá eles sirvam mojitos relaxantes musculares, porque acho que o estrago aqui foi grande.

— Certo, qual é o problema? — perguntou a Srta. D enquanto andávamos em direção à casa noturna. — Isso é mais que um torcicolo.

— Conheci um cara — comecei.

— A-hã. Claro que conheceu.

— Mas, assim que contei a ele que você e eu não éramos um casal, ele não me quis mais. Só me queria quando pensava que eu era hétero.

— O QUÊ? — disse a Srta. D num sobressalto.

— Eu sei. Dá para acreditar? — Por hábito, tentei mexer a cabeça para demonstrar o quanto estava chocado. — Ai! — gritei.

— Não, quero dizer que não acredito que você contou para o relações-públicas do evento que nós não estamos juntos. Você é louco? — repreendeu ela.

— Ai, meu Deus; você realmente acha que alguém lá dentro pensou que a gente era um casal? Sou notoriamente gay. — Percebi que a Srta. D estava estranhamente silenciosa. Virei todo o meu corpo e olhei para ela. Ela estava escrevendo uma mensagem de texto. — Enfim, ele vai estar na festa. Com sorte, perceberá que foi um idiota. Realmente senti que havia algo entre nós. Acha que eu tenho chance?

— Bem, Rob, não sei se vou conseguir fazer você entrar na festa — disse a Srta. D com a mesma casualidade que diria não ter mais chicletes.

— O quê? Não venha me dizer que vão encher seu saco por você aparecer com gente na festa — falei. — Deixe eu adivinhar, o cara do assento ao lado?

— Desculpe, mas a gente acabou de se conhecer. Você sabe como é quando conhece alguém e vê um potencial na relação. Essa pode ser a noite em que vou conhecer o amor da minha vida! — falou ela com um enorme sorriso brincalhão. Envolveu o braço em volta dos meus ombros.

— Se tocar meu pescoço, vou mandar um e-mail para os tabloides sobre o Gato Miau — ameacei.

— Você está tão sensível esta noite — provocou ela. — E nem chegou nos 30 ainda. Venha falar comigo sobre dor de cotovelo, então. — A Srta. D me deu um beijo na bochecha.

— Você é realmente péssima para animar as pessoas, sabia disso? — sorri.

— Olhe quem está falando: o cara que devia estar me animando depois do fim do *meu* relacionamento.

— Então estamos quites — falei.

Nós nos aproximamos da casa noturna e acompanhei a Srta. D até as cordas de veludo. Havia três pessoas esperando para entrar com ela. Olhei para a Srta. D novamente e percebi que bem atrás dela estava o RP do evento anterior. A Srta. D percebeu meus olhos saindo dela e aterrissando nele.

— É ele?

— O próprio — disse eu, e sorri.

— Certo. Quando estiver lá dentro, vou derrubar minha bebida nele sem querer por você.

— Você é demais.

— Certo, a gente se fala depois? — disse ela, enquanto seu novo amor e seus dois amigos faziam fila atrás dela.

— É. Então acho que vou embora, né? — Na verdade eu estava aliviado por não entrar. Já tinha quebrado a cara naquela noite e não estava a fim de fazer isso de novo.

A Srta. D entrou e olhei para Ryan pela última vez antes de me virar e chamar um táxi para voltar para casa.

Peguei o telefone. Era arriscado ligar para minha mãe em um horário tão próximo das 10, mas, naquela noite, eu estava muito fora de controle para não conversar com ela. Além do mais, tinha muita vergonha de contar a meus amigos o que tinha ocorrido. Eles odiavam a Srta. D. Toda a conversa giraria em torno de como eu tinha sido idiota por ter ido com ela à première de um filme, para início de conversa. Eles teriam toda a razão, mas isso não era o que eu queria ouvir. Sabia que minha mãe me daria algum tipo de bom conselho e palavras encorajadoras.

Depois de ouvir o resumo completo da noite, minha irritada mãe me disse:

— Olhe aqui, menino, você precisa decidir se está *dentro* ou *fora* e ser feliz assim. Sabe disso melhor do que ninguém.

— Ah, por favor. Você não acha que eu realmente ia voltar para o armário por causa desse cara, né? — Eu estava gritando ao telefone, deixando o motorista do táxi perplexo.

— Oi? Por acaso se esqueceu de que está falando comigo? — perguntou ela.

— Mas... — comecei.

— Mas o quê? Não acho que voltar para o armário seria algo tão difícil de você fazer.

A verdade é que minha mãe sempre foi mais racional que meu pai ou qualquer outra pessoa do meu círculo familiar nesse sentido. Ela não toma decisões por emoção ou impulso.

— Sei que você está certa. É tão estranho pensar que há pessoas com tanta repugnância a si mesmas a ponto de só se interessarem por mim se eu for hétero e tiver namorada — falei, enquanto o táxi entrava no meu quarteirão.

— Claro, é para lá de estranho. Tenho certeza de que você não esperava ter esse tipo de reação de alguém da sua própria tribo, mas garanto que existem pessoas bizarras em todo lugar, não apenas em grupos gay ou hétero.

— Acho que você tem razão. Mas ei, por um segundo eu ia ser a nova sensação do momento da Srta. D, pelo menos nas fotos. Isso é legal, certo? Fui hétero de novo, mesmo que por alguns minutos — falei.

— Você continuava sendo gay. Boa noite, Robert.

— Está bem. Boa noite.

O que diz a mamãe

No final de semana após a ligação de Robert, fui ao salão de beleza. Minha cabeleireira dos últimos seis anos não tinha ido trabalhar naquela tarde porque estava doente e, francamente, isso foi um presente de Deus. Há anos tentava fugir dela, mas, toda vez que tentava, ela me ligava para me lembrar que já estava na hora de cortar e retocar a cor. Isso deveria ter sido meu primeiro sinal de alerta. Que tipo de cabeleireira liga para o cliente aparecer? Enfim, uma vez ela me ligou tossindo ao telefone e me dizendo que tinha de cancelar meu horário porque estava com uma infecção nasal. Pediu para remarcar meu horário para a semana seguinte e ficou chocada quando eu disse que precisava ir ao salão logo porque passaria três dias em Nova York.

— Então acho que eu poderia ir trabalhar — disse ela, tossindo ao telefone.

— Ah, não, tudo bem — falei. — Vou dar um jeito.

— Ah — disse ela, parecendo desapontada.

— Olhe, durma um pouco e fique bem. Falo com você depois. — Rapidamente desliguei o telefone.

LIBERDADE! Peguei na hora o telefone de outro salão recém-inaugurado na cidade e marquei um horário para o dia seguinte. A verdade é que eu realmente precisava de um bom corte, já que estava indo visitar Robert em Nova York. Ele havia me convidado para ir a um evento que estava organizando e o meu atual cabelo de velhinha não estava bom. Eu me senti mal por me divorciar da minha antiga cabeleireira, mas é assim mesmo, rompimentos acontecem.

No dia seguinte cheguei ao salão no horário marcado e fui cumprimentada pela minha nova cabeleireira, Peggy. Gostei dela quase de imediato. Tinha um estilo diferente e era engraçada. Ela me levou à cadeira e me disse o que eu precisava fazer com meu cabelo — diminuir o comprimento e ganhar luzes loiras. Estava gostando ainda mais dessa mulher. Ela tinha um plano.

Com os cabelos já lavados, Peggy começou a cortá-lo. Como não nos conhecíamos, ela puxou aquela obrigatória conversinha casual de cabeleireiro. Não liguei, especialmente com a empolgação de estar em um lugar novo.

— Então, quer dizer que vai viajar... Para onde você vai? — perguntou Peggy.

— Vou a Nova York para um evento com meu filho — respondi com um sorriso. Uma das recepcionistas me trouxe um cappuccino. Eu estava adorando esse lugar.

Do nada, o sorriso animado dela se tornou um olhar de nojo. Será que eu tinha feito algo de errado? Não devia ter aceitado o cappuccino? Era algum tipo de brincadeira?

— Nova York? Humpf. — Ela revirou os olhos. — Vai a alguma coisa de gays?

A pergunta dela me causou tamanha perplexidade que eu devo ter parecido um animal assustado diante dos faróis acesos de um carro.

— O que você disse?

Ela repetiu.

— Você vai a alguma coisa de gays?

A primeira coisa que passou pela minha cabeça não foi que ela era totalmente homofóbica. Em vez disso, achei que ela lia pensamentos. Fiquei dizendo a mim mesma para limpar minha mente, para o caso de isso ser verdade. Infelizmente, não consegui tirar a palavra "bruxa" da cabeça.

Depois de me dar conta de que ela não havia ouvido meu comentário interno da bruxa, respirei fundo e disse:

— Por que disse isso?

— Sou contra homossexuais. Acho que é uma escolha doentia — disse ela, enquanto seu tom animado se transformava em assustador. Não se esqueça de que essa mulher tinha tesouras nas mãos e estava a apenas alguns centímetros da minha garganta. Eu não sabia o que aconteceria em seguida.

Em menos de um minuto, senti o sangue me subir à cabeça. Poderia ter ficado calada e deixado ela terminar o meu cabelo. Poderia ter apenas dado de ombros e pensado que não valia a pena discutir com alguém como Peggy, que obviamente jamais entenderia. Poderia ter feito todas essas coisas. Mas não fiz.

Senti uma estranha explosão de adrenalina.

— Acho que não é uma escolha, mas algo genético. E, quer saber, Peggy, meu filho é gay.

— Não concordo com esse estilo de vida — disse ela, segurando as tesouras com firmeza.

Respirei fundo e fiz uma escolha. Isso poderia terminar em uma discussão para ver quem gritava mais alto ou eu poderia ter uma conversa calma e racional com ela.

— Bem, não é algo com que você concorde ou discorde; é apenas o que é. Você concorda ou discorda que tenho olhos azuis? Não. O fato é que tenho olhos azuis.

Peggy olhou para mim pelo espelho e não disse uma palavra. Eu continuei a falar.

— Entendo e respeito a sua opinião. — Eu me ajeitei na cadeira e dei um gole no cappuccino para pôr meus pensamentos em ordem. — Veja dessa forma. Vivemos em uma cidade relativamente pequena, certo? — perguntei.

— Não tão pequena assim. — Peggy deu de ombros.

— Certo. Mas não é tão grande quanto, digamos, Peoria ou Chicago, não é mesmo?

— Sim — respondeu ela.

— Não sei bem quantos anos você tem, mas, em um passado não tão distante, as pessoas enlouqueciam se namorassem alguém de outra raça. Pense nisso. E se, naquela época, seu filho ou filha trouxesse para casa alguém de outra cultura ou até mesmo de outra raça? — perguntei. — Ou, aliás, até mesmo nos dias de hoje? Pois o racismo ainda existe.

Antes que eu dissesse qualquer outra coisa, Peggy me interrompeu.

— Sou casada há 25 anos com um homem negro e temos dois filhos.

— Então você deve saber exatamente como é receber olhares maldosos e ser julgada injustamente. Tenho certeza de que durante esses anos isso já aconteceu com você ou, Deus me livre, até mesmo com seus filhos.

— Sim, já — disse ela. — Mas isso é diferente; a homossexualidade é uma escolha.

— Posso lhe dizer de mãe para mãe: meu filho não escolheu isso.

— Desculpe, mas não posso concordar com você — disse ela.

Isso continuou por outros trinta minutos até que finalmente concordei em discordar.

— Quero dizer apenas uma última coisa. Tenho um amor incondicional pelo meu filho. — Eu propositadamente não disse "filho gay" porque "gay" é uma das mil características de Robert. Amo a parte gay junto com tudo o mais que ele é.

Não estou certa se convenci Peggy de muita coisa naquela tarde, mas ela de fato me ouviu. Eu poderia ter ido embora assim que ela começou a falar que não concordava com o estilo de vida gay, mas aonde chegaremos assim? Se for necessário convencer uma pessoa de cada vez, então vale a pena sim aguentar uma conversa desagradável até o fim. A verdade é que a única forma de compreender melhor o outro é pelo diálogo. Claro, não podemos concordar sempre com o que ouvimos, mas é necessário coragem e convicção para defender seu lado e explicar por quê.

Então, quando Robert me contou o que havia acontecido com o cara na première do filme, eu simplesmente disse a ele para não duvidar de si mesmo ao se assumir. Ele comprometeu-se a viver uma vida autêntica e finalmente estava feliz. Eu poderia ter ficado calada naquele dia no salão, mas não fiquei e ele também não deve ficar. Disse a ele:

— Já que você saiu do armário, eu não devo estar preparada para ajudar você a continuar do lado de fora? Tenha orgulho de ser quem você é. Esqueça o armário. Não dá pra passar borracha na vida e voltar atrás.

E adivinhe só? Ainda assim meu corte de cabelo ficou ótimo naquele dia. Quer Peggy quisesse ou não, eu estava bonita para caramba no "evento gay" (como ela gosta de chamar) em Nova York.

CAPÍTULO DOZE
Dissimulações

Saí do armário, e agora? Ah, fazer de conta que todas essas coisas me fazem feliz. Claaaaro

Depois de sair relativamente ileso do processo de me assumir, eu estava pronto para me divertir um pouco.

Tive dificuldades em superar minha timidez e conhecer outras pessoas durante meus primeiros seis meses em Nova York. Até que um dia conheci Keith na academia do meu bairro. Tenho total ciência de que conhecer outro cara gay em uma academia parece clichê, mas estávamos no final dos anos 1990, eu estava com 22 anos e eu mesmo era um clichê gay, muito obrigado. Keith era o exato oposto de mim. Ele era extrovertido, confiante, franco e às vezes agressivo. Ele também me chamou para ir à casa dele uma hora depois de nos conhecermos.

Apesar de ter um apetite sexual excessivamente agressivo e voraz, os outros traços de sua personalidade fizeram dele exatamente o tipo de amigo que eu precisava para aumentar o nível da minha autoconfiança em relação a outros gays. Ele simplesmente não ligava para o que pensavam dele. Não tinha medo de ser rejeitado e seu maior objetivo era divertir-se onde quer que estivesse. Eu, por outro lado, superanalisava tudo, e minha neurose acabava com qualquer possibilidade de crescimento social. Keith era o extremo oposto, mas era exatamente o que eu precisava. Se não fosse assim, eu corria o sério risco de me tornar um eremita.

Nós dois trabalhávamos com relações públicas. Entretanto, nossa ética de trabalho era completamente diferente. Eu trabalhava dez horas por dia, almoçava na minha mesa do trabalho e às vezes precisava trabalhar aos fins de semana. Ele, por outro lado, trabalhava algumas horas por dia e folgava às sextas durante o verão. As maiores diferenças entre Keith e eu eram que ele tinha 35 anos e era vice-presidente de uma grande empresa de RP enquanto eu tinha 22 e era assistente em uma pequena firma de RP especializada no setor teatral. No entanto, Keith ignorava a enorme disparidade entre o trabalho dele e o meu. Não importava o quão cansado eu estivesse ao chegar em casa, porque Keith aparecia no meu prédio com todo o roteiro da noite. Costumávamos ir jantar e tomar uns drinques no centro da cidade em qualquer restaurante que ele considerasse seu favorito naquela semana. Nossas noitadas de bebidas e comidas geralmente acabavam sendo maratonas. Elas também terminavam custando cerca de oitenta dólares por cabeça quase toda noite ou em noites alternadas. Durante a semana, costumávamos voltar para o Upper East Side por volta de 1h30, 2 horas da manhã. Eu tinha que estar no trabalho às 8h30, enquanto Keith normalmente só começava a trabalhar por volta das 10h30 ou 11 horas, dependendo do quão cansado da noite anterior ele estava. Éramos dois gays solteiros aproveitando tudo o que uma cidade como Nova York tinha a oferecer; o preço a pagar não nos importava.

Mais ou menos às 2 horas da tarde de uma segunda-feira, Keith me encaminhou um e-mail com um convite para um jantar de aniversário sexta à noite em East Hampton, para ele e um acompanhante. No mesmo e-mail, Keith escreveu uma nota dizendo: "Você TEM que ir."

Escrevi a resposta com uma palavra e cliquei em enviar.

O telefone tocou.

— Ai, meu Deus! — foi dizendo ele.

— O que foi?

— Como assim, NÃO? Você tem que ir ao jantar de aniversário de John neste fim de semana. Você vai a East Hampton como meu convidado. Que outro programa teria? Ficar em casa?

— Hum, é exatamente o que vou fazer. Posso pegar alguma comida no mercado e beber uma garrafa inteira de vinho em casa, e ainda assim não gastaria nem metade do que gastaria no jantar — expliquei.

— Ele vai ficar muito chateado se você não for.

— Eu o conheci semana passada. Ele nem me convidou. A não ser que, é claro, sob efeito do álcool, eu tenha me apresentado a ele como "acompanhante". Então acho que ele não *me* convidou, Keith. Não estou nem um pouco preocupado se ele vai ficar chateado ou não. Ele não paga minhas contas. E o único motivo pelo qual você está indo para essa festinha é porque quer tentar ir para a cama com ele.

Keith ficou em silêncio por um tempo e então disse:

— Essa não é a questão. Você tem que ir.

John é o tipo de cara que tem que ser o centro de qualquer história. Quando o conheci uma semana antes, estávamos em um grupo de seis em um bar e ele tinha que ser o mestre de cerimônias para tudo. Ai de alguém que o interrompesse ou falasse com outra pessoa enquanto ele estava no meio de suas histórias sem pé nem cabeça ou enquanto citava falas de seu programa de TV favorito, *Designing Women*.

Quando John começou a citar Suzanne Sugarbaker, uma das personagens do programa, pensei que aquela era a oportunidade perfeita de me voltar para Keith e perguntar sobre o cara que eu tinha visto no outro lado do bar. Assim que as palavras saíram de minha boca, John me repreendeu:

— Robert! Você está perdendo a história. Escute!

Na posição de novo integrante desse grupo de amigos, me senti duplamente envergonhado. Tive a sensação de estar vendo uma criança petulante gritando: "Olhem para mim, pessoal! Vocês não estão olhando.Vamos lá, OLHEM PRA MIM!" Quando olhei para Keith como que pedindo ajuda, ele deu de ombros. Keith fazia tudo o que John queria, pelo menos até conseguir levá-lo para a cama. Eu não assistiria a essa cena repetidas vezes no jantar de maneira alguma.

Abri a boca chocado.

— Hum, desculpe?

John me lançou um olhar furioso e continuou a falar.

— Enfim, antes de eu ter sido grosseiramente interrompido... Suzanne disse: "Ela disse que foi um presente divertido." E aí Julia falou: "Com certeza, tão divertido que me fez ter vontade de vomitar" — disse John, rindo histericamente da própria piada.

Todo mundo se juntou a ele na risada histérica, menos eu. Naquele momento, eu na verdade tinha realmente algo em comum com Julia Sugarbaker; também queria vomitar.

Eu não estava disposto a desperdiçar meu fim de semana e um monte de dinheiro por essa babaquice.

— Espere, acabei de olhar no meu calendário. Não posso ir a East Hampton de qualquer jeito.

— Certo, vamos lá. Vou entrar no joguinho. Por que não, Robert?

— Tenho que ficar na cidade este fim de semana e alimentar o gato do meu vizinho. Desculpe.

— Isso é a sua melhor desculpa? Tente com mais empenho, meu jovem. Você não fala com seus vizinhos e odeia gatos.

— Eu amo os animais! — gritei ao telefone.

— Mas você tem pânico de gatos. Já me disse isso. Vamos lá, o que mais tem para me dizer? Realmente precisa tentar ser um pouco mais criativo.

— Que me diz disso: NÃO é assim que quero gastar cem dólares.

O fim de semana já estava se tornando mais caro do que eu queria. Tinha gastado 175 dólares em um ingresso para algum jantar dançante de caridade que seria no dia seguinte ao jantar de John. Keith insistiu que eu precisava ir porque todo mundo estaria lá e seria um ótimo lugar para eu conhecer meu novo namorado ou fazer contatos para um novo trabalho. A verdade era que eu não estava muito preocupado nem com um novo namorado nem com um novo emprego. No entanto, eu gostava de conhecer gente nova e, quem sabe, alguém que gostasse de ficar em casa em uma sexta ou sábado à noite e passar o tempo fazendo algo "barato e alegre". A esta altura, estávamos no meio do verão e eu sofria de uma séria hemorragia financeira.

— Na verdade, vai ser mais ou menos uns 150. Pensei em comprarmos juntos um presente de aniversário para John.

— PRESENTE? Você está de brincadeira comigo? Por que eu iria comprar um presente para um completo estranho?

— É a etiqueta, Robert. Simples assim. Você tem 22 anos, sei que não tem experiência nesse assunto ainda, mas por sorte você tem a mim para lhe ensinar.

— Etiqueta não é um problema para mim, Keith. Finanças, no entanto, são. Estamos falando de 325 dólares já comprometidos antes mesmo de eu entrar no Hampton Jitney.

— Ah, por favor, são apenas cinquenta dólares a mais. A quantos espetáculos de teatro horríveis eu fui assistir para lhe dar apoio? — perguntou ele.

— Hum, você conseguiu dois ingressos especiais de graça para dois espetáculos da Broadway, Keith. E foi você que me pediu por eles.

— Desindependentemente disso, quero que você venha. Vamos nos divertir e, além do mais, somos uma ótima dupla dinâmica.

— Certo, agora falando sério, "desindependentemente" não é uma palavra. Já falei isso mais de cem vezes e agora você está começando a parecer um idiota. Em segundo lugar, senhor Dupla Dinâmica, semana passada você desapareceu do bar sem me avisar.

— Eu acordei no Bronx. Acho que você levou a melhor nessa situação.

— Tudo bem. Vou aos Hamptons e vou a esse estúpido jantar, mas não estarei nem um pouco feliz com isso.

— Nossa, mal posso esperar. Você fez isso tudo parecer tão divertido quanto um tratamento dentário.

Ignorei o comentário dele e continuei falando.

— E se você me sentar próximo ao "Andy *au Naturel*", eu vomito no meu guardanapo bem ali na mesa.

"Andy *au Naturel*" tinha estado em East Hampton em um dos fins de semana anteriores em que estive lá. Logo aprendi que Andy não gostava nada de nada que fosse relacionado a sabonete, desodorante ou perfumes. Ele era a segunda pessoa que eu conhecia que tinha afinidade com o cheiro natural do suor. Eu, por outro lado, gostava de respirar sem ter ânsia de vômito.

— Vou garantir que a gente se sente junto um do outro — disse Keith.

— Keith, eu estou falando sério. Não consigo lidar com aquilo. Ele fede a fralda velha.

— Certo, certo, já entendi.

Pensei que aquela conversa desastrosa já tinha terminado quando Keith veio com mais uma:

— Ah, e preciso que você deixe os cinquenta dólares em um envelope com o meu porteiro para eu poder comprar o presente de John.

Finalmente entendi minha fascinação por gente como Naomi, que joga o telefone nas assistentes. Se Keith estivesse na mesma sala que eu, eu teria quebrado meu telefone na testa dele. Ele ganhava, fácil, pelo menos uns seis dígitos por mês e estava se importando com cinquenta dólares.

— Você está de brincadeira, não é? Você quer que eu deixe dinheiro com o seu porteiro? — perguntei.

— Hum... É, você está certo, pode não ser uma boa ideia. Por que você simplesmente não compra alguma coisa e eu lhe pago depois?

— Claro, isso faz sentido. Vou escolher um presente de aniversário para um cara que eu mal conheço, mas tudo bem. — Eu não sabia quando teria tempo de sair do trabalho para escolher esse presente ou onde arrumaria dinheiro extra, mas Keith não parecia muito preocupado com isso.

— Ah, e a propósito, eu não quis falar antes, mas não vamos de Jitney. Achei que seria melhor alugar um carro. Mas não se preocupe, você só me paga quando eu devolver o carro.

Fiquei em silêncio.

— Você está aí? — perguntou Keith.

— Shh, estou esperando para constatar se posso realmente ouvir o aneurisma cerebral explodindo na minha cabeça.

— Vamos nos divertir tanto esse fim de semana!

— Você não vale nada! — disse eu, e desliguei o telefone.

Por sorte, as coisas foram particularmente tranquilas no trabalho naquela semana e consegui sair do escritório antes das 7 horas da noite. Eu não tinha a menor ideia do que comprar para alguém que eu mal conhecia. É claro que eu poderia optar logo por roupas, perfume ou alguma outra coisa que eu gostaria de ganhar. Liguei para Keith e ele sugeriu que eu escolhesse algo de uma loja chamada Crate & Barrel. Eu já estava no centro da cidade e não tinha o menor interesse de voltar para a esquina da 59 com a Madison na hora do rush. Fiquei andando por mais de uma hora em busca de alguma coisa — qualquer coisa — até que vi uma loja de móveis com um aviso gigante na vitrine que dizia: CADEIRAS BARATAS PARA SEU TRASEIRO BARATO.

Perfeito.

Alguns dias depois, Keith estava embaixo do meu prédio em um carro alugado. Peguei minha bolsa e o presente, meticulosamente embrulhado. Quando saí do prédio, Keith me esperava em uma Mercedes SUV preta.

— Esse é o nosso carro alugado?

— Não é maravilhoso?

— Quem mais vamos buscar?

— Ninguém. Somos só nós dois, por quê?

— Porque você alugou uma SUV. Se estivéssemos levando mais três homens adultos ou uma ninhada de crianças, então, e só então, eu iria entender.

— Acho que é chique.

— Acho que não vou pagar por isso.

— Ah, relaxe. Vamos aos Hamptons. Precisamos de alguma coisa quente!

— Fomos de ônibus da vez passada — lembrei.

— Exatamente! — zombou Keith.

A viagem para o East End foi excruciantemente mais longa que o normal. O trânsito da sexta-feira à tarde era insuportável e Keith não me deixou tirar um cochilo. Ficou falando de todas as coisas que ele havia planejado para a gente fazer no resto do verão. Era como se fôssemos namorados, só que sem fazer sexo. Quando Keith mencionou a programação restante na sua agenda de eventos, senti uma pontada forte no estômago. A fatura do meu cartão de crédito estava para chegar a qualquer minuto e eu sabia que não seria nada boa. Nos últimos dois meses, eu não tinha conseguido pagar o valor total da fatura.

Quando chegamos, o amigo de Keith, Dean, já estava sentado na cozinha, tomando um coquetel. Lembrei-me logo de por que gostava de Dean. Ele era um gatão de meia-idade; quer dizer, seria, se assumisse o cabelo grisalho. Ele era quase 25 anos mais velho que eu e tinha um corpo melhor que o meu. Levantou a camisa e me perguntou se algum dia eu tive um tanquinho como aquele. E assim me lembrei de por que eu o abominava: o corpo dele era perfeito.

— Vou falar uma coisa que você tem que eu não tenho — comentei.

— O que é?

— Sinais da idade — falei, enquanto o cumprimentava com um abraço.

— Belos óculos Gucci. Ainda apenas um assistente? — disse ele, me abraçando de volta. Essa era nossa relação. Um zombando do outro. No entanto, quando se tratava de Dean, eu sabia que não havia maldade. Eu até gostava.

— Consegui ingressos para irmos a algum evento beneficente do Instituto Hetrick-Martin em alguma casa em Lily Pond Land — contou Dean.

— Maravilha — disse Keith.

— Amanhã à noite já não vamos a alguma coisa de caridade? — perguntei.

— Esse é outra coisa — respondeu Dean.

— Vou precisar de caridade depois de toda essa caridade — falei. Havia um fundo de verdade na minha brincadeira.

— Então não vá — respondeu Dean. — Fique em casa.

— Eu sei, mas depois sinto que estou perdendo alguma coisa ou que nunca vou conhecer alguém.

— Então arrume outro emprego, mas pare de reclamar. Você tem 22 anos, não 2 — disse Dean.

— Talvez eu esteja agindo como se tivesse porque, como toda criança de 2 anos que se preze, está na hora de tirar uma soneca e esta criança aqui está cansada. — Fui para um dos quartos dos fundos e desmoronei na cama, esperando que, ao acordar, minha situação financeira estivesse completamente diferente e a fatura do American Express tivesse desaparecido num passe de mágica. Deitei na cama e olhei em volta do quarto. Tinha saído das páginas da *Elle Décor*. Respirei fundo e senti vontade de chorar. Mesmo estando cercado de tantas coisas lindas, eu não tinha condições de comprar nenhuma delas. A piada de Dean tocou em um ponto mais delicado do que eu pensava. "Por que eu simplesmente não disse a Keith que não? Do que eu tinha tanto medo? De não ser mais convidado para ir aos lugares? De não ter amigos? Com o ritmo em que eu estava gastando, não teria nem mais onde morar." O fato é que eu vivia uma vida que não era minha.

A música do Talking Heads, "Once in a Lifetime" me veio à cabeça enquanto eu caía no sono. Antes de adormecer, me lembro que cantei alto: "You may ask yourself, where is that large automobile? You may tell yourself, this is not my beautiful house..."*

Por voltas das 8h30 da noite, Keith entrou no meu quarto e acendeu as luzes.

— É melhor você se aprontar. Vamos sair em vinte minutos. O jantar é às nove.

Levantei a cabeça, saindo de um sono profundo, e tentei focar minha visão em Keith. Estava dormindo tão profundamente que eu não soube ao certo onde Keith estava. Depois de um ou dois minutos, eu perguntei:

— Quanto tempo eu tenho mesmo?

Keith olhou para o relógio e disse:

— Bem, agora você tem 17 minutos.

Sentei e não disse nada. Keith olhava para mim, sem saber o que eu ia fazer em seguida. Eu me levantei e silenciosamente passei por ele, indo direto para a cozinha. Keith me seguiu e Dean logo fez o mesmo. Peguei no armário um copo enorme e o coloquei sobre o balcão. Abri o freezer e enchi o copo de gelo. Peguei a vodca e comecei a despejá-la sem parar.

— Você quer morrer ou entrar em coma? — perguntou Dean.

Virei a cabeça em direção a Dean e, sem tirar os olhos dele, parei de me servir. Peguei o refrigerante e coloquei um pouco no meu copo.

— Se é para aguentar esse jantar, preciso muito estar bem relaxado — falei ainda grogue.

— Como é que você vai ter tempo de beber tudo isso? Temos que sair — insistiu Dean.

— É, não é melhor você se arrumar? Passamos o dia na praia, você não vai nem tomar banho? — perguntou Keith.

Olhei para os dois e, com uma expressão muito séria, disse:

— Não, deixe todo mundo pensar que sou Andy *au Naturel*.

---

* Em tradução livre: "Você pode se perguntar, onde está o carrão? Você pode dizer a si mesmo, essa bela casa não é minha..." (*N. da T.*)

— Ah, essa noite vai ser interessante — disse Dean.

Encostei no balcão e tomei minha bebida. Não tinha intenção de virar tudo, mas tinha toda a intenção de passar meu recado para Keith. Antes de outro gole, Keith me apressou para o quarto para eu me vestir logo.

Entramos no restaurante e fomos os primeiros a chegar. Dean se sentou ao lado de Keith e, quando puxei a cadeira do outro lado dele, Keith rapidamente me afugentou de lá. Estava guardando o lugar para John, com a intenção de criar um "vínculo".

— Onde vou me sentar? — perguntei.

— Sente na nossa frente — falou Dean.

Por sorte, eu tinha tomado mais alguns goles de vodca antes de sair porque, caso contrário, eu teria ficado extremamente irritado com essa situação. Em vez disso, dancei conforme a música.

"Andy *au Naturel*" chegou logo depois, de braços dados com um acompanhante muito atraente. Ele era alto, tinha cabelos escuros, olhos castanhos e, debaixo de sua camisa polo branca, emergia o braço todo tatuado. Andy o apresentou à mesa. O nome dele era Lenny.

— Igual o Lenny e Squiggy de *Laverne & Shirley*? — falei, e sorri.

— Não — respondeu ele sem sorrir.

— Entendido.

Com certeza a vodca já estava começando a correr pelas minhas veias. Quando apertei a mão de Lenny, percebi que ele também não era muito fã de sabonete. E, como Murphy é meu amigo, Andy e seu namorado se sentaram ao meu lado. Felizmente, eu também tinha optado por não tomar banho, então me adaptei bem. Quando John entrou no restaurante, eu mal podia conter a emoção de estar sentado ao lado do equivalente a dois cachorros peidões.

— Vocês compraram um presente? — perguntou Andy antes de John se sentar à mesa. — Que amor!

— Você não? — perguntei.

— Não, nós nunca compramos. Já estamos gastando dinheiro no jantar e ainda mais o presente? Acaba ficando pesado. John também nunca compra presente de aniversário.

— Ah, é. Faz sentido — falei, e fuzilei Keith com um olhar assassino.

— Você está diferente, mas não sei o que é. O que você fez? — perguntou Andy.

— Acho que, desde a última vez em que a gente se viu, nada — respondi.

— Hummm, eu não sei o que é, mas vou descobrir — falou Andy *au Naturel* e apertou os olhos, olhando para mim novamente.

— Ah, é, eu não tomei banho. Será que é isso? Meus feromônios estão diferentes!

Andy e Lenny viraram a cabeça para mim surpresos.

— Aí está o aniversariante! — falou Keith, e se levantou, livrando todo mundo desse momento estranho. Cumprimentou John com um beijo e um abraço.

Keith estava ocupado demais bajulando John para perceber que ele estava segurando a mão de alguém. Eu, é claro, aproveitei a oportunidade. Acho que o namorado dele tinha uns 21 anos. Acho.

— Oi, sou Robert — disse, enquanto me levantava para apertar a mão do cara. Andy e Lenny permaneceram sentados. Dean levantou-se para ver o que o rapazinho tinha a oferecer.

— Billy Jack, muito prazer — falou ele, e apertou minha mão.

— Como? — perguntou Dean.

— Billy Jack.

— Jack é seu sobrenome?

— Não, é meu nome do meio. Mas todo mundo me chama de Billy Jack. Pense em Billy Ray Cyrus.

— Melhor não — falou Dean, e voltou à sua cadeira.

John e Billy Jack sentaram. Para horror de Keith, Billy Jack sentou ao lado dele e John ao meu lado.

Para minha sorte, o garçom apareceu bem naquela hora e eu não precisei puxar conversas desconfortáveis.

— Como estão todos? Gostariam de alguma bebida?

— SIM! — disseram Dean e Keith em uníssono.

Antes que qualquer pessoa pudesse fazer o pedido, John interrompeu e disse:

— Na verdade, sabe de uma coisa? Acho que vou pedir algumas garrafas de vinho para a mesa. Traga-nos um bom *Cabernet* e, para o vinho branco, talvez algo meio frutinha para esse pessoal — disse John para o garçom irritado.

Quando ninguém riu, John disse para a mesa:

— Vocês ouviram minha piada? Algo meio frutinha para esse pessoal? — Ele riu mais uma vez da sua própria piada. Algumas pessoas deram uma risada de pena, mas eu fiquei em silêncio. John voltou-se para seu namorado, que, como se tivesse planejado a cena, riu e o beijou.

— Ah, eu ouvi, sim. Só que não foi engraçado, como sempre — murmurei.

Keith pisou no meu pé. Olhei para ele do outro lado da mesa e dei de ombros.

— Faço uma piada de *Lenny & Squiggy* e sou crucificado. Não entendo.

Ficamos conversando amenidades até que o garçom voltou com duas garrafas de vinho. Enfiei um grande pedaço de pão na boca para não falar mais nada que fosse me constranger ainda mais. O garçom serviu a todos nós e, com um *timing* perfeito, John levantou-se para fazer um brinde.

— Estou tão feliz por celebrar meu aniversário com meus garotos! — disse John, olhando em volta da mesa. — Não poderia existir grupo de caras mais legais.

Achei isso incrivelmente alarmante, pois eu só havia estado com John duas vezes antes, e Billy Jack parecia ser mais ou menos novo no pedaço também. No entanto, deixei passar e levantei minha taça para fazer um brinde a John. Percebi que poderia muito bem acabar igual a ele, se continuasse pelo mesmo caminho.

As duas horas seguintes foram tão recheadas com citações de *Designing Women, Maude, The Golden Girls* e *Absolutely Fabulous* que eu estava prestes a vomitar purpurina.

— Será que vi um presente grande e brilhante com meu nome quando entrei aqui? — disse John enrolando a língua.

— Sim! — respondeu Keith excepcionalmente animado. — Eu não ia deixar de comprar algo para você.

O resto da mesa se entreolhou e coletivamente revirou os olhos com desprezo.

— Devemos esperar pelo bolo de aniversário para eu abrir o presente depois? — perguntou John. Mais uma vez, a mesa se entreolhou perplexa. Ninguém tinha comprado bolo.

— Querido, não compramos bolo de aniversário porque sabíamos que você está tentando manter esse seu corpo maravilhoso — disse Dean, dissimulando a verdade.

— Vocês são os melhores — disse John.

Eu teria ficado arrasado sem um bolo no meu aniversário. Como qualquer ex-criança-gorda, considero o bolo a única razão para aniversários. Se meus amigos não trouxessem um bolo, estariam mortos para mim.

— Então, abra logo seu presente! — disse Keith. Eu não estava certo de onde vinha a animação de Keith com relação ao presente, já que ele nem sabia o que estava dentro do embrulho.

— Relaxe, Keith. Ele abre quando achar melhor — falei. Ignorando o que eu tinha falado, Keith pegou o presente do chão e o entregou para John.

— Não precisava ter comprado nada para mim — falou John.

— Eu quis — disse Keith, tentando da melhor forma possível invadir o território de Billy Jack.

John desembrulhou seu presente em tempo recorde e ficou com um olhar confuso.

— O que é? — perguntou Lenny.

— Sim, o que é, John? — perguntou também Andy.

— É um sapo de metal — disse John.

— Não é apenas um sapo de metal, John, é um regador para você regar suas plantas e flores. Ah! E tem um pequeno compartimento dentro dele que você pode usar para esconder a chave de casa, para o caso de alguma vez você ficar trancado do lado de fora. — expliquei. O rosto de Keith ficou verde como o do sapo.

John o tirou da caixa e o pôs no centro da mesa, onde foi recebido com sorrisos e gargalhadas. Achei perfeito. Keith, no entanto, não pensou o mesmo.

— Deixe eu ver isso! — falou Billy Jack animado. — É muito legal! Você pode deixar isso na sua cozinha, baby.

— Keith, realmente não sei o que dizer. Realmente, não sei — disse John.

Keith sorriu, olhou para mim e depois de volta para John.

— Na verdade esse não é o seu presente. É uma brincadeira! — disse Keith, com uma risada fingida.

— Ah, é? — falou John aliviado.

— Ah, é? — repeti.

— Comprei um ingresso para você ir ao jantar dançante de amanhã à noite no hangar do aeroporto — explicou Keith.

— Mas que lindo! A gente não ia porque eu tinha comprado só uma entrada, mas agora Billy Jack pode usar a minha e eu uso a que ganhei de presente. Você é demais — disse John, dando um beijo na bochecha de Keith.

Billy Jack deu um beijo em John. Os dois então ficaram fascinados olhando o sapo. Keith encarou aquilo como uma chance para me importunar por causa do presente.

— Está de brincadeira? É bom que isso não tenha custado cem dólares — disse Keith em um acesso de raiva.

— Não! Comprei na promoção, por 11. Acredita?

— Onde você comprou isso, na lojinha da esquina? — bufou ele.

— Claro que não! — falei. — Estava fechada. Achei o presente na Seventh Avenue South — respondi sorrindo.

— Você é um idiota — disse Keith.

— Keith, eu sinceramente achei bonitinho, um presente divertido. Por que daria um presente sério a alguém que não conheço? Isso é ridículo.

— Você é que é ridículo — disse ele, observando o novo casal brincar com o sapo. — E, a propósito, já que estragou tudo, você vai dar sua entrada a John como presente de verdade.

— Ótimo — falei.

— De graça! — acrescentou ele rapidamente.

— Ah.

— Não vamos sair amanhã. Pode ficar conosco se quiser — falou Andy *au Naturel*.

— Valeu, Andy.

A verdade é que eu não queria muito ir a nenhum jantar dançante idiota em um lugar onde eu seria o mais jovem e de menor renda. Além disso, eu sabia que, se ficasse com Andy e Lenny, não precisaria tomar banho de novo.

— Trouxe a primeira temporada de *Absolutely Fabulous* — disse Lenny, animado.

— Você é o melhor, Squiggy — menti. Lenny e Andy olharam novamente zangados para mim. — Ainda não tem graça? Sério? — perguntei.

O resto do fim de semana foi relativamente tranquilo, apesar de ainda caro, já que, a contragosto, tive que pagar com minha entrada pelo presente de John. Também acabei gastando dinheiro em uma garrafa de vinho e petiscos que levei à casa de Andy e Lenny. A gente se divertiu horrores comendo, bebendo vinho e jogando jogos de tabuleiro. Até me tornei imune ao cheiro deles, pelo menos até a hora em que os abracei para me despedir.

Quando me dei conta, Keith e eu estávamos voltando para Manhattan em nossa luxuosa SUV alugada. Quanto mais nos aproximávamos da cidade, mais eu entrava em pânico. Sabia que minha realidade financeira provavelmente aguardava por mim na caixa de correspondência. Eu me sentia como se alguém estivesse pulando sobre o meu peito e, graças à nossa partida tardia, teríamos que pagar pelo dia adicional de uso do carro antes de devolvê-lo.

Domingo à noite, por volta das 11 horas, finalmente cheguei ao apartamento. Joguei minhas chaves e a correspondência do fim de semana ainda fechada sobre a mesinha de centro e desabei no sofá. Estava completamente exausto. Não liguei a televisão, o rádio, nem mesmo o computador. Fiquei sentado e absorvi o silêncio. Por um lado, era maravilhoso ter tranqulidade, mas, por outro, sentia falta de ter gente ao meu redor. Por mais que Keith me irritasse profundamente de vez em quando, ele me fazia rir e fazia questão de não me deixar sozinho em casa. Alonguei-me e fiquei olhando a vista pela janela. Daí, minha maldita voz interna começou a me criticar. Gritava: "Você não tem dinheiro para nada disso", seguida por vários coros uníssonos de "nada disso é real" e "você não tem como pagar por essa vida." Era tudo o que eu estava tentando tornar inaudível com jantares, eventos, festas e viagens de fim de semana. Ironicamente, nenhuma dessas "coisas" me trouxe nenhum tipo de alegria; no entanto, a sensação de estar rodeado por um grupo de amigos, sim. Acho que estava tentando criar em Nova York algo como uma família, pois sentia falta da que eu tinha deixado em minha cidade natal. Sei que isso dá a impressão de ser uma lógica distorcida, mas eu tinha 22 anos. Meu melhor amigo, Marc, chamava isso de "problema de gente rica". Só que eu não era rico.

No final, me sentei e peguei a conta do AmEx embaixo da pilha de correspondências. Respirei fundo e, antes de cortar o canto do envelope e tirar a conta, eu a segurei por um tempo que pareceram horas. Fechei os olhos antes de olhar a fatura. Fiz uma oração e esperei pelo melhor. Abri os olhos e olhei para quanto estava devendo:

US$ 22.846,73.

Isso é culpa do sapo de metal.

O que diz a mamãe

— Você está bêbado? — perguntei.

— Mãe, são 8 horas da manhã — respondeu Robert.

— Você tem 22 anos e mora em Nova York. Bem, você está ou não está?

— Está o quê?

— Bêbado?

— NÃO!

— Vinte e dois mil dólares? — falei alto. Era uma quantia extremamente elevada. Em que diabos ele podia ter gasto tanto dinheiro? — VOCÊ SÓ PODE ESTAR DE BRINCADEIRA COMIGO! — falei quando a ficha finalmente caiu.

— Eu sei — disse ele baixinho.

— Essa é por acaso mais uma de suas piadas? Sua irmã tem alguma coisa a ver com isso? — Não teria me surpreendido se Robert e a irmã, Julie, tivessem tramado toda essa história só para me deixar nervosa. Tudo era possível quando os dois se juntavam.

— A ver com o quê? Não estou brincando. Eu devo 22, quase 23 mil dólares no AmEx — disse ele, e pude perceber pelo tom de sua voz que ele estava falando muito sério.

— Como é que pode? O American Express faz você pagar tudo de uma vez — falei.

— Eu sei! Estou pagando um pouquinho todo mês para eles me deixarem em paz — explicou ele. — Implorei para não bloquearem o cartão e disse que teria dinheiro para pagá-los no fim do mês. Não me dei conta de que as coisas sairiam do controle dessa forma por causa dos juros e tudo o mais.

— Em que você gastou todo esse dinheiro? Está usando drogas? Está sustentando outra pessoa? O que está acontecendo?

— Eu não sei. Eu me deixei levar. Eventos de caridade, jantares, academia, almoços, roupas, viagens de fim de semana... tudo.

— Isso é loucura. Pura loucura. Sinceramente, quem você pensa que é? Você não vem de nenhuma dessas famílias da alta sociedade de Nova York.

— Eu sei muito bem disso. Estou me sentindo péssimo. Um lixo, se quer saber.

— E-e-e-eu nem sei o que dizer. Você tem 22 anos. Eu não conheço ninguém da sua idade que gaste assim. Já ouvi falar de situações que saíram do controle com cartões de crédito quando a pessoa gastou talvez uns duzentos dólares a mais, talvez até mil, mas você conseguiu chegar a uma estratosfera inédita.

A essa altura, minha realidade tinha ficado completamente distorcida. Não sabia o que era real e o que não era. Conheço o Robert responsável. Sei que tem a cabeça no lugar. Como isso aconteceu? Minha mente era um turbilhão.

Então uma luz acendeu dentro de mim e de repente me vi no parque do nosso bairro com Mike, Julie e Robert quando eram pequenos. Eu havia chegado a uma situação semelhante, quase vinte anos antes.

Pela manhã, o parque estava lotado de mães, que observavam seus filhos à distância enquanto eles brincavam. Eu costumava sentar a uma mesa de piquenique e assistir ao meu filho mais velho jogar algum esporte com outros garotos e minha filha tentar ao máximo participar do jogo também. Tinha que prestar atenção redobrada em Robert, pois ele tentava comer areia do tanque de areia.

A verdade era que eu queria que meus filhos pudessem ter certas coisas e experiências, mesmo que isso significasse menos coisas e experiências para mim. Honestamente, eu não me preocupava com isso; a felicidade deles era mais importante. Achei que tinha dado asas a todos os desejos deles quando um dia, enquanto os olhava brincar, duas mulheres chegaram e se sentaram à mesa. Eu já as havia visto no parque várias vezes e sempre lhes sorria com educação; mas elas nunca tinham falado comigo de fato.

Uma delas não parava de falar do seu novo bracelete de diamantes e a outra exibia a bolsa que tinha comprado no dia anterior. A morena me perguntava como eu conseguia manter tudo na minha bolsa tão surrada — eu não ficava com medo de as coisas caírem dela? Eu sabia que ela não estava preocupada de verdade, estava apenas sendo cruel. A loira fez uma piada, perguntando por que eu não usava uma sacola de supermercado em vez da bolsa.

Eu me vi de volta à escola novamente.

Tendo um nome como Jane, é de se pensar que eu estava pronta para deixar isso para lá. Não me leve a mal, eu amo meu nome. Mas, depois de crescer sendo chamada de *Plain Jane** por um bando de crianças no pátio da escola, comecei a odiá-lo. O pior de tudo é que comecei a me ver dessa forma... sem graça. Pouco importava se eu vestia um suéter lindo ou quanto tempo passava arrumando o cabelo e me maquiando; ao me olhar no espelho antes de ir à escola, sempre sentia a pontada do *Plain Jane*.

Finalmente eu disse *hasta la vista* aos colegas de sala que me batizaram com um apelido que eu odiava, e disse *olá, bebezinho* para meu filho Michael, depois para Julie e, por fim, para Robert. Porém, mesmo depois de tantos anos focada apenas nas crianças, aquele dia no parque desencadeou algo bizarro dentro de mim.

Eu tinha voltado a ser *Plain Jane*.

Só que, daquela vez, resolvi reescrever o roteiro. Eu ia mudar radicalmente quem eu era. Uma semana depois, saí para uma loja de departamento da cidade e comprei uma linda bolsa de grife. Como não tinha esse tipo de quantia dando sopa na minha conta bancária, coloquei a compra no cartão de crédito. Eu me senti culpada por ter comprado a bolsa e mais ainda por não ter contado a meu marido. Achei que ele não entenderia. Fui ao parque no dia seguinte e me sentei à mesma mesa enquanto as crianças brincavam. Como era de se esperar, as mesmas mulheres nojentas vieram para a mesa.

---

* "Plain Jane" é uma expressão utilizada, em língua inglesa, para designar uma mulher comum, que não se destaca por nenhuma de suas características. Ou seja, não é bonita, nem inteligente, nem divertida o suficiente para ser notada; é alguém que passa despercebido. (*N. do T.*)

— De quem é essa bolsa?

— Será que alguém a deixou ali? — disse a morena.

— É minha — falei orgulhosa. As duas mulheres me olharam de modo esquisito.

— Sua? — perguntou a loira.

— Sim, minha — respondi, e me virei novamente para olhar as crianças.

— É maravilhosa — disse a morena.

— Obrigada — falei sem me virar novamente.

A aprovação delas funcionou como uma injeção de adrenalina e comecei a aparecer no parque vestida como se fosse a algum *brunch* de domingo ou reunião de negócios. Comprei roupas novas, joias, sapatos e relógios. Essa definitivamente não era eu. Por ter me tornado mãe muito jovem, aquelas mulheres eram quase dez anos mais velhas que eu, mas, por alguma razão que desconheço, eu ainda precisava da aprovação delas. Serei honesta: eu me sentia inferior e estava insegura.

Ron me perguntou de onde vinham todas aquelas coisas e me vi dizendo a ele que eram velhas, apenas não as usava há muito tempo. Eu me senti péssima, mas é incrível o que podemos fazer para que as pessoas pensem que somos tão boas quanto elas. Parece loucura agora, mas, naquela época, parecia justificável. Por ter me casado tão jovem e passado a maior parte da minha vida criando os filhos, nunca tinha trabalhado na vida. Então, nunca tive meu próprio dinheiro. Compreendo totalmente a atração e a sedução que um poderoso cartão de crédito pode exercer sobre uma pessoa.

Rapidamente me vi comprando desnecessariamente, num esforço para agradar as mães do playground. É algo pelo qual tantos de nós passamos, gays ou héteros. Queremos sentir tanto a aprovação de todos do nosso convívio que nos perdemos no processo. Quando a conta do cartão chegou, finalmente precisei contar a Ron. Era exorbitante, mas nem de longe se comparava ao que Robert gastou. Eu sabia que Ron odiava cartões de crédito e caí no choro quando contei a ele. A filosofia do meu marido era: "Se não tem dinheiro para comprar algo à vista, não tem nada que comprá-lo." Pelos vários meses que se seguiram, tivemos que apertar os cintos para quitar a fatura do cartão, mas aprendi minha lição. Felizmente, eu a aprendi mais ou menos cedo, pois as consequências de buscar esse tipo específico de aprovação podem impedir uma pessoa de desenvolver sua individualidade.

— Mãe — disse Robert, despertando-me das memórias adormecidas.

— Vamos dar um jeito. Tenho algum dinheiro na poupança. Eu pago o cartão de crédito.

— Oh, meu Deus, obrigado — disse Robert.

Pude perceber que estava chorando. Não fazia sentido fazê-lo sentir-se ainda pior.

— Mas você vai me pagar de volta.

— Claro. Pago de volta aos pouquinhos toda semana.

— Sim, vai mesmo.

— Obrigado. Eu te amo.

— Também te amo.

— Bom, tenho que trabalhar.

— Sim, é bom mesmo, pois é o único jeito que tenho de receber meu dinheiro de volta, então não vá fazer besteira — disse eu, e ri. Era gostoso quebrar a tensão.

Robert não sabia se devia rir ou não.

— Hum, não vou.

— Relaxe um pouco, Robert. Vai ficar tudo bem.

— Obrigado, mãe.

— AH! Não diga sequer uma palavra sobre isso com seu pai.

— Confie em mim. É a última coisa que vou fazer — disse ele, e desligou o telefone.

PARTE TRÊS:

O jogo dos relacionamentos

CAPÍTULO TREZE

O Glossário Gay

Conhecimento é poder, principalmente quando se trata dos duplos sentidos do léxico gay. Ver também *dominador*

Meu irmão e minha irmã mais velhos cresceram num lar diferente do meu. Meus pais eram sem noção quando o assunto eram as regras da casa.

1. *Nada de telefonemas depois das 9 horas da noite.*
   ÉPOCA DELES: Não importa se eles estavam no meio de uma conversa ou se eram 9 da noite e seis segundos. Meu pai tirava o telefone da tomada.

   MINHA ÉPOCA: Se passava das 9, isso queria dizer que minha mãe estava assistindo ao canal Lifetime e, meu pai, dormindo no sofá. Eu ficava no telefone até as 11, via um pouco de filmes de pornografia light e depois ia para a cama com eles, sem eles saberem de nada.

2. *Absolutamente nada de palavrão, ou "xingamento", como meus pais diziam.*
   ÉPOCA DELES: Se meu irmão ou minha irmã estivessem tendo um dia ruim e palavras como "merda" ou "droga" escapassem, meus pais lavavam a boca do infrator com sabão.

   MINHA ÉPOCA: Aos 11 anos, eu não parava de xingar os meus professores de matemática de merda. Dependendo do humor, meus pais riam ou me diziam "cuidado com a língua", frase que foi repetida para mim durante a maior parte da minha adolescência. Mais importante, minha boca nunca tocou uma barra de sabão.

3. *Nada de filmes proibidos para menores até ter 17 anos.*
   ÉPOCA DELES: Meus irmãos imploravam para assistir com os amigos a filmes desse tipo. Meus pais os considerava indecentes.

   MINHA ÉPOCA: Assisti a *Porky's* quando tinha 8 anos. Meus pais achavam engraçado que eu estivesse tão interessado nos seios das mulheres. Fui chamado de "peitólatra" a partir de então. O apelido só foi abandonado quando contei que era gay. A coisa peitólatra não era uma mentira total. Eu era e continuo sendo fascinado pelos seios femininos, só que não nesse sentido.

4. *Nada de beber ou fumar.*
   ÉPOCA DELES: Essa era uma regra a que minha irmã prestava pouca atenção, já que vomitou nos pés do diretor da escola no ensino médio durante um baile ao qual meus pais a acompanharam. No fim de semana seguinte, ela passou pela minha mãe de carro fumando um cigarro quando deveria estar na aula de inglês. (Minha irmã hoje em dia é uma professora ultrassevera de escola — vá entender.)

   MINHA ÉPOCA: Quando cheguei à adolescência (quatro anos depois da minha irmã e quase seis depois do meu irmão), meus pais definitivamente estavam mais tranquilos. Eles não haviam abandonado as regras quanto a beber, mas não eram tão chatos com isso. Eu tomava uma taça de vinho com eles de vez em quando, mas para ser sincero nunca fiquei bêbado na escola, porque ver minha irmã ser punida me deixou morrendo de medo. Na verdade, meus pais quase se preocuparam por eu não estar me embebedando na escola. Eu sentia pressão deles para beber!

Até hoje meus irmãos ficam horrorizados com o jeito que eu falo com meus pais. O mais surpreendente é o fato de eles jogarem isso na cara dos próprios pais. Há pouco tempo minha mãe fez um corte de cabelo horrível e disse a meu irmão que estava parecendo uma lésbica com cabelo feio. Meu irmão ficou branco. Pelo visto, nem tudo deveria ser compartilhado assim tão abertamente. Quando meus pais e eu jogamos baralho (uma tradição que vem desde a mais tenra idade), costumamos usar nossos nomes de jogadores. Sou o "Babaca", minha mãe é a "Vadia Fedida" e meu pai, "Canalha de Merda".

As palavras são os grandes conectores nesse mundo, e nada poderia ser mais verdadeiro quando minha mãe me telefonou certa manhã para me mostrar o quanto nossos léxicos são diferentes. Ela havia diminuído três números de roupa com os pontos. Tinha acabado de voltar da sua reunião matinal, onde havia sido premiada com um broche de parabéns.

— Um broche? — disse ela, com raiva. — Por que eu quero um broche para anunciar aos quatro ventos que eu era mais gorda do que sou hoje? É como pedir a um esquizofrênico que use um broche de "ex-maluco" pela cidade!

— Diane me perguntou como você estava — continuou ela. — Eu disse que muito bem, e que estava recebendo muitos olhares ultimamente. Ela acha que você é uma graça e disse que é fantástico você ser gay — acrescentou.

— Isso é porque ela é uma mona louca por bicha — disparei.

— Mona o quê? Hã? O que isso quer dizer? Aliás, não fale "bicha". É degradante.

— Desculpe, não foi intenção, mas já que eu sou gay, posso dizer. Posso tomar posse desse termo. Enfim, *mona* é mulher, ou gay muito afeminado. E as que gostam de bichas em geral usam os gays como muleta emocional quando não conseguem encontrar amor e felicidade sozinhas — expliquei.

Aquilo me deu uma ideia incrível. Decidi fazer com a minha mãe um *quiz* das palavras e frases gays mais usadas para ver se ela sabia o que significavam. Isso se tornou conhecido carinhosamente lá em casa como "Glossário Gay". Não é nada diferente de um guia de língua estrangeira que a gente leva nas viagens a outros países e era superimportante para conversar com o filho gay via chat ou para visitá-lo. Esse glossário era mencionado com frequência e atualizado quase toda semana.

Já que era para minha mãe, eu o mantive mais ou menos decente, mas ao mesmo tempo queria que ela soubesse do que eu estava falando quando tivéssemos nossas conversas.

— Por que vocês precisam do seu próprio idioma para serem gays? — perguntou minha mãe no começo.

Em poucos meses, minha mãe, da nossa pequena cidade do Illinois, se reunia com as amigas para almoçar e dizia coisas como: "Ah, deixe de ser uma mona que adora bicha, Kathy. Todo mundo sabe que Peter é uma biba e que só disfarça. Aposto que ele é um daqueles dominadores também. Essas bibas que dão o truque são as piores." As amigas dela costumavam olhar sem entender nada, mas logo nosso Glossário Gay começou a vazar para os nossos círculos sociais, para onde jamais deveria ter ido.

Incluímos aqui uma pequena parte dele.

6 polegadas

DEFINIÇÃO DE MINHA MÃE: Ai meu Deus, Robert. Não quero saber.

DEFINIÇÃO GAY VERDADEIRA: Tamanho padrão do pênis masculino, vulgo 8 polegadas na maioria dos sites de pegação gay.

amigo de Dorothy

DEFINIÇÃO DE MINHA MÃE: Pessoa pequenina.

DEFINIÇÃO GAY VERDADEIRA: Vem do ícone gay Judy Garland, que fez o papel de Dorothy em *O Mágico de Oz*; homossexual.

B&D

DEFINIÇÃO DE MINHA MÃE: Não faço a mínima ideia.

DEFINIÇÃO GAY VERDADEIRA: Bandagem e Dominação; atividade sexual relacionada ao *bondage*, ser amarrado.

bandeiroso

DEFINIÇÃO DE MINHA MÃE: Quem dá na cara.

DEFINIÇÃO GAY VERDADEIRA: Alguém que adora dar pinta, desmunhecar; CHATO!

Barbie

DEFINIÇÃO DE MINHA MÃE: Boneca.

DEFINIÇÃO GAY VERDADEIRA: Cara que passa a maior parte do tempo na academia, malhando e melhorando seu corpo já bonito, mas que age como uma menininha.

bareback

DEFINIÇÃO DE MINHA MÃE: Costas nuas!

DEFINIÇÃO GAY VERDADEIRA: Sexo sem preservativos, ou seja, SUICÍDIO! Pratique sexo seguro!

bege

DEFINIÇÃO DE MINHA MÃE: Cor pálida.

DEFINIÇÃO GAY VERDADEIRA: Estar passado, chocado.

BF

DEFINIÇÃO DE MINHA MÃE: Variação do PF.

DEFINIÇÃO GAY VERDADEIRA: Bicha Fina, a elite homossexual que tem poder, dinheiro e prestígio ("Nunca vou ser uma BF").

biba

DEFINIÇÃO DE MINHA MÃE: Afeminado.

DEFINIÇÃO GAY VERDADEIRA: Bicha afeminada.

Blanche

DEFINIÇÃO DE MINHA MÃE: Não faço a mínima ideia.

DEFINIÇÃO GAY VERDADEIRA: Refere-se a Blanche Deveraux, personagem promíscua do sitcom *Supergatas* dos anos 1980 ("Oh, Blanche, suas pernas ficam abertas a noite inteira, como um supermercado 24 horas")

bofe escândalo
DEFINIÇÃO DE MINHA MÃE: Um cara escandaloso.
DEFINIÇÃO GAY VERDADEIRA: Cara lindo e gostoso.

Chelsea boy
DEFINIÇÃO DE MINHA MÃE: Garoto que vive nesse bairro e sai com homens mais velhos.
DEFINIÇÃO GAY VERDADEIRA: *Como ela sabia que eles saem com homens mais velhos?*

dar a Elza
DEFINIÇÃO DE MINHA MÃE: Não tenho a menor ideia.
DEFINIÇÃO GAY VERDADEIRA: Roubar ou sumir.

dildo
DEFINIÇÃO DE MINHA MÃE: Um cara bobalhão.
DEFINIÇÃO GAY VERDADEIRA: Namorado movido a pilhas.

diva
DEFINIÇÃO DE MINHA MÃE: Feminino.
DEFINIÇÃO GAY VERDADEIRA: Um homem que age como uma mulher cheia de vontades.

dominador
DEFINIÇÃO DE MINHA MÃE: Sadomasoquista?
DEFINIÇÃO GAY VERDADEIRA: Aquele que dá ordens durante o sexo.

dragão
DEFINIÇÃO DE MINHA MÃE: Mulher feia.
DEFINIÇÃO GAY VERDADEIRA: Mulher agressiva, feia ou militante.

gaydar
DEFINIÇÃO DE MINHA MÃE: Capaz de encontrar outros caras na hora.

DEFINIÇÃO GAY VERDADEIRA: Tipo de instinto que se supõe que os gays têm e que os tornaria capazes de saber se outra pessoa é gay (algo que nunca tive, pois acho que todo mundo é hétero).

GDC

DEFINIÇÃO DE MINHA MÃE: Não faço a mínima ideia.
DEFINIÇÃO GAY VERDADEIRA: Gay de Cabeça, hétero que tem comportamento gay.

GoGo Boy

DEFINIÇÃO DE MINHA MÃE: Homem de corpo musculoso que dança nos bares.
DEFINIÇÃO GAY VERDADEIRA: Homem gay de corpo musculoso que dança em bares e casas noturnas. Também são muito encontrados nos Clubes das Mulheres.

lady

DEFINIÇÃO DE MINHA MÃE: Homem gay que quer parecer sofisticado.
DEFINIÇÃO GAY VERDADEIRA: Lésbica que prefere usar maquiagem e parecer bem feminina, em oposição às caminhoneiras da VG (Velha Guarda).

leather daddy

DEFINIÇÃO DE MINHA MÃE: Cara que adora couro.
DEFINIÇÃO GAY VERDADEIRA: Homem mais velho que se veste de couro e é objeto de afeição de um homem mais jovem, que em geral usa coleira ou guia.

low-profile

DEFINIÇÃO DE MINHA MÃE: Baixinho.
DEFINIÇÃO GAY VERDADEIRA: Gay que tenta não expor publicamente sua homossexualidade.

metrossexual

DEFINIÇÃO DE MINHA MÃE: Homens hétero que pegam gays na linha do metrô.

DEFINIÇÃO GAY VERDADEIRA: A apenas uma cerveja de ser gay.

michê

DEFINIÇÃO DE MINHA MÃE: Um cara bonito.

DEFINIÇÃO GAY VERDADEIRA: *GAROTO DE PROGRAMA!*

mona

DEFINIÇÃO DE MINHA MÃE: Mulher.

DEFINIÇÃO GAY VERDADEIRA: Mulher ou um cara ultra-afeminado.

montada

DEFINIÇÃO DE MINHA MÃE: Ai, não quero nem saber.

DEFINIÇÃO GAY VERDADEIRA: Produzida (em geral, se fala das *drag queens* quando estão produzidas, com seus modelões).

PAM

DEFINIÇÃO DE MINHA MÃE: O quê?

DEFINIÇÃO GAY VERDADEIRA: Passivo até a morte.

porco

DEFINIÇÃO DE MINHA MÃE: Gordo.

DEFINIÇÃO GAY VERDADEIRA: Alguém com apetite sexual insaciável.

tanquinho

DEFINIÇÃO DE MINHA MÃE: Aquela espécie de máquina de lavar? Não, claro que essa eu sei, mas esse tipo de abdômen não passa de ficção.

DEFINIÇÃO GAY VERDADEIRA: Pré-requisito para encontrar um parceiro.

trava
DEFINIÇÃO DE MINHA MÃE: Aquilo que usávamos no carro?
DEFINIÇÃO GAY VERDADEIRA: Travesti.

tricha
DEFINIÇÃO DE MINHA MÃE: Mulherzinha.
DEFINIÇÃO GAY VERDADEIRA: GAY DEMAIS!

truque
DEFINIÇÃO DE MINHA MÃE: Garoto de programa.
DEFINIÇÃO GAY VERDADEIRA: Mentira, enganação.

U-Haul
DEFINIÇÃO DE MINHA MÃE: Cara que paga por sexo.
DEFINIÇÃO GAY VERDADEIRA: O que uma lésbica traz no segundo encontro: seu trailer U-Haul para as duas morarem juntas.

uó
DEFINIÇÃO DE MINHA MÃE: Grito de guerra.
DEFINIÇÃO GAY VERDADEIRA: Algo desagradável, ruim, o fim.

urso
DEFINIÇÃO DE MINHA MÃE: Grande.
DEFINIÇÃO GAY VERDADEIRA: Homem peludo, em geral grande.

O que diz a mamãe

Um dia, quando Robert e eu estávamos conversando pelo telefone, ele usou a palavra "biba" para se referir a um cara que conhecia. Não entendi, mas deixei passar, até ele usar repetidamente essa palavra.

— Não faço a mínima ideia do que você está dizendo — falei.

— Ah, desculpe. "Biba" tem um monte de significados. Em geral a gente usa para se referir a outro gay, mas pode ser usado em sentido positivo ou negativo.

— Não entendi, mas tudo bem, não preciso entender.

Ele então começou a me fazer uma série de perguntas sobre diferentes expressões gays, perguntando se eu sabia o que significavam. Eu disse que talvez sim, mas por que eu precisava saber? Sou super a favor de entender tudo que envolve meus filhos, mas talvez eu não precise saber de tudo.

Entretanto, ele não estava nem aí e achou que seria engraçado me testar. Se você ainda não descobriu a essa altura, topo quase qualquer coisa e, se a tal coisa me ajudar a entender o que está acontecendo no mundo gay, vamos lá. Porém, quando chegamos a uma das perguntas — o que quer dizer "dildo"? — e ele me contou o que era, "namorado movido a pilhas", achei que era informação demais vinda de um filho. Eu não precisava saber dessa. Ele não conseguia parar de rir. Sou superaberta, mas há algumas coisas que não preciso conversar com meu filho.

Eu o cortei depois de mais alguns termos.

— Certo, já chega — falei.

— Ah, mãe, qual é, isso é hilário — disse ele, rindo.

— Acho que essa é uma daquelas situações em que, se eu não perguntar, você não precisa me contar — falei, depois ri.

CAPÍTULO CATORZE

Eu, só que latino

A frase mais usada pelos gays quando lhes perguntam o que estão procurando em um parceiro

Eu me formei em Artes na universidade considerada por muitas revistas como a "Harvard do Meio-Oeste", a Illinois Wesleyan University, e em questão de meses deixei o Meio-Oeste para trás e me mudei para Nova York. Numa cidade assolada pelo barulho dos táxis, sirenes de ambulâncias e aviões, o silêncio em resposta ao meu currículo foi ensurdecedor. (Mal sabia eu que vários jovens do Meio-Oeste que tinham estudado na *verdadeira* Harvard estavam procurando dias mais felizes na cidade também.) Consegui meu primeiro emprego em uma empresa de RP de teatro. Não sei se daria sequer para chamar de emprego, era um estágio remunerado. Estagiário para quê?, eu me perguntava muitas vezes. Não é como se eu precisasse de créditos na faculdade. Mais tarde percebi que esse "estágio" era uma maneira de meu patrão justificar meu salário de mais ou menos duzentos dólares por semana e pedir minha gratidão diária pela experiência de aprendizado que eu estava tendo. Eu realmente aprendi muito, mas me sentir agradecido já era demais. Eu teria me sentido grato se ele me pagasse o suficiente para cobrir meu aluguel ou mesmo fazer compras no supermercado. Com aquele salário, eu mal conseguia pagar metade do aluguel todos os meses.

A ironia de trabalhar em uma empresa de RP de teatro é que eu fazia parte de uma nova geração de gays que não estavam fascinados por tudo o que se relaciona a teatro, como eram os homens gays de outrora que adoravam um piano bar e cantavam canções do musical *Cabaret*. Na verdade, descobri que muito do teatro era chato. Assim, encontrar um parceiro em qualquer função relacionada ao teatro era impossível, porque assim que a discussão desembestava para o assunto "teatro", eu mentalmente me desligava. Aqui estava eu, um escritor no armário, desprezando o teatro. Eu me sentia um Judas.

Por sorte fui abençoado com pais que puderam pagar minha faculdade. Já eles, infelizmente, foram abençoados com um filho cujo emprego pagava lhufas. Todos os meses eu tinha que fazer aquele telefonema constrangedor para casa, implorando por dinheiro. ("Troco? Alguém aí, um trocadinho?") Finalmente eu os convenci a pensar que era como se eu estivesse na faculdade e eles estivessem pagando por um curso de extensão. Eles não necessariamente caíram na minha besteirada, mas me recompensaram pela minha criatividade.

Isso funcionou bem, ou pelo menos era o que eu achava. As coisas mudaram de maneira drástica quando comecei a empregar meu salário semanal em "despesas com entretenimento", que incluíam jantares, bebidas e uma ou outra ida à Barney's, me deixando sem dinheiro algum para pagar minha parte das contas. Eu precisava conseguir um segundo emprego. Então, fiz o que qualquer pessoa sensata faria: me matriculei na escola de bartender por 250 dólares, cortesia dos meus pais.

Descobri um anúncio para o curso no verso do *Village Voice*. "Academia de Bartenders", dizia o anúncio. "Uau", pensei. "Uma academia!" Imaginei um lugar onde os homens andavam de paletós brancos segurando copos de martínis enfeitados e as mulheres, metidas em vestidos chiques pretos e curtos, assentiam uns para os outros cheios de conhecimento de causa.

Subi os seis lances de escadas do prédio de escritórios caindo aos pedaços perto do Madison Square Garden. O lugar cheirava à minha antiga fraternidade, uma mistura de pisos com manchas de mijo, suor e cerveja velha. Entrei na grande sala de aula e vi um monte de homens e mulheres mal ajambrados já de pé atrás de seus bares, inspecionando o equipamento.

Fiquei na dúvida se saía correndo ou não, mas meu estranho fascínio por bares e seus equipamentos quando criança me fez ficar. Tirei minha colônia da mochila e borrifei um pouco no meu braço, para disfarçar o fedor do prédio. Achei que, se o cheiro ficasse ruim demais, eu poderia cheirar meu braço para ter um alívio temporário.

Harry, nosso professor, tinha um 1,60 metro, pesava uns oitenta quilos e era basicamente um beberrão profissional. Seu cabelo com permanente era tão duro que a cabeça dele parecia coberta de pêlos pubianos. O cabelo só perdia para o bigode, grosso e descolorido graças aos muitos anos fumando. No seu discurso de apresentação, percebi que o fedor não era do prédio, era dele.

A maioria das pessoas da aula tinha mais ou menos a minha idade, e todas tinham o mesmo olhar vazio, sonhando com dias melhores. Uma semana depois, o olhar vazio tinha se transformado em um olhar amargo. Eu não sentia qualquer emoção. Eu encarava aquilo como meus encontros anteriores com homens: entre aí, faça o que tem que fazer e caia fora. Por fim, na segunda semana, como se fosse um raio de luz divina, apareceu Brett, um cara que frequentava minha academia e por quem eu secretamente andava obcecado há quase um ano.

Harry não sentiu o mesmo entusiasmo que eu e grunhiu para que ele assumisse seu posto na estação de trabalho ao lado da minha. Por sorte, Brenda, minha parceira anterior, tinha sido presa por comprar uns gramas de maconha no Washington Square Park no fim de semana anterior. Harry disse a Brett que ele precisaria ficar depois da aula para conseguir acompanhar o resto da turma. Vendo isso como minha oportunidade de ouro, ofereci meus excepcionais serviços de bartender (e quaisquer outros serviços, caso ele precisasse). Entretanto, assim como a maioria dos meus livros da faculdade, eu não tinha lido nenhuma página do manual.

A aula terminou por volta das 8h30 e eu fui ousado o bastante para reunir coragem e ir falar com ele.

— E aí? — falei um pouco nervoso. Ele sorriu, assentiu e me olhou sem interesse. Eu sabia que isso não era um bom sinal, mas eu estava ali para ajudar e não poderia simplesmente dar o fora de fininho.

— Acho que você frequenta minha academia — falei.

— É. Pode ser — disse ele com desinteresse.

— É. Na verdade você falou "como vai" para mim há umas cinco semanas — confessei. De repente eu tinha virado um programa ruim para depois da escola. Ele assentiu de novo. Talvez ele não tivesse entendido. Será que era estrangeiro? Isso era Nova York, afinal de contas. Continuei:

— Você está gostando? — perguntei, mostrando-lhe como medir direito a dose de bebida no copo.

— Não muito. Não tem muitos caras bonitinhos nessa aula — disse ele, servindo a vodca falsa. Ele tinha errado completamente a medida, mas quem era eu para julgar aquela beldade? Senti minha garganta arder.

— É, acho que você tem razão. Que tipo de caras você gosta? — eu me ouvi perguntar, mas ao mesmo tempo não podia acreditar que estava realmente insistindo naquilo. Com certeza ele não daria a mínima se eu tacasse fogo em mim ali na frente dele.

Ele fez uma pausa comprida, como se pensasse com cuidado na minha pergunta. Era quase como se eu tivesse perguntado quais eram suas visões a respeito da política de bem-estar social dos Estados Unidos.

— Bom, acho que alguém exatamente igual a mim; só que latino.

Virei a cabeça de lado como um cachorro confuso e rapidinho saí de perto sem dizer mais nada. Nunca tinha visto ninguém tão descarado para dizer o que buscava em alguém. Uma coisa é você refletir sobre esse assunto com seu terapeuta, mas ser assim tão direto me surpreendeu. Eu mal consegui terminar a aula de como preparar um drinque à base de uísque e menta.

Enquanto voltava para casa a pé, completamente arrasado e ligeiramente bêbado, percebi que devia ser por isso que eu não estava encontrando ninguém. Eu era *branco demais* para a comunidade gay. Precisava inventar uma descendência latina para mim, e rápido, se eu quisesse ter um namorado um dia.

— A gente tem algum sangue latino na família? — perguntei ansioso.

— Quê? — perguntou minha mãe chocada. — Eu estava sentado na frente do computador, tentando achar alguma conexão latina para meu sobrenome.

— Temos alguma ascendência latina? — repeti.

— Robert, se olhe no espelho, pelo amor de Deus! Você acha que se parece latino?

— Nosso sobrenome parece tão genérico. Algo pode ter se perdido no meio do caminho.

Desde que eu havia saído do Illinois, todo mundo comentava como era demais meu sobrenome, embora geralmente logo em seguida viesse a pergunta que eu odiava: "É seu nome de verdade?" As pessoas que não são do Meio-Oeste não entendem que lá ninguém muda o sobrenome assim, do nada. Vai contra tudo o que acreditamos, contra nossos costumes. Depois que digo isso às pessoas, elas me perguntam se eu abreviei o meu sobrenome. Ninguém aceita que Rave é de fato o meu sobrenome verdadeiro. Rave parece tão genérico quanto Smith ou Jones, mas, para o bem ou para o mal, é meu sobrenome. Até então, eu estava satisfeito com ele, mas naquele momento pensei em de repente acrescentar um "z" ou um "o" no final, para dar um pouquinho de tempero!

— Tenho uma notícia para lhe dar: é seu nome, e, até onde eu sei, não existe nenhuma ascendência latina nele. Sinceramente, não tenho tempo para isso. Estou tentando escolher roupas para a viagem do seu pai ao Kentucky Derby, já que ele não escolhe as próprias roupas — disse ela, desligando o telefone. (Quando meu pai se casou com minha mãe, perdeu qualquer habilidade de funcionar sem ela, o que é carinhoso para nós, os filhos, mas enervante para minha mãe.)

Ignorei os comentários humilhantes dela sobre minha possível herança latina. É claro que ela não entendia que, para eu arrumar um cara nessa cidade, precisava de um pouco de sangue latino — e rápido! Continuei minha busca na internet. As notícias eram arrasadoras. O nome tinha suas raízes na Áustria e... ai, meu Deus... na Alemanha, o lugar mais branco da Terra. Merda.

Rapidinho voltei a ligar para minha mãe.

— E seu nome de solteira?

— Norueguês e inglês. — Ela voltou a bater o telefone. Eu não tinha certeza se realmente acreditava nela, pois ela estava à beira de sair atirando para o alto calças e camisas polo combinando, portanto procurei na internet. Sim, era um nome de ascendência inglesa, e a maioria dos meus ancestrais vinha da Noruega. Não fiquei convencido. Eu tinha que ter algum pezinho na latinidade. Estava determinado a descobri-lo para abordar Brett. Ao descobrir isso, ele veria que eu na verdade era ele, só que latino. Bem, quase.

Fui para a Biblioteca Pública de Nova York para utilizar seus recursos. É vergonhoso admitir, mas essa foi a primeira vez que fui lá. Tudo o que eu havia aprendido no colegial e até na faculdade sobre o sistema de bibliotecas americano abandonou meu cérebro completamente assim que recebi meu diploma. Eu logo angariei a ajuda de Penny, uma bibliotecária bonitinha que trabalhava meio período, para encontrar minhas raízes latinas.

Ela me conduziu até uma pilha de livros escritos por gente como Vonnegut, Steinbeck, Hemingway e Shakespeare. Nenhum deles me interessou. Por fim, chegamos a uma pequena seção de livros sobre genealogia. Penny achou que sua missão tinha sido cumprida.

— Você poderia me ajudar a encontrar meu sobrenome? — implorei. Liguei o charme de garoto hétero e me aproximei dela, sorrindo. Mas ela interpretou meu charme como estupidez, o que ficou na cara pelo seu contínuo revirar de olhos.

— Rave. Pronto — disse ela. Espiei-o rapidamente enquanto Penny ia saindo.

— Droga — gritei.

Ela se virou.

— Qual o problema?

— Não tem nada latino aqui.

— Quê? Você está brincando, né?

— Não. Bem que eu queria estar. Agora vou ter que ser solteiro para o resto da vida.

Depois de vários olhares confusos, eu por fim admiti o verdadeiro motivo de estar na Biblioteca Pública de Nova York.

— Isso é nojento. As pessoas tentaram assimilar a cultura branca durante anos e apagar suas origens, tudo para se encaixar no sistema do homem branco e jogar conforme suas regras, e aqui está você, um homem branco, que viveu a vida inteira com o privilégio de ser um homem branco, mas isso não é o suficiente para você. Em vez disso, você precisa roubar dos latinos e "se disfarçar" como um deles. — Ela revirou os olhos pela última vez e me deixou ali num canto escuro da biblioteca, com uma pilha de livros velhos.

Eu estava prestes a sair quando dei uma última olhada no livro e vi que, nos anos 1800, alguns dos Raves se mudaram para o norte da Espanha. Viva a Espanha!

Apareci na aula da terça seguinte me achando. Era uma mudança tão aparente que até Harry parou de tirar a comida presa em seu bigode e me olhou.

— Parece que alguém teve uma noite de sorte com as mulheres — disse ele com um risinho.

Continuei andando com confiança e fui arrumar meu bar. Brett já estava na sua estação de trabalho praticando.

— Oi — falei cheio de confiança.

— E aí? — disse ele sem me olhar direito mais uma vez.

— Ah, nada demais — falei. — Eu estava em casa tentando planejar uma viagem para visitar meus parentes distantes na Espanha — disse eu sorrindo.

— Espanha? Que demais, cara — disse ele, servindo vermute.

— Eu já lhe contei que sou latino? — insisti.

— Não — disse ele sem interesse. — Não parece. Você é loiro.

— É, mas eu sou. Totalmente latino — falei como quem não quer nada. — Muita gente no norte é loira — blefei.

— Bom pra você, cara — disse ele, concentrado no seu drinque.

— Você é latino?

— Não, eu sou de Ohio — respondeu ele. Claro, pensei, zombando de sua ascendência não latina.

— Bom, se você estiver a fim de comer alguma coisa, tem um restaurante espanhol sensacional na rua 49 que vou o tempo todo.

Não tive certeza se aquilo era um sinal de cabeça afirmativo ou se era só ele sacudindo o mixer, mas interpretei como um "sim".

Deu certo. Eu havia capturado o homem com quem ficara obcecado por um tempão com uma única e simples frase: "sou latino." Quem diria que só precisava disso? Passei o resto da aula pensando no meu futuro encontro com Brett. A gente tomaria margaritas e comeria tapas planejando nossa futura viagem à Espanha juntos, e depois iríamos para a casa dele para eu lhe mostrar um pouco do calor latino. Fiquei tão entretido na minha fantasia que nem notei o resto da turma indo embora. Só eu e Brett havíamos ficado, além de Harry, que estava terminando de comer umas costelas de porco na sua mesa. Era minha oportunidade de ouro para fazer Brett aceitar o convite.

— Então, olhe, eu queria lhe perguntar uma coisa...

Aí *ele* entrou. Tinha 1,80 metro e oitenta quilos de belos músculos, pele sensacional e um sorriso de pôr qualquer um a nocaute. Quanto mais eu o olhava, mais eu percebia que ele *era* Brett, só que latino.

— O que você estava dizendo mesmo? — perguntou Brett.

— Não tem importância. Era só uma pergunta boba de bartender. Vejo você na aula da semana que vem.

Brett me ignorou e abraçou esse autêntico Don Juan latino.

— Na semana que vem não venho para a aula. A gente vai assistir a *Rent* — disse ele, saindo da sala.

Nunca mais voltei para as aulas de bartender, desperdiçando uma ilustríssima carreira como um dos melhores bartenders de Nova York. Simplesmente não conseguia enfrentar o constrangimento e a vergonha que eu sentia.

Minha mãe me ligou no dia seguinte.

— Já tem 55 anos e não consegue nem combinar uma camisa com uma calça — lamentou ela. — Você sabia que preciso separar as roupas dele por cor, porque ele não tem a mínima ideia do que fazer? Ele não entende que nem tudo combina com tudo.

— Hã-hã.

— Então, e essa história toda sobre as nossas raízes?

— Não é nada. Digamos apenas que papai não é o único que não entende que nem tudo combina com tudo.

— E eu achando que o estereótipo do gay é o cara que entende tudo de moda — disse ela, sem perceber o que eu realmente quis dizer. Não a desmenti.

— Nem todos.

Aqui estava eu, morando em Nova York, supostamente "assumido" depois de declarar meu orgulho gay para minha família e meus amigos, mas, depois dessa experiência com Brett, aprendi que a questão nunca foi ter ou não orgulho de ser gay; a questão era se eu tinha ou não orgulho de ser eu mesmo.

O que diz a mamãe

Numa cidade pequena, todo mundo conhece todo mundo. Não é questão de ser fofoca; mas isso é bem normal em uma cidade que tem menos gente do que meio quarteirão de Nova York. Meus pais eram donos da loja de ração e de um posto de gasolina, entre outras coisas, então de um jeito ou de outro a maioria das pessoas sabia quem a gente era. Não estou sendo convencida nem metida; é que todo mundo precisa de gasolina, e quase todo mundo precisa de ração numa cidade formada basicamente de fazendeiros. Isso não me incomodava, porque eu não conhecia outra realidade.

No verão em que fiz 14 anos, conheci meu marido. Sei que pelos padrões de hoje essa frase dá a impressão de que eu cresci em um fim de mundo. Vou *esclarecer* as coisas: eu o conheci aos 14, mas o casamento só viria dali a alguns anos. Eu sabia quem ele era porque ele estava interessado na minha amiga Linda naquela época, mas era só o que eu sabia. Muitas das minhas amigas tinham namorado, mas eu não. Estava feliz fazendo minhas coisas. Sempre fiz minhas coisas. Estava envolvida com todos os grupos na escola, das peças de teatro às líderes de torcida e à banda. Não dava a mínima se ia ou não conhecer algum garoto. Eu só tinha 14 anos.

Algumas semanas depois, minha amiga me disse que Ron estava interessado em *mim*, e não em Linda. (Anos mais tarde, descobri pelo próprio Ron que Linda era apenas um meio de chegar até mim, pelo menos é o que ele diz. Ainda acho que isso é balela.) Eu estava trabalhando de salva-vidas naquele verão e ele veio até o lago, ficou desfilando por ali como se fosse o rei. Eu não queria nada com ele. No meio do dia, ele andou até onde eu estava e me desafiou para uma corrida. Nunca fui do tipo que amolece diante de qualquer tipo de desafio, principalmente vindo de algum cara metido.

A aposta era simples: quem conseguisse chegar à balsa que ficava no meio do lago ganhava. Eu já tinha atravessado aquele lago a nado provavelmente umas cem vezes naquele mês. Não estava nem um pouquinho preocupada. Fiquei na beira d'água em uma das margens e Ron, na outra, à minha frente. Assim que minha amiga Linda gritou "Já!", eu mergulhei. Dei uma inspiração gigante e nadei pelo que pareceram dias embaixo d'água antes de voltar para respirar e depois tornar a mergulhar. O que eu não sabia é que quando mergulhei, Ron correu pela beira do lago e depois nadou o que restava até a balsa. Depois de me esforçar ao máximo, finalmente cheguei na balsa e encontrei Ron ali esparramado em cima dela, perguntando por que demorei tanto. Eu soube de cara que ele tinha trapaceado. Aí ele teve a cara de pau de esperar que eu me sentasse na balsa com ele. Olhei feio, respirei fundo e voltei nadando para a margem. Um cara arrogante e trapaceiro não me interessava. Essa não era a reação que Ron estava esperando, mas sinceramente eu não estava nem aí.

Eu havia quase esquecido de toda essa história, inclusive da paixonite dele, quando entrei um dia no mercado do seu pai. Minha mãe havia me mandado comprar algumas coisas para o jantar, e entrei sem ninguém perceber. Só quando eu estava pegando pão é que enxerguei Ron. Não estou dizendo no sentido físico, e sim no sentido espiritual. Ele estava empacotando algumas compras, veja só. Observei o cuidado que ele tinha e como era gentil com as senhoras mais velhas. Uma vizinha estava no mercado com as crianças, e eu o observei tentando fazer as crianças darem risada colocando sacolas de compras na sua própria cabeça. Por mais pateta que ele fosse, de repente me pareceu lindo. Finalmente enxerguei o verdadeiro Ron. A partir daí, já era.

Uma coisa que aprendi é que não se pode consertar ninguém, esteja essa pessoa atraída ou não por você. Não dei a menor bola para toda aquela história de ascendência latina. Claro que no fundo eu esperava que em algum momento Robert decidisse mudar suas perspectivas em relação a pessoa que era, e não apenas quem ele era em relação à comunidade gay. Como tudo na vida, quando você não é verdadeiro consigo mesmo, tende a embarcar numa vida infeliz e cheia de dramas.

A meu próprio modo, tentei explicar a Robert que ele precisava olhar para quem ele estava se tornando como homem. Não tem nada de novo nisso — ninguém sabe de verdade a pessoa que irá se tornar. Por menos que eu conheça sobre o lado gay do meu filho, isso não passa de um aspecto de quem ele é como pessoa. Infelizmente, às vezes as pessoas fazem disso o único componente de quem elas *escolhem* ser. Não há do que se envergonhar em ser gay, ao contrário, deveria ser motivo de orgulho. Acima de tudo, é uma parte do maravilhoso quebra-cabeça de quem você é.

CAPÍTULO QUINZE

Fundo do poço

O ponto mais baixo, ao qual surpreendentemente chegam todos os dias milhares de gays que sucumbiram ao conselho de um amigo para "abrir a cabeça para novas experiências", mais conhecido como namoro na internet

Quando me mudei para Nova York em 1996, conversar com estranhos pela internet era algo reservado para agorafóbicos ou maníacos sexuais (embora, pensando bem, acho que os dois pudessem acabar formando um par interessante). Depois de me ouvir reclamar de não encontrar um homem, a ponto de minha mãe me dizer que eu estava parecendo uma das mal-amadas de que eu sempre reclamava, meu amigo Bryan sugeriu que eu explorasse outros caminhos para encontrar alguém.

No início eu resisti, mas me disseram para abrir a mente a novas experiências se eu desejava encontrar alguém. Não era bem isso que eu tinha em mente, mas eu estava entediado, sozinho, e, acima de tudo, com tesão. Se isso não era o fundo do poço, eu não sei o que era. Aqui estava eu, um promissor jovem relações-públicas do teatro e quase bartender. Eu era jovem e razoavelmente bonito, então por que precisava recorrer a essas táticas? Será que eu realmente achava que encontraria alguém especial numa sala de bate-papo? Minhas chances não eram muito boas, considerando que a maioria das pessoas normais estaria saindo com alguém ou com os amigos numa sexta à noite. Acho que isso não era o que eu tinha imaginado que seria minha vida quando decidi me mudar para Nova York e arrumar um emprego em RP. Achei que estaria indo a jantares com celebridades que eu conheceria em festas de lançamento. Cara, como eu estava errado. Em vez de comer sushi com a Renée Zellweger, a verdade nua e crua é que aqui estava eu, sozinho na minha quitinete, ouvindo Sarah McLachlan e escrevendo *press releases* para o dia seguinte no trabalho. Eu era um fracasso social.

Eu até podia ir a algum evento e conversar com alguém sobre o último projeto de um cliente ou questões mundiais, mas quando o assunto era eu mesmo, eu tinha urticária.

Finalmente eu entendi por que alguns dos assim chamados *cyber-geeks* nunca abandonam o conforto e a segurança das suas salas de bate-papo. Dá para culpá-los, especialmente sabendo como os relacionamentos gays em Nova York são cruéis? A sala de bate-papo é um lugar onde todos os bestalhões, geeks e rejeitados sociais congregavam, e eu estava rezando para que eles me deixassem participar também. Já podia sentir o "F" na minha testa aumentando.

Já que ninguém pode ver o outro numa sala de bate-papo, um cara inseguro, desajeitado e pateta como eu poderia se tornar um homem confiante, suave e inteligente. Só precisava pensar (e digitar) rápido. Eu acreditava ter as duas capacidades. As salas de bate-papo não são uma ideia revolucionária. Na verdade, elas me lembravam os antigos disque-namoro e disque-amizade que eu via na televisão quando adolescente. Eu me lembro de ver aquelas propagandas na TV, com todas aquelas pessoas lindas ao telefone conversando umas com as outras e achando que aquilo era a coisa mais legal já inventada. Eu também adorava como as propagandas faziam parecer que aquelas pessoas estavam falando sobre religião ou economia, quando a gente sabia que era só outra maneira de as pessoas conseguirem alguém para transar, motivo pelo qual minha mãe nunca me deixou ir em frente e entrar "em contato" com ninguém. Dez anos depois, as salas de bate-papo funcionavam pelo mesmo princípio. Até aquele momento eu tinha receio demais para entrar em uma, com medo de que alguém descobrisse que, na verdade, sou um fracassado.

Depois de uns vinte minutos tentado entrar em uma daquelas sala de bate-papo de NYC, por fim entrei na NYC M4M. Era oficial agora: eu era o maior fracassado de toda Nova York.

RAVE74: E aí, gente. Beleza?

"Beleza?" Eu escrevia *press releases* e biografias todos os dias e isso era tudo em que consegui pensar. Que otário. Parecia que toda a minha falta de tato social estava sendo levada também para a escrita. Eu era uma causa perdida. Depois de dois minutos sendo ignorado, decidi tentar de novo, agora acrescentando algo a mais.

RAVE74: E aí, gente. Beleza? Cara de 22 anos procurando outro cara bacana para sair.

Dois caras — Chris212 e Hotboi2go — responderam na mesma hora. Eu estava curioso para ver quem teria a frase mais interessante para me conquistar. Rapidamente abri suas mensagens, crente que eles estavam interessados.

HOTBOI2GO: Sem perfil, sem conversa.
CHRIS212: Sem foto, sem carne.

Não acreditei que eu estava sendo dispensado por dois completos estranhos. Nem mesmo um oi, olá, ou vá se ferrar? Rapidamente eu entendi que no conforto do seu próprio lar todo mundo era bem direto, abandonando todos os gracejos sociais.

Saí do chat da NYC M4M, fui para a seção de perfil da minha conta e comecei a preencher o miniquestionário. As perguntas pareciam bem básicas.

LOCAL: Manhattan.

Fiquei na dúvida se eles queriam o meu endereço, mas e se algum maluco viesse ao meu apartamento e tentasse me matar? Eu tinha assistido a muitos desses seriados que mostram casos de crimes reais e visto isso acontecer o tempo todo. Decidi incluir só o meu bairro para não revelar demais.

LOCAL: Manhattan/West Village

A próxima pergunta era “sexo”. “Que pergunta mais redundante”, pensei. Era o motivo pelo qual eu estava na internet, para começar.

SEXO: Sim, obrigado.

"Hobbies" era a próxima. Eu não tinha tempo para hobbies, sério. Eu trabalhava, de vez em quando saía e, depois, casa. É, eu ia à academia, isso deve servir. Ah, e comia bastante. Será que comer podia ser considerado um hobby? Digitei "malhar" e depois coloquei mais um hobby ali para eu não parecer superficial.

HOBBIES: Malhar, comer, alimentar crianças dos países de Terceiro Mundo

"Estado civil." Não aplicável, pois eu não era residente de Vermont.

ESTADO CIVIL: Talvez um dia casado, com alguma sorte

"Computadores". Alôôô? É claro que eu tinha um. De que outro jeito estaria conversando com vocês? Quem se importa com essa categoria?

COMPUTADORES: Se você quer saber do meu computador, provavelmente não somos compatíveis

"Ocupação." Aí estava uma pergunta meio capciosa. Meu trabalho como relações-públicas não necessariamente convenceria um homem másculo a parar de conversar com Tony, o operário do Brooklyn, para conversar com um cara que trabalhava com Liza e Julie Andrews. "Desistente da escola de bartender" também não parecia soar muito bem.

OCUPAÇÃO: Sim, tenho um trabalho, que envolve gente.

"Citação pessoal." O quê? Não sabia que agora você tinha que ser inspirador ou inteligente para conseguir uma transa. Droga. Isso era muito mais difícil do que eu pensei. Dane-se a citação pessoal. Eu ia ser honesto e pronto.

CITAÇÃO PESSOAL: Bom, sou apenas um cara bacana querendo conhecer alguém para dar umas boas risadas. Ah, e para transar também.

Como eu tinha jeito com as palavras...! Não me admira que estivesse solteiro.

Depois de terminar meu perfil, eu estava pronto para mandar ver. Embora minha primeira experiência não tivesse sido exatamente o que eu esperava, eu não estava disposto a perder as esperanças ainda. Dessa vez decidi usar minhas habilidades em RP para obter alguns resultados positivos. Se tem uma coisa que aprendi sobre RP é que, se você não for agressivo, não precisa nem se dar ao trabalho.

Rolei a página para ver a lista de nomes de todo mundo na sala para ver quem mais estava a bordo. Fiquei chocado com a criatividade de algumas pessoas para escolherem seus nicks. Numa olhada rápida, um nome me saltou à vista. "HotelBrincardeAtuar". "Interessante", pensei. Parecia ser alguém que estava viajando e gostava de ir ao teatro. Já que eu trabalhava na RP dessa área, poderia ter uma chance com ele — e com sorte ele não seria o tipo típico do povo do teatro.

RAVE74: E aí! Como vai?
HOTELBRINCARDEATUAR: Tudo bem. Navegando um pouco.
RAVE74: De onde você é? Que tipo de trabalho você tem?
HOTELBRINCARDEATUAR: Estou atrás de uma brincadeira quente de atuar.

Eu não brincava de atuar desde minhas aulas de teatro no colegial, e para ser bem sincero, odiava isso. Tentei manter a cabeça aberta, de qualquer forma. Talvez eu ainda não tivesse encontrado o papel ideal para mim. Talvez esse cara tivesse um papel mais adequado.

RAVE74: Qual seria meu papel?
HOTELBRINCARDEATUAR: Você seria o zelador do meu prédio comercial. Eu estaria trabalhando até mais tarde no meu escritório quando você bate à porta para apanhar o lixo. Você se abaixa para apanhá-lo e eu tenho uma bela surpresa esperando por você.

Uau. Isso definitivamente não era o tipo de brincadeira de atuar que estava esperando. Achei que era uma boa hora de ver quem mais estava na sala. Antes de olhar para a lista, uma mensagem se abriu num pop-up na tela.

CAMARADAAMERICANO112: E aí, cara. Beleza? Belo perfil.
RAVE74: Valeu. Nem tanto. Só estou querendo conversar com um cara bacana.
CAMARADAAMERICANO112: Já encontrou. Dá uma olhada no meu perfil e volte aqui caso se interesse.
RAVE74: Legal. Volto daqui a pouco.

Parecia que as coisas estavam melhorando. Esse cara parecia relativamente normal e másculo, pelo menos pelo nick e pela nossa breve conversa. (Para mim, as palavras "cara" e "camarada" sugeriam masculinidade.) Mesmo que não fosse, pelo menos ele estava se esforçando. Embora eu ainda estivesse levando em consideração o último cara, dei uma olhada nesse "camarada" também para ter certeza.

NOME: Christopher
LOCALIZAÇÃO: NYC-Manhattan, centro
SEXO: Masculino
ESTADO CIVIL: Solteiro
HOBBIES:
SOBRE MIM: homem branco bi, 26, 1m, 75, 77 kg, olhos marrons/azuis, muito bonito, másculo, corpo legal mas não perfeito, bem macio, em forma, discreto, saudável (sem doenças, não uso drogas, não fumo), legal, engraçado e são!
COMPUTADORES:
SOBRE VOCÊ: Saudável, não fumante, masculino, boa forma, discreto, engraçado e legal
OCUPAÇÃO: $$$
CITAÇÃO PESSOAL: Será que você dá conta?

Que sorte! Esse cara parecia sensacional. Ele tinha mais ou menos a mesma idade que eu, minha altura, meu peso, e era másculo. (Era raro encontrar gays másculos naquela época.) Supus que ele não era gay de verdade, já que seu perfil dizia que ele era bi, mas isso na verdade só queria dizer que ele tinha medo demais de dizer a seus amigos que queria dormir com eles. Já passei por isso, já fiz isso. Também gostei do fato de ele não ser um viciado em crack, como tantos outros gays. As drogas eram o dote dos gays do novo milênio. Depois de olhar o resto de seu perfil, eu parecia me enquadrar nos requisitos dele. Não que eu fosse superficial, mas me pareceu que ele ganhava bem, a julgar pelas cifras no campo ocupação. Eu até cheguei a me imaginar levando um médico para meus pais conhecerem, ou quem sabe um investidor. Eu poderia suportar isso.

RAVE74: Acho que posso lidar com você numa boa. LOL! Seu perfil é ótimo.
CAMARADAAMERICANO12: E aí, do que você gosta?

Que droga! Essa parecia ser a pergunta da noite nesse lugar.

RAVE74: Bom, acho que você não está se referindo a longas caminhadas na praia e ao *New York Times* de domingo. Ha ha. Qualquer coisa segura. Nada pervertido ou estranho. Só estou atrás de um pouco de diversão inofensiva para curtir a noite. E você?
CAMARADAAMERICANO112: Sou extremamente agressivo e verbal. Totalmente ativo, mas troco se for o cara certo. Ah, e gosto de ficar agarradinho depois.
RAVE74: E você é bi? Parece que você está morrendo de vontade de ser um passivo comigo.
CAMARADAAMERICANO112: Hã? Sou totalmente bi, mano.
RAVE74: Ops! Não percebi que digitei isso. Devo estar pensando alto de novo com meu teclado.

Meu humor estava sendo obviamente desperdiçado aí.

CAMARADAAMERICANO112: E aí, tá a fim ou não?
RAVE74: Opa, claro. Por que não? Onde a gente se encontra?

Aquilo devia ser algum recorde. Nem quatro minutos on-line e eu já ia transar. Não me admira que tantos gays que conheço sejam viciados no computador. Sinceramente, fiquei surpreso pelas pessoas saírem de casa, se era assim tão fácil.

CAMARADAAMERICANO112: Estou a fim de companhia. Vá para a Horatio Street, n. 60, apt. 3C.
RAVE74: OK. Quer que leve alguma coisa? Cerveja? Vinho? Petiscos?

Eu não queria ser indelicado. Minha mãe sempre me ensinou a levar alguma coisa quando você vai à casa de alguém pela primeira vez. Achei que a mesma regra devia se aplicar no caso do sexo casual, não?

CAMARADAAMERICANO112: Não, tenho tudo aqui, lubrificante, camisinhas e poppers. Você vai pagar à vista ou no cartão?
RAVE74: PELO QUÊ?
CAMARADAAMERICANO112: Minhas taxas são 350 dólares a hora e 150 cada meia hora depois disso.
RAVE74: Você é garoto de programa?
CAMARADAAMERICANO112: Sou um acompanhante.
RAVE74: Posso estar desesperado, mas não a esse ponto.
CAMARADAAMERICANO112: Que porra você achou que eram os $$$ no meu perfil?
RAVE74: Sei lá, achei que você fosse médico ou algo assim. Foi mal, não estou interessado. Tenho que ir. Tchau.

Rapidinho desliguei o computador, para que ninguém pudesse me rastrear. A última coisa que me faltava alguém descobrir que eu estava conversando com um acompanhante on-line. Desliguei a luz e pulei para a cama, tentando dormir um pouco.

Isso durou três minutos. Tirei as cobertas, saí da cama, sentei de novo na frente do computador, e entrei mais uma vez no bate-papo. Acho que eu estava pensando que se eu continuasse conversando com as outras pessoas sobre a vida delas, não ficaria pensando na minha. Dessa vez foi mais fácil entrar na sala. Eram 11h30 de uma noite de sexta-feira e o lugar estava às moscas. Até os geeks tinham ido embora.

Eu me senti mais à vontade dessa vez, pois já tinha estado no bate-papo, então fui até a cozinha pegar uma cerveja. Achei que eu poderia beber alguma coisa para me refestelar na pena de mim mesmo. Quando voltei, já havia duas mensagens instantâneas na minha tela. Ai, meu Deus. Rezei para ser alguém normal dessa vez. Mais importante, por favor, faça com que seja alguém que não cobre por hora.

Abri a primeira e finalmente vi um perfil que parecia com tudo o que eu procurava em um homem: 1,86 metro, 84 quilos, cabelos e olhos escuros, 28 anos, bom emprego. Imediatamente comecei a fantasiar nossa nova vida juntos, eu e o ATLETAMASCSEXY. Ficaríamos juntos para sempre.

RAVE74: Oi. Belo perfil. Como vai?

ATLETAMASCSEXY: Tudo ótimo. Você parece um tesão também. E aí, tá a fim de ficar?

RAVE74: A ideia passou pela minha cabeça, sim.

ATLETAMASCSEXY: Você tem uma foto sua? Vamos lá.

Ele me enviou a dele antes mesmo de eu responder a mensagem dizendo que, na verdade, eu não tinha. Ele era de tirar o fôlego.

Eu estava digitando a resposta, "Venha para cá agora", quando outra mensagem dele apareceu num pop-up.

ATLETAMASCSEXY: Eu adoraria encontrar você para a gente se divertir um pouco, mas estou cansado demais pra sair de casa. Talvez a gente possa se divertir um pouco aqui mesmo.

RAVE74: O que você quer dizer?

ATLETAMASCSEXY: Quero dizer que quero saber o que você está vestindo agora.

Será que havíamos chegado a isso, sexo virtual? Merda. Se isso significava ficar com esse cara maravilhoso da foto, então que se dane, tudo bem! Eu tinha quase 99% de certeza de que ele não era o cara da foto, mas estava disposto a comprar a fantasia àquela altura.

RAVE74: Estou usando só uma calça de moletom, sem camisa. E você?

Meu Deus, eu devia ter assistido a filmes pornô demais. Se ele soubesse que eu estava usando uns pijamas da Joe Boxer que me faziam parecer ter 12 anos de idade!

ATLETAMASCSEXY: Que tesão, cara. Aposto como você tem um corpo incrível.
ATLETAMASCSEXY: Estou usando só cuecas boxer e meu corpo está bem sarado por causa da academia.
ATLETAMASCSEXY: Você ainda está aí?
RAVE74: Tô aqui. Estava só imaginando esse seu corpo lindo. Você parece sensacional.
ATLETAMASCSEXY: Acabei de tirar a cueca.

Eu não podia acreditar que estava prestes a fazer isso. O triste é que eu realmente estava excitado com aquilo. Você tem de parar, falei a mim mesmo. Aí ouvi o diabinho de desenho animado no meu ombro esquerdo sussurrar no meu ouvido: "Que merda é essa que você está fazendo? Está quase se dando bem com um cara lindo que só está esperando seu sinal, e fica na dúvida! Acabe logo com isso e vá em frente!" Com certeza ele estava estrangulando o anjo do outro ombro, porque não veio nenhum argumento contrário.

RAVE74: Acabei de abaixar o moletom. Você está pronto para mim?
ATLETAMASCSEXY: Ah, estou, cara. Estou só pensando como seria ficar aí deitado nu com você. O que você faria se eu estivesse aí agora?
RAVE74: Começaria beijando sua boca bem devagar, provocando você com a minha língua. Daí eu começaria a lamber...
SUPERJ257: Oi, meu amor! Você está acordado a essa hora? O que você está fazendo? Incluí você na minha lista de amigos! Estou inserindo os meus pontos no novo site do Vigilantes do Peso. Não é legal?
RAVE74: Oi, mãe...

O que diz a mamãe

Namoro virtual.

Não gosto disso. Me assusta e não tenho vergonha de dizer. Sei que é uma coisa que varia de geração para geração, mas vamos ser sinceros, tem tanto maluco solto por aí. Dizem que cerca de 210 milhões de pessoas já navegaram na internet alguma vez. Não querendo parecer uma velha, mas a coisa mais próxima que a gente tinha do namoro virtual quando eu era jovem era o encontro às escuras. Seria de se pensar que as pessoas tivessem aprendido alguma coisa dos pesadelos desse tipo de encontro, mas em vez disso alguns bobalhões sem vida social criaram as salas de bate-papo para permitir que as pessoas marquem minicencontros a cada três ou quatro minutos. Alguns dizem que isso é uma revolução na busca de um parceiro amoroso, mas para mim é um jeito de ficar em casa desperdiçando sua vida na frente do computador.

Gays ou héteros, vivemos em um mundo onde as pessoas torcem o nariz para as outras porque elas não são modelos da Victoria's Secret ou da Abercrombie & Fitch. Odeio ter que dizer isso a vocês em alto e bom som, mas essas pessoas também querem um amor. Ai das pessoas se realmente se colocarem e falarem com alguém no mundo de hoje. Ninguém quer ser vulnerável, e é por isso que ficamos sentados no aconchego do nosso lar digitando numa máquina, para não ter que encarar a rejeição. Um simples "Oi, como vai?" não significa "Vamos casar!", significa apenas "Oi, como vai?". Peça orientação para ir a algum lugar. Dê orientação para ir a algum lugar. Peça indicação de algum lugar legal para comer. Quando eu era pequena sempre ouvi que primeiro você precisa ser um amigo antes de encontrar um. Há muitas pessoas nesse mundo que têm coração de ouro. Dê uma chance a elas.

Tente ser legal com alguém. Ele ou ela poderá surpreender você, e você então irá encontrar um grande amigo, ou quem sabe mais do que isso.

Mas também é claro que você pode encontrar alguém totalmente perturbado.

CAPÍTULO DEZESSEIS
A nora que você nunca vai ter

Também conhecida pelos meus pais como minha melhor amiga Melissa

Conheci Melissa, minha melhor amiga, em uma aula de francês para negócios na faculdade; surpreendentemente, nós dois estávamos usando calças de veludo marrom-chocolate. Ainda mais surpreendente era o fato de que não havíamos nos dado conta da minha óbvia homossexualidade. Eu era muito enrustido para falar sobre isso e ela muito fascinada por um garoto vestido com roupa de veludo para se importar. Quando eu, de forma um tanto quanto enfática, disse a Melissa que aquelas calças eram, na verdade, feitas para homens, ela meio que olhou para mim de um jeito que dizia: "Me engana que eu gosto, colega." Entretanto, quando o professor estava prestes a enfatizar para a turma a importância da comunidade global, Melissa se inclinou para o meu lado e disse:

— Vamos ser grandes amigos de agora em diante.

Depois de passar por mais um desastre amoroso, liguei para Melissa querendo desabafar. Disse a ela que me tornaria um desses gays amargos, irritáveis, que você vê por aí tomando martínis em um piano bar, ouvindo versões dos hits da Broadway.

— Você odeia musicais — comentou Melissa.

— Você não entendeu o que eu quis dizer. — Ouvi um tumulto ao fundo da ligação dela. — Você está no trabalho?

— Sim, está tudo bem. Crime grave de um menor. É provável que ele vá para o reformatório.

Melissa é defensora pública da cidade de Chicago. Já lhe tinham oferecido vários empregos muito bem remunerados em escritórios de advocacia, mas ela deu preferência ao trabalho de defensora.

— Ele está ouvindo você?

— Provavelmente — respondeu ela.

— Ah. Então... Adoraria ver você qualquer dia desses. Faz séculos que a gente não se encontra e quero muito passar um tempinho do seu lado.

— Reservo a passagem depois do trabalho. Que tal daqui a dois finais de semana?

— Nossa. Sim, claro, seria incrível. — Não esperava que ela viesse tão rápido, mas isso era típico de Melissa. Assim que pudesse, estaria comigo. Isso significava muito para mim, especialmente conhecendo sua extenuante agenda de trabalho. Tinha muita sorte de ter uma amizade como essa. Ao lado dela, eu realmente podia ser quem eu era.

— A gente não vai para nenhum bar gay dessa vez, certo? — perguntou ela.

"Ou vai."

— Hum, não, a gente não precisa ir. Nem pensei ainda no que a gente vai fazer.

— Eu só quero ter a possibilidade de conhecer um homem hétero de verdade dessa vez. E não me venha com toda essa história de orgulho gay para cima de mim. Só estou dizendo que preciso ir a lugares que deem chances a nós dois de conhecer um cara.

De repente percebi que a viagem seria mutuamente benéfica. Melissa ia levantar o meu astral e, em troca, conheceria um homem hétero. Um dos sonhos dela era casar-se com um Tony Soprano da vida real. Não, é sério. Se um cara for baixinho, com uma barriga protuberante cheia de ravióli e usar um monte de coisas de ouro, seria quase o paraíso para ela. Portanto, sempre que havia a oportunidade de conhecer um mafioso de verdade por quem ela poderia se apaixonar e, eventualmente, se casar, ela pegava o primeiro voo da American Airlines. Meu pai costumava perguntar a ela como andava a sua busca pelo mafioso. Eu logo lembrava aos dois que ela trabalhava para a cidade de Chicago e que seu trabalho afugentaria qualquer pretendente do crime organizado. Melissa retaliava, dizendo a mim e a meu pai que ela era uma *defensora* pública, não uma *promotora*. Mera semântica, eu argumentava.

— Certo, tudo bem.

— Escute, tenho que ir. Esse menino não está me dizendo a verdade e ele não sabe o que pode acontecer no reformatório.

— E desde quando *você* sabe? Tenho certeza de que está prestes a dizer a ele alguma coisa que viu em algum filme ruim.

— Acertou na mosca.

Algumas semanas depois, Melissa chegou à minha quitinete minúscula por volta das 8 horas da noite. Ela estava cansada por ter trabalhado o dia inteiro, então achamos melhor ficar em casa, pedir comida e abrir uma ou duas garrafas de vinho.

Depois de duas taças, Melissa me disse com muita seriedade:

— Essa noite conta como nossa noite gay.

— Nossa, beleza. Olhe, já falei que, com minha atual sorte com homens, estou totalmente tranquilo com relação a isso.

— Isso é o que você diz agora. Sei que amanhã a gente vai sair e que você vai querer fazer bichices por aí.

— Não vou. Você é minha prioridade amanhã.

— Isso me deixa nervosa. A última vez que fui sua prioridade, você me disse que eu estava muito velha para ter o cabelo da Jennifer Lopez e que agora estou parecida com a Calista Flockhart na época do *Ally McBeal*.

— Olhe, você *é* mesmo muito velha para ter o cabelo da J-Lo. Não tem mais 16 anos e vai ao shopping no sábado à tarde. Além disso, ninguém quer um advogado com cabelo batendo nas costas.

— Você me chamava de Melissa "Não-pez".

— Bah. Gosto de pensar nisso como uma intervenção. — Abrimos outra garrafa de vinho, como quaisquer melhores amigos de faculdade que se prezem. — Agora, pelo amor de Deus, será que podemos falar de mim? Alôôô? Você veio aqui para levantar o *meu* astral — falei, servindo mais vinho para Melissa.

Melissa levantou-se do sofá e anunciou:

— Vou para a sua sacada fumar.

— Ou não.

Quando Melissa e eu estamos juntos, é como colocar duas pessoas com síndrome de déficit de atenção na mesma sala e pedir-lhes para ler *Ulisses*. Um milhão de tópicos diferentes e completamente aleatórios são disparados como metralhadora. Nunca tentamos ser amigos educados um com o outro; simplesmente dizemos como nos sentimos, seja lá o que for. Quando isso ocorre, dizemos um ao outro para tocar a cicatriz imaginária em nossos rostos, resultante da óbvia separação que sofremos no nascimento; como se fôssemos gêmeos siameses que compartilharam um dia o mesmo cérebro.

Fui com Melissa para minha minúscula sacada no 15º andar e fiquei olhando a Amsterdam Avenue. Ela virou-se para mim e disse:

— Tenho muito orgulho de você. Sabe disso, não é?

— Orgulho? Tenho 24 anos e sou assistente numa agência de relações públicas. Acho que orgulho é um pouco demais.

— Não, você foi atrás do que queria. A maioria das pessoas não tem coragem de fazer isso.

— Você é advogada em Chicago. Não é como se morasse onde Judas perdeu as botas, esperando alguma coisa cair do céu.

— Eu sei, mas o que estou tentando dizer é que você precisa parar de focar apenas no que não está ocorrendo na sua vida e começar a focar no que *é* bom nela. Caso contrário, vá à merda — falou. Deu mais um gole na bebida e voltou o rosto para o rio Hudson.

— Você tem tanto jeito com as palavras — falei, rindo. — Uma verdadeira artífice das letras.

— Cale a boca. Você entendeu muito bem o que eu quis dizer.

— Entendi e agradeço por suas palavras.

Compartilhamos um momento de silêncio e ficamos olhando a linha do horizonte de Manhattan. Ela estava certa: eu estava vivendo o meu sonho. O barulho dos carros buzinando lá embaixo, as luzes cintilando no frescor da noite, tudo. Isso era o que eu sempre quis e aqui estava, ao meu redor. Ficamos parados por mais alguns minutos até que, por fim, quebrei o silêncio e disse:

— Então, esse cara com quem eu saí...

— Ah, meu Deus, vou para minha cama.

Ri de Melissa enquanto ela virava seu rosto para a porta. Eu sabia que falar aquilo causaria alguma reação nela.

— Tá bom, tá bom. Já entendi.

— Vamos ter um dia bem divertido amanhã, por favor? Combinado?

— O oposto de um dia de merda? Sim, é isso que você vai ter.

Ela apagou o cigarro, deu um último gole no vinho, foi para dentro e desabou no meu sofá-cama.

Acordei na manhã seguinte por volta das 11 horas e Melissa já estava tomando banho, pronta para começar o dia. Achei que seria uma boa ideia abrir a geladeira e comer um dos dois pedaços restantes de um bolo de aniversário velho. Não conseguia lembrar ao certo de quem tinha sido a festa ou o quanto aquele pedaço em particular era velho, mas aquilo não me importou na hora. Também peguei uma Coca Diet para ajudar na digestão do meu ultrassaudável café da manhã. Sabia que precisaria de toda a energia possível para conseguir acompanhar o pique de Melissa. Se o açúcar da minha refeição me deixasse superligado, então tudo bem, desde que desse certo. Sabia que sempre poderia recarregar as baterias depois em uma padaria.

Tomei o café da manhã no sofá e liguei a televisão. Fiquei passando pelos canais antes de parar em *O casamento do meu melhor amigo*. Eu não sabia exatamente a que horas Melissa havia entrado no banheiro para transformar-se em ser humano novamente, mas estava certo de que haveria muito tempo para passar com Julia Roberts antes de sairmos. Peguei o filme na cena em que Julia pede a seu amigo gay, interpretado por Rupert Everett, para fingir que os dois estavam noivos e loucamente apaixonados. Isso tudo era para botar ciúmes no melhor amigo de Julia, Michael, e roubar da noiva dele seu coração. O esquema deles começava muito bem e era, na verdade, bem verossímil. No entanto, as rachaduras naquela estrutura aparentemente sólida começaram a aparecer. Não pude controlar minhas emoções ao ver o estresse de Julia ao ser pega mentindo. Voltei à cozinha, peguei o último pedaço de bolo e outra Coca Diet. Me joguei no sofá e vi que a desgraça havia desabado sobre a pobre Julia. É isso mesmo: tudo são jogos e brincadeiras até que uma mesa repleta de homens e mulheres de meia-idade canta Dionne Warwick durante o *brunch*. No entanto, devido à cafeína e ao açúcar, eu me uni a eles na música. Esperava que meus terríveis dotes de cantor provocassem algum tipo de sinal de vida no banheiro. Mas nada veio de lá.

Quase uma hora e meia depois, Melissa emergiu, com a aparência de quem acabara de sair de uma sessão de fotos para a revista *Elle*. Considerando o tempo que ela passara se arrumando, tudo era possível. Ela finalmente estava pronta para sair. Eu, por outro lado, estava em um coma hiperglicêmico.

— Vamos lá! Vamos nessa — disse Melissa.

— Não consigo me mexer. Acho que foi o bolo.

— Pegue uma Coca Diet na geladeira para acalmar o estômago e, no caminho, a gente para no Starbucks para trazer você de volta à vida.

Cheguei à conclusão de que Coca Diet é o mesmo que água para pessoas do Meio-Oeste ou qualquer outra pessoa que não viva em Nova York ou Los Angeles. Coca Diet é a cura para tudo. Dor de cabeça? Tome uma Coca Diet. Ressaca? Uma garrafa de um litro de Coca Diet com gelo. Cansado? Opte pela garrafa de dois litros de Coca Diet.

Balancei a cabeça positivamente e ela me ajudou a sair do sofá.

— Onde você quer ir primeiro? — grunhi.

— Às compras?

— Claro — disse, pegando minha Coca Diet e fechando a porta da frente.

Fazer compras era como um esporte para Melissa e ela podia ensinar qualquer tia fofoqueira e malvestida uma coisa ou outra sobre o que não usar e onde encontrar roupas boas, bonitas e baratas. Mas o armário de Melissa era monocromático: todo preto. Apenas diferentes camisas, calças, saias e vestidos pretos. Entender por que motivo ela precisava continuar a comprar mais variações da mesma coisa estava além da minha compreensão. No entanto, sabia que não era uma boa ideia discutir isso; ela era advogada e eu certamente ficaria exausto.

Às primeiras lojas que fomos, entramos e saímos sem sequer uma mísera sacolinha. Olhei para meu relógio de pulso, já eram 15h30. Melissa sabia que eu estava pensando em baladinhas à tarde.

— Escute, Ana-pé-de-cana, não vamos fazer nenhum happy hour tão cedo. Preciso achar umas roupas bonitinhas — falou ela, mexendo nos cintos pretos pendurados em um gancho.

— Minha nossa, você é boa nisso. Às vezes fico bem assustado com o quanto me conhece.

— É um dom. Bem, isso e o fato de que você é previsível.

De repente, uma vendedora apareceu por trás de uma das prateleiras, olhou para Melissa e disse:

— Meu namorado odeia fazer compras comigo também.

Melissa ficou imóvel em um silêncio atordoado, segurando um cinto de couro legítimo. A vendedora voltou a atenção para mim.

— Você é um ótimo namorado. Tenho certeza de que vai ganhar um agrado especial no final do dia por ser um cara tão legal — disse, dando uma piscadinha.

Olhei para Melissa, que ignorava a vendedora.

— Com "agrado" ela quis dizer biscoito? — perguntei. — Porque eu adoraria um biscoito de chocolate.

Melissa deu um sorriso afetado e não conseguiu falar nada. Mas isso não importava, porque a vendedora estava mais do que feliz em continuar falando por nós dois.

— Se você tiver alguma coisa em comum com meu namorado, tenho certeza de que está odiando cada minuto disso aqui — continuou a estranha, com um sorriso forçado no rosto.

— Ah, você nem sabe o quanto estou odiando isso agora — respondi, refletindo o mesmo sorriso falso para ela.

— Avisem se eu puder ajudar com mais alguma coisa — ofereceu a vendedora, e voltou a desaparecer entre as prateleiras de onde tinha vindo.

— Mas que abusada! — reclamou Melissa com uma careta.

— Eu sei! Ela mencionou o namorado em quase toda frase que disse. Bem, vá se danar, mulher; nem todo mundo tem namorado — comecei a rir. Não sabia ao certo se a vendedora podia nos ouvir de onde estava. Decidimos que era melhor sair correndo da loja antes que a maníaca-do-namorado voltasse.

Saímos de lá e andamos pelas ruas do SoHo, concentrados em nossa conversa. Ainda assim, a toda hora percebia que éramos os sortudos receptores de uma pletora de sorrisos afáveis e acenos com a cabeça dos casais que passavam por nós. Em algum lugar entre as ruas

Varick e Grand, Melissa e eu havíamos inconscientemente nos dado os braços, como geralmente fazíamos quando andávamos juntos.

— Você está notando isso também? — perguntei. — Percebeu que as pessoas pensam que somos um casal, não é?

— Sim, é meio assustador; assustador tipo uma sociedade secreta. Mas tenho que admitir que você é o homem-acessório perfeito.

— Não sei se devo agradecer ou mandar você à merda por me reduzir a uma de suas bolsas ou relógios — comentei enquanto tentávamos pegar um táxi para o Central Park e sentar no Sheep Meadow.

— Entenda como quiser.

— É isso que você diz aos caras quando os conhece?

— Por que ligo para o que você diz, hein?

— Porque você me ama — falei, enquanto me sentava no banco do táxi.

— Eu amo mesmo você — disse Melissa, e me deu um abraço apertado, comprimindo meus ombros.

Enquanto nos afastávamos do centro da cidade, o motorista do táxi olhou para nós pelo espelho retrovisor interno e, com um sotaque carregado, nos perguntou:

— Vocês são casados?

— Bem, nos últimos cinco anos tenho tentando fazer dela uma mulher honesta, mas até agora ela não tem colaborado muito para isso.

Melissa virou-se e olhou para mim.

— Desde quando você virou conservador sulista? Mulher honesta? Ela não tem colaborado muito? Está brincando, né?

Cutuquei seu braço para ela me acompanhar na brincadeira. Quer dizer, sério, de que outra forma poderíamos matar o tempo no meio do trânsito?

— Mas isso é porque ele não consegue sossegar o facho só comigo. Não se pode ter tudo: ele quer comer o bolo *e* deixá-lo intacto — disse Melissa.

O motorista ria e, pelo espelho retrovisor, era como se me dissesse "toca aqui, parceiro!" com os olhos.

— Você não pode me culpar, não é? — falei, verbalizando que éramos da mesma irmandade.

— Ele tem razão, madame. Somos homens — explicou o motorista.

— É isso aí, somos homens — falei, me sentindo um pouco arrogante em minha solidariedade à causa masculina.

— Um homem tem suas necessidades — disse ele.

— Faz parte de suas necessidades dormir com outros homens, senhor? — perguntou Melissa.

— O quê? — perguntou o motorista, sem saber ao certo se havia entendido Melissa corretamente.

— Faz parte de suas necessidades dormir com outros homens? — repetiu ela.

Dei uma cotovelada em Melissa. Forte.

— Você enlouqueceu? Eu não quero que ele enfie um decreto islâmico no meu traseiro. — cochichei.

Melissa ignorou meus pedidos de clemência.

— Estou simplesmente dizendo que, se ele pode dormir com outro homem nos fins de semana, eu também posso! É mais do que justo. O que o senhor acha?

— Eu vou matar você! — sussurrei para Melissa.

— Não se ele te matar primeiro — retrucou ela.

Ela estava certa. Memorizei o número do táxi e o nome do motorista, pensando que essas seriam as últimas coisas que eu veria antes de ser assassinado em alguma parte de Midtown.

— O que o senhor acha? — perguntou Melissa novamente.

— Acho que essa conversa termina aqui — disse ele.

Depois de 15 minutos suficientemente estranhos de corrida, descemos na rua 67 e andamos até um dos meus lugares favoritos em Manhattan, o Sheep Meadow, no Central Park. Todos os tipos de pessoas convergem nesse gramado gigante, viçoso e meticulosamente bem cuidado. Melissa achou um lugar para nós perto de uns jogadores de frisbee sem camisa.

— Achei que você fosse gostar daqui — disse Melissa, sentando. Juntei-me a ela na grama. Aqui estávamos, em um dos parques mais bonitos do mundo, cercados por alguns dos mais incríveis prédios já projetados, vendo três caras sem camisa jogar frisbee.

— Estou tão feliz que você veio — falei, sem tirar os olhos do garoto de short cinza.

— Eu também. Gosto do que está com short de marinheiro.

— É todo seu. Gosto do de short cinza.

— Ah, agora me sinto mal pelo de short preto, que não é tão bonito.

— Sério, Melissa? Em suas fantasias, você transaria com alguém por pena? O que há de errado com você?

— Os coitadinhos me ganham fácil, fácil.

— Eu sei que ganham.

O sorriso de Melissa foi sumindo. Ela olhou muito séria para mim e disse:

— Sinto como se tivesse perdido minha oportunidade de ser a amiga do ano.

— O quê? Por quê?

— Você compartilhou uma enorme parte da sua vida ao se assumir para mim. Eu estava rodeada por um monte de gente e não podia dizer nada a ninguém ainda. Senti que tinha fracassado como amiga.

— É claro que não fracassou. Você se sobressaiu. Você tem sido a amiga mais incrível do mundo para mim, e se não fosse pela sua amizade, nem sei onde eu estaria agora. Você é para mim como uma pessoa da família. É que nem na máfia; agora que entrou, *não sai mais*.

— E, por falar em máfia, será que a gente pode achar um namorado mafioso para mim, por favor? Já esperei demais — disse Melissa, levantando-se.

— E os caras jogando *frisbee*?

— Eles são supergays, e você sabe muito bem disso desde o momento que a gente sentou aqui.

— É, você está certa, percebi mesmo — falei, levantando-me. — Certo, agora vamos achar um Tony Soprano Jr. para você. — Os olhos de Melissa se acenderam e atravessamos o parque até o Midtown West. — Quer correr para casa e tomar um banho para a gente depois ir ao centro, a alguma balada hétero?

— Não, vamos ficar aqui em Midtown. É aqui que meu marido está, posso sentir. Ele não vai estar em algum point de hipsters.

— Mas os lugares em Midtown são armadilhas para turistas.

— Não ligo. Vamos ficar.

Havia apenas um lugar em Midtown de que eu me lembrava vagamente. Prometi a Melissa que iríamos lá, mesmo que isso fosse de encontro à minha sensatez. Depois de jantar e tomarmos vários drinques no The Saloon, que ficava em frente ao Lincoln Center, andamos até o bar. Estava comprometido em fazer dela a próxima Carmela Soprano da América, mesmo que aquilo literalmente resultasse na minha morte.

Depois de ficar na fila para entrar em uma casa noturna tenebrosa, tivemos que ficar em outra fila para pagar a entrada.

— Você sabe que eu preferiria beber uma garrafa inteira de antiácido do que entrar nesse bar, não é? — falei com Melissa.

— Mas você disse que essa seria minha noite!

— Disse. Não sei por que escolhi um bar tão turístico. A gente podia ter ido ao Planet Hollywood ou a um hotel-bar perto do aeroporto JFK. O público seria o mesmo.

Percebo que o que disse soou incrivelmente grosseiro, mas Melissa não estava entendendo o que eu queria dizer. Acho que ela tinha que ver com seus próprios olhos para acreditar em mim. Abrimos caminho até o caixa e o preço da entrada era 25 dólares. Dei ao cara cinquenta pratas e entramos. Eu posso até ser gay, mas existe uma coisa incrivelmente careta em mim que não gosta quando estou com uma mulher e ela paga. De forma alguma existe a intenção de ser chauvinista. Aprendi a fazer isso vendo meu pai e meu irmão mais velho, e isso meio que ficou internalizado em mim.

— Vou dar o dinheiro da entrada para você. Sou advogada, posso pagar pelo que consumo.

— Calma, Juíza Judy, você é uma defensora pública. Deixe essa comigo.

Ela me bateu no braço, coisa que geralmente faz quando digo algo impróprio ou grosseiro. Conseguimos dar três passos antes de sermos parados por um detector de metais gigante.

— Eu realmente posso pagar.

— Claro que pode — falei, enquanto um segurança de 150 quilos apertava a parte interna da minhas coxas. — Espero que a próxima etapa seja um exame de próstata — gritei para Melissa.

O segurança logo parou e me disse:

— Pode passar.

Entramos naquele clube cavernoso e, quando digo "cavernoso", quero dizer que tinha cheiro de uma caverna escura e mofada.

— Não teríamos de pagar se tivéssemos ido a um bar gay — falei, enquanto abríamos caminho mais para dentro.

— Não, eles teriam deixado você entrar no ato e me deixado esperando do lado de fora.

— É bem legal, não acha?

A música estava bombando. Felizmente, era hip-hop das antigas, um dos meus estilos favoritos.

— Isso me lembra a música que tocava nas festas de república da faculdade, né? — Ou Melissa não me ouvia ou estava simplesmente me ignorando. Demos uma sondada no ambiente e era muito óbvio o que encontraríamos ali: todo cara parecia o estereótipo de um turista brega e todas as garotas vestiam roupas minúsculas, iguais às das dançarinas periguetes e exibidas dos vídeos de hip-hop.

— Juro que isso aqui fica muito mais divertido depois de algumas bebidas — disse Melissa, e riu.

— Sinto como se estivesse pegando herpes no pé — respondi, enquanto atravessávamos a escorregadia pista de dança.

Abrimos caminho para o bar e pedimos vodca e refrigerante, como de costume. Melissa pagou pelas bebidas enquanto eu observava uma mulher bêbada fazer amor com uma das caixas de som. Nem sequer tínhamos chegado à metade das nossas bebidas quando um homem partiu para o ataque. Vi a desgraça vindo do outro lado do bar (em parte por causa da camisa espalhafatosa dele) e pensei que estaria desperdiçando uma noite em Midtown se não deixasse aquele momento acontecer. Disse à Melissa que precisava ir ao banheiro. Sob a sombra da escuridão, rapidamente desapareci e me enfiei atrás de uma das largas colunas góticas no canto da sala. Ela nunca soube o que a acertou.

Em sua camisa polo laranja elétrica e calça cáqui de pregas, ele veio dançando para cima de Melissa, parecendo ser um empréstimo dos anos 1980 — mas não do tipo de empréstimo retrô-chique. Não pude ouvir com que cantada ele se aproximou dela porque Rob Base estava tocando muito alto nas caixas de som. Sim, Rob Base. Tive a impressão de que Macarena fosse tocar a qualquer momento. Presumi que estava levemente bêbado, ou pelo menos esperei que fosse isso, quando vi como ele dançava. Cheguei mais perto para ver melhor.

— Você e eu, pista de dança. Agora — disse o homem, e apontou para a orgia de The Gap Band e Eddie Bauer que tomava conta do centro da pista. "Espere um pouco. Será que acabei de vê-lo fazer a dança do robô? Ai. Meu. Deus. Esse homem era um bom partido completo. Ela tem que casar com ele." Pensei em voltar para salvar Melissa, mas aquilo era bom demais para ser verdade. Além do mais, se houvesse qualquer objeto pontiagudo por perto, sabia que ela o enfiaria no meu olho.

Entretanto, a coisa mais incrível em Melissa é que ela topa tudo. Bebe, dança, ri. Está sempre pronta para qualquer aventura. Ela o seguiu para a pista de dança e, ao chegar lá, começou a rebolar para frente e para trás, enquanto ele parecia estar tendo um ataque epilético.

Enquanto Melissa e seu novo amor dançavam, eu me encostei no bar e curti minha importante vitória. Daí senti um tapinha nos ombros.

— Com licença — disse-me uma jovem loira.

— Oi. Sim? — respondi.

— Queria saber se você não se importa de dançar com minha amiga. O namorado dela acabou de terminar o relacionamento, e ela está precisando muito se animar.

— Nossa, que péssimo. Sinto muito por ela. Mas tenho que ser honesto, eu danço muito mal. Vergonhosamente mal — falei, enfatizando bem a minha questão.

— Não importa! — falou ela animada, e gentilmente me empurrou em direção à amiga.

— Não, é sério.

— E daí? Todo mundo dança mal aqui.

Com essa ela tinha me pegado. O jeito que aquelas pessoas dançavam foi o pior que eu tinha visto até então. Isso era dança ruim de festa de casamento.

— E também tem outra coisa que você deve saber... — comecei a dizer.

— Escute. Acho que você está perdendo o foco. Vá logo pra pista de dança! — disse ela, e me deu um empurrão em direção ao trapo humano rodopiante, mais conhecido como sua melhor amiga.

— Sou gay — falei, enquanto era empurrado.

— O quê?

— Eu sou gay.

— Você é um verdadeiro imbecil — disse ela, e franziu a testa.

— Não era o tipo de reação que esperava, apesar de não estar completamente surpreso.

Eu agora estava na pista de dança com pessoas fazendo variações de uma mistura de dança country com dança de rua, *break* e qualquer outra coreografia que envolvesse agitar os braços.

— Não acredito que você disse que era gay só para não dançar com minha amiga. Que tipo de pessoa faz isso?

— Um gay.

Ela revirou os olhos, pegou a amiga pelo braço, tirou-a da pista de dança e retirou-se para o banheiro feminino. Sentindo-me um completo idiota, fiz a caminhada da vergonha ao passar por todos os estranhos que viram a cena de volta para o bar. Felizmente, meu humor melhorou quando vi Melissa. Àquela altura, o "acompanhante" dela havia passado de um passo que lembrava um corredor remando para a frente e para trás e subindo os joelhos alternadamente, em saltinhos curtos, para algo mais refinado: pôs uma das mãos atrás do pescoço enquanto a acenava para a frente e para trás, o corpo girando no meio da pista de dança. Ainda melhor era ver que, toda vez que Melissa tentava escapar, ele pegava sua mão e a puxava de volta. Ela tentou fazer contato visual comigo em vários momentos para sinalizar um SOS. É claro que eu olhava para todo lugar, menos para os olhos dela. Ela que tinha feito questão de vir, então queria que ela tivesse uma experiência completa.

Virei as costas e pedi outra vodca e refrigerante. Senti algo arranhar minhas costas, mas disse a mim mesmo que era provavelmente a bolsa de alguma garota que havia roçado em mim enquanto passava. O barman me deu minha bebida e, quando estava prestes a dar um gole, senti alguma coisa bater na minha cabeça. Ao me virar e não identificar ninguém com um olhar particularmente sórdido, paguei a bebida ao barman. Então fui atacado na base do meu pescoço com um pedaço de gelo. Me virei para encontrar a mulher e sua amiga me encarando com um copo cheio de gelo.

— Imbecil! — disse ela em voz inaudível, enfatizando as sílabas.

Minha cabeça foi para trás. Eu realmente nunca tinha visto esse tipo de agressão. Em vez de me rebaixar ao nível dela e agredi-la com algo igualmente sórdido, saí de seu alcance de fogo.

Àquela altura, o novo amor de Melissa estava tentando dançar se esfregando nela. Isso não ia terminar bem... para ele. Decidi interceder antes de ter que pagar fiança para Melissa por espancamento. Esquivando-me como um lutador de boxe, atravessei a multidão de excluídos do Club MTV e peguei a mão de Melissa.

— O que você pensa que está fazendo? — gritou a máquina dançante.

Antes que pudesse dizer qualquer coisa, Melissa gritou para ele:

— Ele é meu namorado!

Estava esperando ter uma briga de bar completa, com direito a socos e pontapés, no meio de Midtown. Em vez disso, ele deu de ombros e disse:

— Quem sai perdendo é você.

E foi dançando para longe de nós, misturando-se rapidamente à multidão.

— Nossa, o Carlton de *Um maluco no pedaço* estava ótimo — falei.

— Que estranho, estava pensando a mesma coisa. Ele dança como um Carlton branco.

— Passe a mão na cicatriz.

E, assim, com um sorriso enorme no rosto, Melissa e eu saímos de mãos dadas da pista de dança. Já estávamos quase na porta de saída para enfim ficar sãos e salvos quando encontrei a garota alterada da pista de dança.

— Imbecil! — gritou a Miss Simpatia.

— Ei! — Melissa rosnou de volta. — NÃO chame meu namorado de imbecil!

— Seu cachorro maldito! — gritou a mulher enquanto tentávamos sair. — Gay o caramba! — disse ela, antes da porta se fechar.

— O que foi aquilo? — perguntou Melissa enquanto eu chamava um táxi.

— Acho que eu estava sofrendo agressões "heterofóbicas". Graças a Deus podemos terminar essa terrível farsa para que eu possa voltar a ser um gay feliz e despreocupado.

— É, porque despreocupado é exatamente como eu descreveria você — disse Melissa enquanto entrávamos no carro.

Desabamos como se o banco de trás fosse o assento mais confortável do mundo. Estávamos exaustos. Ser um casal hétero dá muito trabalho. Melissa e eu ficamos em silêncio por quase todo o caminho de volta para casa. Estávamos muito cansados para falar frases inteiras e sentíamos que nosso intelecto tinha praticamente sido estuprado. Então, em vez de conversar, fiz o que achei ser a coisa mais apropriada a se fazer naquela hora:

— *From the moment I wake up...* — cantei.

Sem perder o ritmo da música, Melissa respondeu com:

— *Before I put on my makeup...*

E, em uníssono, cantamos:

— *I say a little prayer for you.**

Toque a cicatriz.

* Em tradução livre: "Assim que acordo/Antes de colocar minha maquiagem/Faço uma pequena oração por você." Do hit de Diana King, "I Say a Little Prayer for You", da trilha sonora de *O casamento do meu melhor amigo*. (*N. da T.*)

O que diz a mamãe

Como pais, nós queremos basicamente a mesma coisa para nossos filhos: que sejam felizes, bem-sucedidos e que construam suas próprias famílias. Talvez não nessa ordem, mas isso é pelo menos o que esperamos que aconteça.

Todo pai imagina seu primeiro encontro com o futuro cônjuge de seu filho. Não estou contando um segredo proibido ou nada do tipo; isso é simplesmente a realidade vivenciada pelos pais. Todos nós temos algum grandioso conto de fadas em nossa mente sobre como exatamente o futuro dos nossos filhos será. Seja cozinhando os almoços de domingo na cozinha com sua nora ou jogando cartas com seu futuro genro, existe um cenário de fantasia que passa repetidas vezes pela cabeça dos pais. Eu culpo Julia Roberts e Sandra Bullock e todas as outras comédias românticas por me darem esse tipo de noção. Entretanto, no fundo no fundo sabemos que, em algum momento, essa primeira apresentação vai acontecer. Meu encontro perfeito seria algo assim:

Eu recebo uma ligação de Robert. Ele conheceu "a pessoa". Ele me diz que vou amá-la. Ela é linda, inteligente e incrivelmente pé no chão. Ela vem de uma família maravilhosa da Costa Leste. Eles passam o verão em Martha's Vineyard e querem que eu e Ron passemos duas semanas lá todo verão. Ela é pediatra, mas também quer ter uma família. Também roda o mundo fazendo trabalho filantrópico.

É claro que quando Robert viesse para casa com a intenção de apresentá-la a nós, seria algo saído de um conto de fadas. Ela me traria uma cesta com vários tipos de cafés e biscoitinhos italianos de minha delicatéssen gourmet favorita, Dean & DeLuca, em Nova York. Robert não tinha contado a ela que esses eram meus favoritos, ela apenas sabia. Nós nos abraçaríamos e sentiríamos uma instantânea conexão de família. Ela era uma de nós. Ela sentaria na cozinha, beberia vinho com minha filha e eu e brincaríamos sobre as neuroses de Robert. Ela as achava bonitinhas e simpáticas. Era gentil e me tratava com respeito. Era educada e refinada. Amava meu filho acima de tudo. Ao fim do nosso tempo juntas, nós nos abraçaríamos, enxugaríamos nossas lágrimas e manteríamos contato para planejar o chá de panelas. Ron e eu levaríamos os dois ao aeroporto, e ouviríamos alto a música das Sisters Sledge, "We Are Family", durante o trajeto, cantando o refrão juntos.

Isso era como tudo deveria ter acontecido...

Como pude perceber um dia, as coisas nem sempre acontecem do jeito que a gente imagina. Eu estava oferecendo uma recepção em minha casa para alguns amigos e alguns membros da família. Eu raramente fazia esse tipo de coisa, então queria ter certeza de que tudo correria tranquilamente. Perguntei a Robert se alguma de suas amigas teria interesse em ajudar no chá/recepção apenas para mulheres. Ele perguntou a algumas amigas e me disse que tinha achado duas que queriam ganhar um dinheirinho extra.

Alguns dias antes do evento, recebi um e-mail de Robert:

De: Robert Rave
Para: Jane Rave
Data: 3 de maio 10:42 AM
Assunto: MELISSA

Oi, vou levar minha amiga Melissa para ajudar com aquele chá que você está organizando em casa. Ela é incrível e acho que você vai gostar muito dela. Sei que pode contar com ela para trabalhar e ajudar, mas seja superlegal, pois gosto muito dessa aí.
R.

Robert gostava muito dessa aí? Ela "é incrível" e "vou gostar muito dela"? Não acreditava no que lia. Essa poderia ser a futura esposa dele! De vez em quando, Robert trazia diferentes garotas em casa para que nós as conhecêssemos. Elas eram sempre bonitinhas, inteligentes, e eu costumava gostar de todas. O mais importante é que essas garotas pareciam realmente gostar do meu filho... e muito.

Mostrei o e-mail ao meu marido. Ele nem de longe ficou tão animado quanto eu.

— Sim, e daí? — disse ele, depois de ler o e-mail.

— Acha que essa é a pessoa certa para Robert?

— Acho que não.

— Mas por quê? Robert já me falou dela várias vezes antes. "Melissa isso", "Melissa aquilo". Eles estão sempre juntos e Robert sempre me fala do quanto ela o faz rir.

— Não acho que ela seja a pessoa especial. Talvez — disse Ron sem pensar muito no assunto.

Eu sabia que já a amava. No fundo, sou e sempre vou ser uma romântica incorrigível. Rapidamente me sentei ao computador para responder o e-mail de Robert.

De: Jane Rave
Para: Robert Rave
Enviado: 3 de maio 11:19 AM
Assunto: RE: MELISSA

Oi,
Não sei por que você achou que eu não seria legal com Melissa. É claro que vou ser especialmente legal com ela. Parece que você gosta mesmo um bocado dela. Por que ela não vem para o chá, em vez de trabalhar nele? Adoraria conhecê-la melhor.
Mamãe.

Cliquei em enviar, recostei-me na cadeira e pensei: bem, eis que momentos de felicidade estão chegando para Robert, talvez uma família esteja vindo por aí. Com sorte, a parte da família ainda demoraria um pouco. Sentei no sofá com um enorme sorriso no rosto e Ron passou por mim.

— Está sorrindo por quê?

— Nosso filho encontrou alguém para passar o resto da vida com ele.

— Você devia começar a tomar café sem cafeína — disse Ron e continuou a andar.

Depois de alguns minutos, recebi outro e-mail.

De: Robert Rave
Para: Jane Rave
Enviado: 3 de maio 11:37 AM
Assunto: RE:RE: MELISSA

Não mãe, você não está entendendo. Ela quer trabalhar para ganhar um dinheiro extra. Ela quer muito conhecer você também. Por favor, não seja esquisita. Ela vai aí para trabalhar e não para tomar chá com um monte de senhoras.
R.

Imediatamente cliquei em responder.

De: Jane Rave
Para: Robert Rave
Enviado: 3 de maio 11:39 AM
Assunto: RE:RE:RE:MELISSA

Alguém certamente acordou com o pé esquerdo. Estava apenas perguntando se sua "amiga" não queria participar do chá em vez de trabalhar nele. Desculpe. Como isso pode me fazer parecer uma pessoa estranha?
Mamãe

Fiquei sentada ao computador por outros trinta minutos, esperando que o merdinha me respondesse. Ron passou por mim de novo.

— O que está fazendo?

— Esperando Robert responder meu e-mail — disse eu.

— O que houve?

— Ele teve um chilique porque eu falei que a amiga dele podia participar do chá em vez de trabalhar e ele me disse que eu estava sendo esquisita.

— Boa sorte — disse Ron e desapareceu de novo.

Finalmente, minha caixa de entrada se acendeu.

De: Robert Rave
Para: Jane Rave
Enviado: 3 de maio 12:34 PM
Assunto: RE: RE: RE: RE: MELISSA

Por que você colocou "amiga" entre aspas? O que diabos isso significa? Ela é amiga SEM SER "amiga", seja lá o que isso signifique. Vejo você na sexta com minha AMIGA Melissa.
R

Antes que me desse conta, a sexta-feira tinha chegado. Cuidei de tudo com afinco para que a casa ficasse impecável. Preparei uma comida maravilhosa e esperei ansiosamente pela chegada deles. E, quando falo *eles*, quero dizer Robert e Melissa. Robert tinha me dito que deixaria Melissa na nossa casa e a buscaria quando tivéssemos terminado. Minhas outras convidadas tinham se tornado um mero detalhe. Não sei por que estava tão nervosa, mas talvez por dentro estivesse me preparando para o que estava por vir. Ron tinha saído, já que era um dia apenas de garotas, então não havia ninguém para me acalmar. Estava preparando a mesa para o chá quando ouvi Robert entrando pela porta lateral.

— Mãe? — gritou ele.

"Lá vamos nós", pensei.

— Estou aqui — falei, da sala. Ouvi-os andar pela casa e respirei fundo.

— Oi, mãe — cumprimentou ele.

— Oi! — falei, soltando o ar. Dei uma olhada em Melissa e ela era uma linda morena com olhos deslumbrantes. Ela me deu um sorriso largo. Esperava que essa fosse a mulher de sua vida. Já gostava dela.

— Essa é Melissa, de quem falei — apresentou ele.

— Oi, Melissa. Robert me fala tanto de você. Não para de falar. Ele gosta tanto de você!

Robert olhou para mim confuso.

— Tomara que fale coisas boas. Nunca se sabe o que pode sair dessa boca.

— Enfim, tenho que voltar para o campus — disse Robert, olhando para Melissa. — Ligue para mim quando quiser que eu busque você.

Robert me deu um abraço de despedida e me deixou sozinha com Melissa. Quanto mais conversávamos, mais eu gostava de tudo nela. Ela era bonita. Tinha uma personalidade forte e agradável e me fazia rir. Podia ver por que Robert estava apaixonado por ela. Ela me contou o queria fazer da vida, e fiquei bastante impressionada. Uma advogada de defesa que ajudava os mais necessitados? Quem não ia querer uma mulher assim para seu filho? Quando terminamos os preparativos para a festa, ela me falou do quanto amava Robert. Naquele momento, não percebi que estava se referindo a um amor platônico. Achei que ela era a mulher para meu filho.

Minha recepção foi um sucesso, e ainda mais bem-sucedida foi a amizade que fiz com alguém tão especial para Robert. Amei a audácia e a coragem de Melissa. Mantivemos contato depois daquele dia e de vez em quando saíamos para tomar café da manhã juntas e trocávamos e-mails. Para todos os efeitos, ela tinha se tornado parte da família.

Então, quando Robert disse a todos que se mudaria para Nova York, eu lhe enviei o seguinte e-mail:

De: Jane Rave
Para: Robert Rave
Enviado: 8 de junho 1:24 PM
Assunto: Melissa

Melissa ficou chateada com sua mudança para Nova York? Você acha que ela vai se mudar também? Vou sentir falta dela. Você devia convidá-la para vir aqui.

Algumas horas se passaram antes de receber uma resposta de Robert.

De: Robert Rave
Para: Jane Rave
Enviado: 8 de junho 4:47 PM
Assunto: RE: Melissa

Por que Melissa ficaria com raiva pelo fato de eu estar me mudando para Nova York? Está superanimada por mim. Ela voltou para Chicago. Tenho certeza de que vou vê-la antes de ir embora. Vou ver se ela quer marcar alguma coisa com todos nós depois que eu vier de Nova York pela primeira vez para visitar vocês.
R.

Pelo e-mail de Robert, parecia que o que eles tinham não era tão sério quanto eu esperava ou pensava. Quando Robert se assumiu para nós, uns quatro meses depois, uma das primeiras pessoas em que pensei foi Melissa. Como ela tinha recebido a notícia? Estava arrasada? Com raiva? Será que soubera antes de nós?

Todas as minhas perguntas seriam respondidas durante um *brunch* de domingo, quase seis meses depois de Robert se assumir para mim e Ron, em sua primeira visita à nossa casa. Eu estava tão animada de vê-la novamente.

— Tudo bem com você? — perguntei.

— Nem acredito que faz tanto tempo! — disse Melissa, com um abraço apertado.

Houve apenas alguns momentos constrangedores e que só ocorreram porque quando conhecemos Melissa pensamos, ou pelo menos eu pensei, estar conhecendo a futura esposa de Robert. Quando Robert nos contou que era gay, ela não havia recebido a notícia antes de nós. Ela suspeitava, mas Robert esperou para só contar a ela depois que já tivesse nos dado a notícia.

Para quebrar o gelo, Melissa disse:

— Bem, acho que vocês podem pensar em mim como a nora que nunca vão ter. — Toda a mesa caiu na risada. Entretanto, eu olhava para isso de forma muito diferente.

— Você pode até não ser nossa nora, mas certamente nós a vemos como uma pessoa da família — retruquei.

Mesmo que Melissa não fosse nossa nora, eu a amava como uma. Ela é uma grande amiga minha e de Ron, e de Robert também. Ela me telefona sempre que está na cidade para ir a encontros de ex-alunos da faculdade ou a compromissos de negócios. Saímos para almoçar, fazemos compras juntas... o que mais eu poderia querer? Era como o sonho que eu sempre tinha imaginado. Claro, houve algumas alterações nesse sonho, mas essa mãe aqui está perfeitamente tranquila com relação a elas.

CAPÍTULO DEZESSETE
Masoquismo

Convidar um amigo que acabou de se mudar de Miami para passar um tempo em sua quitinete enquanto ele procura lugar para morar (ah, e o amigo é um modelo lindo e maravilhoso)

Desde que me entendo por gente, sou obcecado pela indústria do entretenimento; sempre me senti atraído pelo espetáculo que envolve a coisa toda. Ainda culpo minha mãe por isso. Ela passou a maior parte de sua gravidez entre assistir a novelas da televisão e ouvir Carly Simon à exaustão no toca-fitas, e até hoje ainda sinto as horríveis consequências daquela época.

Como a maioria das crianças (ou assim eu pensava), eu fazia apresentações para os membros da minha família em todas as grandes reuniões familiares. Qualquer uma. Natal, aniversários, e até mesmo em funerais, lá estava eu, esperando ansiosamente para mostrar minha nova apresentação. Infelizmente para meu público, havia uma nova apresentação a cada meia hora, e eu insistia que me assistissem por cada torturante minuto. Na maioria das vezes, eu inventava tudo na hora. Com certeza não era nenhum Shakespeare ao ar livre.

Meu irmão ficava perplexo com minha preferência por showzinhos bobos em vez de jogar basquete com ele na rua. Para ele, eu era algum tipo de enigma. Eu fui um menino que negociou jogar na liga mirim de futebol americano por dois verões sob a estrita condição de que meus pais assinassem o Disney Channel por cinco dólares a mais por mês. Meu irmão muito provavelmente me via como um esquisitão. Eu não ligava. Outras crianças gostavam de Caverna do Dragão, eu tinha Mickey e um cachorro retardado chamado Pateta. Mesmo assim, eu amava viver no meu mundo da fantasia, e continuei a amar depois de mudar para Nova York. Era muito mais fácil viver a vida de mulheres glamorosas e atraentes do que encarar a realidade de que eu era o garotinho recém-chegado da vida na roça que tinha nariz achatado, lábios muito finos e quilos a mais.

Conheci meu amigo Billy na festa de aniversário de outro amigo em um loft no West Village. Logo criamos uma empatia, em parte porque éramos os únicos ali com menos de 30 e também porque ele era um modelo jovem e gato (pequeno detalhe).

Billy era um deslumbre. 1,90 metro, loiro, olhos castanhos e uma barriga que a maioria dos homens mataria para ter (ou, na maioria dos casos, pagaria para ter). Ambos soubemos na mesma hora que não havia entre nós nenhuma atração sexual. Ele não era latino, e latinos, como eu tinha descoberto, eram minha mais nova preferência étnica. Eu, por outro lado, simplesmente *não era*. Felizmente, estávamos em território seguro, o que eliminava toda a lenga-lenga típica pela qual se passa ao conhecer um possível candidato a dormir com você e/ou namorar. Quanto mais bebíamos, mais nos dávamos bem. Pouco tempo depois, descobri que Billy tinha alguns trabalhos de modelo agendados em Nova York, mas ainda não tinha onde ficar. Eu estava fascinado por conhecer alguém que realmente trabalhava no ramo do entretenimento, em vez de ser um mero observador como eu, trabalhando como relações-públicas. Sem pensar, ofereci a ele o sofá-cama em meu apartamento de cinquenta metros quadrados. Ele aceitou de cara, proclamando uma nova amizade para a vida inteira.

— Vai ser só por mais ou menos uma semana — prometeu ele.

Fui para casa sozinho, acordei de ressaca na manhã seguinte e me arrastei para o trabalho.

A manhã passou voando e eu só me lembrava muito vagamente do que tinha acabado de ocorrer apenas seis horas antes. No horário de almoço, fui andando ao Bryant Park para dar uma organizada nos meus pensamentos. Amava observar as pessoas. (Alguns chamam de entrar em alfa, mas eu preferia um termo menos duro.) Não há nada melhor para tratar a ressaca do que observar todo o drama que existe na vida das outras pessoas. Isso me fazia lembrar de que eu não era tão ridículo quanto costumava pensar. Era o entretenimento ideal para a hora do almoço, e eu não estava com condições financeiras para pegar a matinê de quarta-feira de algum espetáculo. Aquilo era matinê da Broadway para um homem pobre, e eu tinha assentos VIP para o piso principal do teatro.

O único problema da ressaca é que você geralmente começa a reavaliar sua vida. Eu enveredava em brigas internas, mandando o lado direito do meu cérebro calar a boca e aproveitar meu momento de divagação. Infelizmente, o lado esquerdo em geral acabava ganhando, como ocorreu naquele dia, e eu comecei a refletir sobre minha carreira como relações-públicas de teatro.

Eu sabia que não havia me encaixado nessa área. Sempre me senti como um vendedor de carros usados tentando vender um Fusca verde-ervilha para uma mulher na Park Avenue. Sempre recebia as mesmas respostas. "Se você nos colocar em contato com a Julie Andrews, ficaremos felizes em fazer uma matéria sobre o espetáculo." Que publicação teatral não ficaria feliz em fazer uma entrevista com ela? Pelo amor de Deus, era a Julie Andrews. Quero dizer, a maldita Mary Poppins, a Mercedes Benz do entretenimento para os jornalistas teatrais. Infelizmente, nunca tive a possibilidade de negociar usando a Sra. Andrews como alavanca. Meu chefe não permitia. A Sra. Andrews trabalhava exclusivamente com ele e eu não tinha permissão alguma para fazer contato com ela. Outros coleguinhas do meu ramo teriam ficado revoltados ao ouvir uma notícia tão perturbadora. Eu via isso apenas como sinônimo de menos trabalho para mim.

Mas tive a sorte grande de trabalhar com "atores de uma só cena", como gostava de chamá-los. Sabe, aquele tipo de ator que eu teria de praticamente me vender para o repórter a fim de convencê-lo a fazer uma matéria de quinhentas palavras sobre ele. Esses atores, porém, eram os que mais exigiam publicidade e não entendiam por que não ganhavam uma matéria completa na *People*.

No final, eu vendia a história a uma publicação menor como a *Entertainment Columbus* e emplacava uma matéria. Duas páginas completas na edição de inverno. Ficava extático porque tinha conseguido colocar esses atores desconhecidos em uma revista. Eu me via como um milagreiro profissional! Lembro-me de colocar na parede tudo o que eu conseguia emplacar na imprensa. Outros assessores tinham

Theater World, *Hollywood Repórter* e *Times* na parede de seus cubículos. Eu tinha *Toronto Weekly*, *Phoenix Review* e *Bill's Online Journal* na minha.

Para meu desespero, mais tarde naquela noite, meu próprio "ator de uma cena" apareceu com duas maletas no meu apartamento. Eu tinha considerado meu papo com Billy uma "conversa de bêbado". Todo mundo faz planos com as pessoas depois de beber um pouco, mas ninguém nunca leva isso *adiante*. É uma regra tácita. Pensei que todo mundo soubesse disso. Quando minha melhor amiga e eu passamos por aquele momento da bebedeira em que você abre o coração, eu me lembro de contar a ela que lhe doaria meu esperma se ela um dia precisasse. Nem por isso esperava que um dia ela aparecesse na minha porta com um copinho descartável e uma pilha de revistas pornô (rezo para que ela não faça isso). De alguma forma, em meio às lembranças nebulosas, eu me lembrei da frase: "Vai ser apenas por alguns dias, uma semana, no máximo." Mostrei a ele sua nova cama, o meu sofá, e desmaiei na minha cama, esperando que tudo aquilo fosse apenas um pesadelo.

Dias tornaram-se semanas, semanas tornaram-se meses, e meses tornaram-se meu colapso nervoso. O fascínio de ter em meu apartamento uma pessoa que estava na indústria do entretenimento rapidamente perdeu o efeito quando meu apartamento começou a feder a peido de ovo. Eu estava disposto a deixar tudo isso passar simplesmente porque... ele era modelo, pelo amor de Deus! No começo, devo confessar que estava muito feliz de tê-lo lá. Ficava me dizendo que fama chama fama, ou que ele pelo menos traria outros modelos lindos para meu apartamento e, quem sabe, talvez eu finalmente conhecesse o homem dos meus sonhos. Billy realmente trouxe outros homens lindos para meu apartamento, mas quase sempre para dormir com ele. Na verdade, Billy levava muitos homens para meu apartamento, lindos ou não, e costumava me pedir para eu dar uma passadinha na lanchonete lá embaixo para que ele pudesse ter um "momento de privacidade".

Em meio ao cheiro de queijo coalho velho, não demorou muito para descobrir o que as pessoas bonitas faziam para continuar tendo uma ótima aparência. Eles ficavam de favor na casa dos outros para não ter de se preocupar com bobagens, como pagar aluguel, luz, TV a cabo, água, comida e a conta de telefone. Sim, esses detalhes domésticos eram para nós, pessoas da ralé.

Pulei o estágio da ira e fui direto para o da amargura. Deixava para Billy pequenos recados pela casa lembrando que o balcão da cozinha não era lugar para deixar cuecas sujas enquanto ele não as mandava para a lavanderia. Também tive que lembrá-lo de que, depois de transar no meu sofá (com um homem que trouxe para casa enquanto eu dormia a pouco menos de um metro de distância), as camisinhas nem sempre descem pela descarga na primeira tentativa e que seria uma boa ideia olhar da próxima vez para ter certeza de que realmente desceram. Comecei a assinar meu nome Robert Joseph Bitterman, "homem amargo".

Secretamente ansiei por uma existência livre de preocupações como a dele, levando para cama tanta gente quanto ele levava. Mas eu não podia fazer isso por vários motivos, e os dois principais eram que: a) eu não era modelo, e b) eu não tinha sido criado assim. Se eu agisse de forma tão imunda, minha mãe me daria uma surra daquelas, e bem no meu traseiro. Billy, por outro lado, não estava nem um pouco incomodado com o Sr. Bitterman. Pensou que ele fosse um personagem de um dos espetáculos que eu assessorava.

Billy acabou encontrando um apartamento maior e com mais confortos que o meu para viver de favor, e, por mais amargo que eu me sentisse com relação a todo o seu parasitismo, fiquei triste ao vê-lo partir. Por mais que eu amasse estar ao lado de uma pessoa "da indústria", viver com ele me fez perceber por que eu estava feliz nos bastidores, trabalhando em uma pequena firma de relações-públicas no ramo teatral. Ninguém ligava para o que ele pensava nem queria sua opinião. Queriam sim que ele fosse sexy, fizesse sexo ou fosse um acessório legal no apartamento, como uma linda e reluzente nova almofada no sofá. Foi o mais próximo que já cheguei de me tornar um peguete de celebridade — mesmo que sem pegar ninguém.

Quando era adolescente, minha mãe me dizia: "Essa é sua vida, você é a estrela principal! Assuma o controle dela e trace seu próprio caminho." Na maioria das vezes eu geralmente revirava os olhos e voltava a assistir à MTV. Nunca realmente entendi ou dei importância para o que ela queria dizer com aquilo. Em vez disso, passei quase toda a minha vida vivendo através dos outros, fosse em apresentações para membros da família, fosse ao promover atores em busca de um lugar ao sol ou ao viver indiretamente o dia a dia de um modelo sexualmente insaciável. Mas que remédio, quando você se dá conta de que viver sua própria vida não é tão interessante assim?

O que diz a mamãe

— Você está praticando os passos de dança para o concurso? — perguntei a Robert. Era quase meia-noite de uma quinta-feira e nós estávamos retornando uma ligação de Robert. Ele tinha saído com seu colega de quarto temporário.

— Não vou participar este ano. Torci o tornozelo — disse ele.

Todos os anos na véspera do Ano-Novo, nós fingimos ter um grande concurso de dança no meio da nossa sala. Brincamos que a competição seria acirrada, e no dia de Ano-Novo cada membro da família diz que ganhou, embora todos nós estejamos em partes diferentes do país. O que eu posso fazer se nós somos estranhos?

Acho que foi Robert quem deu a ideia desse concurso, e isso não foi surpresa para ninguém. Devo admitir que ele era bom; poderia dançar, atuar, até cantar. Eu o levava a todos os shows quando ele era pequeno e sempre tínhamos um carro cheio de gente pronta para ir a algum lugar. Acho que atuar seria mais a praia dele, mas ele nunca correu atrás. Creio que em parte porque ele acreditava na irmã, que sempre lhe dizia que ele tinha nariz achatado e era sem boca. Ela só estava brincando, mas o pobrezinho acreditava em tudo o que ela dizia.

— E aí, como andam as coisas com o colega novo? — perguntei.

— Bom, você sabe.

— Entendi.

— Espere aí, vocês ainda estão acordados? Vocês costumam se deitar umas 6 horas da tarde.

— Engraçadinho. Bebemos café demais depois de jantar. — Naquele momento, a campainha tocou.

— Isso foi a campainha? — perguntou Robert.

— Espere aí — falei.

Ron e eu nos entreolhamos e andamos nervosamente até a porta. Era tarde.

— Mãe, não atenda a porta! — disse Robert.

— Seu pai já foi atender — respondi.

— Não! As únicas pessoas que estão acordadas em Bloomington a essa hora são os bêbados e os assassinos.

Vi os ombros de Ron relaxarem e ele riu. Recuou da porta e vi nosso amigo de infância, Cliff Grant, entrar.

— É Cliff Grant — falei ao telefone.

— Oh. Acertei pelo menos a parte do bêbado — disse Robert.

— Robert! — Eu sorri para Cliff Grant, que entrava na minha cozinha.

— Desculpe, mãe, mas sempre que ele vai visitar vocês, está nas últimas. Tenho certeza de que ele vai pedir para ficar pelo menos uma ou duas semanas. Não é esse o *modus operandi* dele?

— Eu ligo para você de manhã — falei.

— Tcha-a-aauu — disse Robert, em tom zombeteiro.

Entrei na sala e me sentei no sofá, ouvindo a conversa de Cliff e Ron. Ele estava de passagem pela cidade, parou para um jantar de negócios e pensou em dar uma passada aqui para dar um oi, apesar da hora. Cliff sempre sentia dificuldade em entender que não tinha mais 17 anos e que não estava mais no colégio. Ele não parava de falar nos bons e velhos tempos, e, para ser sincera, ele nunca teve dias melhores do que nosso tempo de escola. Ele costumava ficar na nossa casa por uma ou duas semanas para procurar emprego quando seus filhos eram mais novos. Eu ainda estava surpresa por ele vir à nossa casa tão tarde. Talvez Robert tivesse razão. Talvez ele não fosse só bêbado, mas também um *serial killer*. Porém, naquele momento, o bêbado tinha superado o assassino.

Cliff não parava de falar de como era maravilhoso que Ron e eu continuássemos juntos depois de tantos anos e de como a nossa amizade tão longa era uma das coisas que ele mais prezava. Desde seu divórcio, há mais de uma década, a vida já não era tão boa, explicou ele. Ele havia perdido o emprego, gasto todo seu dinheiro e já não tinha mais uma casa grande.

Ele continuou, dizendo que sua atual namorada não estava nada feliz por ele ter se mudado para a casa da mãe dele. Cliff achava que ela iria terminar a qualquer momento por causa disso. Estava pasmo com a forma como as pessoas podiam ser tão mesquinhas e julgar tanto os outros.

— E Michael? Ele se casou e tem filhos, né?

Sorri e assenti.

— Que presente de Deus — disse Cliff. — E a pequena encrenqueira Julie? Está bem? Ela tem filhos também, né?

— É, eu não a chamaria de encrenqueira, mas sim, ela está casada, tem filhos e hoje é professora de escola. Nós vamos visitar ela e a família algumas vezes ao ano — expliquei. Fiquei imaginando até quando duraria essa troca de gentilezas. Eram quase meia-noite e meia, eu queria ir me deitar. Ficava pensando: "Peça logo para ficar ou então vá embora, mas não nos faça ficar acordados até tão tarde. Essa velha senhora aqui está cansada."

Cliff com certeza tinha ido a um bar, pois eu podia sentir o cheiro de rum. Enquanto ele conversava com Ron sobre a época em que ele fazia as vezes de babá para Michael e Julie, senti os olhos pesarem. Eu estava prestes a dar com a língua entre os dentes e perguntar se ele queria dormir no quarto de hóspedes quando ele se virou para mim e disse:

— Ah, fiquei sabendo do Robert.

— Como assim? — perguntei.

— Jane Ann — disse ele, como se eu estivesse ainda no colégio.

Tive a impressão de que sabia aonde ele iria com aquela conversa, e, em vez de bancar a sonsa, fui direta.

— Que ele se assumiu?

— Hã, é.

— Temos orgulho do nosso filho, de todos os nossos filhos — falei sem dar importância. Coloquei o convite para passar a noite em modo de espera.

— É que... é difícil acreditar que ele escolheu esse caminho de vida — disse ele, balançando a cabeça. Depois deu de ombros com nojo e retorceu o rosto. Inclinei a cabeça para trás, surpresa. O convite foi revogado.

— Você está bem? — perguntei, me referindo à expressão facial dele e aos movimentos de vomitar que ele estava fazendo.

— Eu não concordo com esse estilo de vida — respondeu Cliff.

— Desculpe, o que você disse?

— Com o estilo de vida gay. Não concordo com isso.

— Cliff, isso não é algo com o qual você concorda ou discorda; simplesmente é ou não é. Seria como dizer "não concordo com seus olhos azuis, Jane". É algo que nasce com você, e, como meus olhos azuis, não define ninguém enquanto pessoa, é apenas uma parte dela.

— Jane, isso não é hereditário. Você e Ron não deveriam se culpar. Ele fez uma escolha. É uma doença.

Meu queixo caiu e senti meu rosto ficando quente.

— Estou vendo que você está ficando chateada — disse Cliff.

— Não estou chateada. Só estou confusa — falei, obviamente mentindo sobre a minha raiva. Olhei para Ron em busca de apoio.

— Você conhece algum gay, Cliff? — perguntou Ron.

— Não, não conheço. Mas vou lhe dizer uma coisa, meu filho Derek esteve em Nova York há pouco tempo visitando um amigo. Os dois foram a uns bares e Derek se separou do grupo. Ele estava conversando com uma garota e você sabe como é...

— Sim, Cliff, todos nós sabemos como é — interrompi.

Ele riu com isso.

— Enfim, ele se viu andando por um bairro gay, Chelsea. Derek disse que todos aqueles homens não paravam de ficar olhando para ele e que ele estava com medo de que um deles fosse atacá-lo.

Comecei a gargalhar.

— O quê? — perguntou ele.

— Atacá-lo? Sério? — perguntei.

— É comum que os gays caiam em cima de um jovem boa-pinta de 23 anos.

— Do que você está falando? — perguntou Ron.

— Desculpe, em que isso é diferente de qualquer outro homem ou mulher quando veem um jovem boa-pinta de 23 anos? — perguntei, tentando aliviar o clima.

— Não, isso foi bem diferente. Era tarde da noite. Ele estava com medo que um desses homens tentasse estuprá-lo. Os gays são famosos por serem muito agressivos.

— Certo, para mim che... — comecei a dizer.

— Ora, por favor — interrompeu Ron. — Já fomos a lugares gays muitas e muitas vezes e nunca sentimos isso.

— Mas Ron, sem querer ofender, você tem mais idade. Não é como se você tivesse a idade de Derek e os homens estivessem atrás de você — disse Cliff.

— Confie em mim, Cliff, as cabeças viraram quando Ron entrou nesses lugares. Ainda não entendi sua linha de raciocínio — falei.

— Só digo que fiquei aliviado quando Derek saiu daquele bairro em segurança — disse ele.

— Bom, acho que vou dormir — avisei.

Ron me olhou e soube na mesma hora que era o fim da linha para mim.

— Sim, está ficando tarde — disse Ron.

— Ah, então acho que estou indo, né? — perguntou Cliff.

— Sim, acho que é melhor você pegar a estrada antes de ficar ainda mais tarde. Você tem uma hora e meia de viagem pela frente. Não vai querer dormir no volante — disse Ron.

Fiquei de pé à porta e Cliff andou até mim.

— Foi bom ver você, Jane. Espero que não esteja brava. Eu realmente acredito que é uma escolha ou algum tipo de doença mental — disse ele.

Fiquei em silêncio, esforçando-me ao máximo para não dizer algo de que eu me arrependeria depois. Ele foi até a porta da frente com Ron.

— Cliff? — falei, sem conseguir segurar a língua.

— Sim?

— Você já parou para pensar que talvez Derek seja gay?

— Nunca.

— Certo. Mas e se ele for? Tudo é possível.

Cliff ficou mudo. Eu não estava tentando insinuar que seu filho era gay. Eu não tinha como saber isso, mas queria que ele se colocasse no meu lugar, nem que fosse por um segundo. Ele se recusou.

— Boa noite, Cliff.

Cliff não disse nada e caminhou até seu carro. Ron fechou a porta de casa e desse dia em diante nunca mais ouvimos falar do nosso amigo “de longa data” de novo.

CAPÍTULO DEZOITO

Você não precisa de terapia; só está com fome

A frase que minha mãe costuma dizer quando falo em fazer terapia

Existem algumas coisas que você faz em Nova York que não faz no Meio-Oeste. Anda de metrô. Elogia os sapatos dos travecos michês quando vai pegar seu exemplar de domingo do *New York Times*. Anda seis quarteirões e quatro avenidas para ir à academia, mas pede para o mercado entregar uma caixa de seis Cocas Diet na sua casa porque você não está a fim de andar até lá. E faz terapia. Por quê? Porque todo mundo faz, e você não quer ser o desajustado que ficou para trás.

Já minha mãe tem a crença de que os maiores e piores problemas emocionais das pessoas de Manhattan poderiam ser facilmente resolvidos com uma coisa: comida.

— Você vai gastar 150 dólares para ficar sentado no consultório de um estranho para ele poder jogar a culpa de todos os seus problemas no seu pai e em mim? Faz muito sentido. Olha só, vou encurtar o caminho para você: foi a gente que estragou com sua vida. Agora passe cem mangos para cá

Depois que não consegui mostrar a ela os benefícios da psicoterapia, ela continuou:

— Estou lhe dando um desconto. O que mais você quer de mim?

Durante o trajeto de táxi até o consultório do terapeuta no Upper West Side, comecei a fazer as contas de quanto eu gastaria nas minhas sessões — 150 dólares por sessão, ou 300 por mês. (Eu era considerado um dos "menos afortunados" segundo os padrões de Manhattan, pois só podia pagar por sessões a cada 15 dias.)

Com mais 300 dólares mensais, eu poderia ter um apartamento ligeiramente maior do que a caixa de sapatos onde eu morava, talvez um apartamento de um quarto. (Que demais!) Com trezentos mangos eu poderia comprar uma passagem de ida e volta para passar o fim de semana em Miami Beach em um desses sites de descontos. Eu me imaginei na piscina do Delano Hotel enquanto estava sentado na sala de espera do meu terapeuta.

Olhei para meu relógio de pulso e contei os minutos enquanto eu esperava que ele me convidasse para entrar. A cada minuto que passava, eu ficava com mais raiva. Peguei o celular e comecei a calcular quanto ele estava faturando comigo. Exatamente U$ 3,33 por minuto. As linhas de consulta dos videntes davam conselhos mais definitivos em metade do tempo. Nossa! Até um garoto de programa teria custado menos, ou pelo menos foi o que ouvi falar.

Eu estava louco da vida, pois agora ele estava cinco minutos atrasado e sem dúvida eu seria cobrado pelo tempo que *ele* estava atrasado. Eu já tinha lhe dado US$ 16,67 por absolutamente nada. Tinha comido restos de pizza por uma semana para deixar minhas neuroses explodirem no conforto do consultório de um terapeuta, e aqui estava ele, agindo como se cinco minutos não fossem nada. Como esse idiota ousava ser tão blasé com meu dinheiro? Eu poderia ter pago por uma sessão de cinema e uma garrafa de água com isso. Era o preço de um especial de cheeseburger no restaurante da rua 58. A cada minuto que passava, a voz da minha mãe ecoava em meus ouvidos: "Pegue os 150 dólares que você vai gastar com a terapia e saia para jantar com seus amigos. Tenha uma sessão em que você simplesmente possa descarregar." Minha mãe nunca tinha ido a uma única sessão de terapia na vida, e de repente estava léguas acima do Dr. Morty. "Confie em mim, você vai se sentir bem melhor, e pelo menos terá algo para mostrar depois", disse ela, interrompendo meu fluxo de consciência.

O relógio continuava tiquetaqueando e nada de doutor. Eu me lembrei da minha última viagem para casa e de como eu me sentira renovado quando voltei para a vida caótica de Nova York. Eu costumava visitar meus pais em feriados prolongados no que eu chamava de minha "Clínica Betty Ford" particular. Não que eu fosse viciado em drogas ou tivesse problemas com álcool (a menos que você chame martínis de maçã nos fins de semana um problema), mas quando eu voltava ao Meio-Oeste, desacelerava e deixava meu corpo se descomprimir, o que eu não conseguia fazer em Nova York. O único problema é que eu não sabia mais como fazer isso.

Quando se mora numa cidadezinha no meio dos Estados Unidos, existem poucas coisas que se pode fazer para se divertir. Depois de percorrer duas vezes os shoppings da minha cidade, fazer minha peregrinação anual para a Target (que a classe alta pronuncia TAR-JAY), malhar na nova academia e dar um rolê pelo campus da faculdade para olhar os novinhos bonitinhos, não havia mais muito o que fazer, e tudo isso eu terminei antes das 11horas. Ainda bem que meu pai sugeriu um dos passatempos preferidos da nossa família, apostas num barco-cassino atracado no rio.

Para a maioria das pessoas, ir a um barco enfumaçado em que as pessoas bebem vodca com suco de laranja às 9horas da manhã e apostam o equivalente à parcela da sua hipoteca num período de trinta minutos não pode ser considerado exatamente um ambiente familiar. Para meus pais e eu, não havia jeito melhor de a gente se conectar um com o outro. Alguns consideram esses cassinos em barcos um caminho direto ao inferno; eu chamo isso de terapia familiar para gente entediada do Meio-Oeste.

Esse cassino flutuante nos oferecia luzes piscantes, o zumbido das máquinas caça-níqueis, a conversão de dinheiro em fichas e senhoras com penteados altos. Pequeninas comunidades poderiam ser encontradas abrigadas dentro de seus cabelos com redes de segurança. Quarenta minutos depois, eu estava sentado na mesa de blackjack entre minha mãe e meu pai.

Dá para aprender muito sobre os membros da sua família numa mesa de blackjack. Minha mãe joga com os trezentos dólares que meu pai lhe dá. Para crédito dela, ele nunca percebe que, independentemente de ganhar ou perder, ela rouba suas fichas e as coloca na bolsa quando ele está concentrado em dividir os oitos. "Na semana que vem vou desejar ter esses trezentos dólares", lamenta ela depois de perder uma mão, enquanto desliza uma ficha de 25 dólares para dentro da sua bolsa, embaixo da mesa. Depois de anos jogando, eu conheço o jogo dela e danço conforme a música; entretanto, hoje em dia eu costumo pedir uma porcentagem. Meu terapeuta diria que minha mãe está obviamente tentando estabelecer uma independência financeira do resto da família. Minha mãe argumentaria que ela apenas quer os trezentos mangos para comprar uns pares de sapatos e perfume da DKNY.

A maior alegria do meu pai ao jogar blackjack é dar conselhos à minha mãe a cada mão que jogamos (embora a gente jogue blackjack em cassinos desde que eu tenho 17 anos, graças à minha mãe). Quando estamos no meio da nossa estadia no cassino, ele informa à mesa de jogadores mal-humorados de meia-idade (basicamente formada por homens) que sou seu filho de visita de Nova York, como se eles devessem ficar empolgados por estarem sentados ao lado de "gente daqui de verdade". Esse aperitivo animador costuma ser recebido com um olhar carrancudo ou um sopro de fumaça de cigarro na minha cara. Meu terapeuta concluiu que meu pai é um macho alfa que busca a validação do resto da sociedade para seu filho caçula, uma vez que o filho ainda não atingiu o grau de grandeza do pai. Minha mãe, ao contrário, diria que ele só está querendo puxar conversa.

Enquanto nós três ficamos sentados em silêncio na mesa esperando para fazer nossa fortuna, nossa crupiê, Keshawn, me disse que sonhava em deixar o Riverboat Empire para trás e se mudar para uma cidade grande para ser cabeleireira.

— Aposto que você tem um monte de namoradas em Nova York — disse ela, toda meiga.

Sorri.

— Não, não exatamente — respondi, olhando minha mão, na dúvida se eu deveria ou não tentar o 16.

— Ah, o que é isso. Você é um cara muito bonito. Aposto que tem que afastar todas elas com um pedaço de pau.

Justamente quando eu estava prestes a dar o que sem dúvida seria uma resposta completamente charmosa, minha mãe interrompeu do outro lado da mesa.

— Não, mas um monte de *caras* perseguem ele.

Meu pai cuspiu a sua Pepsi Diet em cima de nossa crupiê confusa e na mesa. Pobre Keshawn. Só estava tentando puxar um papo simpático, e minha mãe me entregou a ela. Ela ficou nos olhando com Pepsi Diet pingando de seu crachá. O homem à minha esquerda tragou de novo seu cigarro e ficou ali sentado sem se abalar, enquanto o homem à direita do meu pai sacudiu a cabeça, sem acreditar, e puxou a cadeira para longe de mim enquanto esperávamos que limpassem a mesa.

O jogo finalmente continuou na mesma mão que tinha parado, graças à minha mãe, e agora era minha vez.

— Mais uma carta — falei para a crupiê enquanto seus olhos se arregalavam diante da descoberta recente na mesa de blackjack.

— Está fora! — disse ela com um ligeiro tom de alegria na voz.

De repente a mesa começou a virar, para pior. Para onde se vai depois dessa? Eu não podia sair da mesa, não por temer que me considerassem um covarde, mas porque estávamos no meio do jogo e não se pode sair depois de começar. Tentei encontrar o olhar da minha mãe para ela se desculpar, mas ela sabia muito bem que eu ia fazer isso e não queria me olhar de jeito nenhum. Meu pai continuava olhando suas cartas como se estivesse no Campeonato Mundial. Eu, por outro lado, de repente me vi dando uma de macho para o resto da mesa.

Eu me considero um cara bastante masculino, mas nesse ambiente eu senti a necessidade de exagerar. Quando a garçonete dos coquetéis passou se oferecendo para substituir minha garrafa de água por outra, segurei o cotovelo dela e disse com um sotaque do Bronx:

— Vou querer uma Corona.

Por algum motivo, achei que fazer voz de valentão faria o resto da mesa se esquecer da minha sexualidade. Meu pai e minha mãe me olharam ao mesmo tempo com aquele olhar de você-nasceu-no-Illinois-não-em-um-dos-bairros-de-Nova-York-fora-de-Manhattan.

— Corona? — perguntou a garçonete.

— É, Corona, por quê? — rebati.

Ela deu de ombros e recuou até sua estação. Eu não sabia o que tinha falado de tão ofensivo assim. Eu só estava tentando ser igual a um dos caras. Olhei para meu relógio e percebi que eram apenas 10 horas da manhã.

Mais tarde meu pai me diria no estacionamento que se eu estava tentando parecer um cara durão, não deveria pedir uma Corona. Aparentemente isso no Meio-Oeste era cerveja de mulher. Com um monte de dinheiro no bolso e a cabeça zumbindo por causa daquela única cerveja no meu estômago vazio, voltei para casa me sentindo mal com minha mãe no meu pé, dizendo que não entendia qual o problema de contar a Keshawn que eu sou gay. Se eu era "um gay", como ela disse certa vez, eu devia ser "um gay orgulhoso".

De volta ao consultório do meu terapeuta, fiquei ali sentado pensando na minha experiência no cassino flutuante, repleta de autodescobertas e declarações. No fim, terminei ganhando 600 dólares naquele dia e consegui fazer algumas descobertas a meu respeito, principalmente que eu não me sentia tão à vontade para discutir a minha sexualidade quanto eu achava. Então fiquei imaginando o que eu realmente estava fazendo no consultório do Dr. Morty, pagando para ele se atrasar. Eu estava furioso. Estava louco da vida com ele por estar atrasado. Estava louco da vida com minha mãe por dizer à crupiê do blackjack que eu sou gay. Estava ainda mais fulo comigo mesmo por deixar esses dois me incomodarem.

Meu terapeuta finalmente abriu a porta. Catorze minutos de atraso (ou US$ 46,66, dependendo de como você encara a coisa). Eu estava fumegando de raiva.

— Você parece meio chateado hoje, Robert — observou o Dr. Morty. Eu estava superfeliz por meu dinheiro ser tão bem gasto com esse gênio. — O que você acha que é o problema? — perguntou ele, enquanto eu me sentava na poltrona de couro. Eu tive vontade de dizer que eu me sentia roubado por ter ficado sentado esperando pelos últimos 14 minutos enquanto ele se demorava sem a menor pressa. Tive vontade de dizer que eu realmente não via mais sentido em a gente se ver. Tinha vontade de gritar toda vez que eu lhe perguntava o que ele achava que eu devia fazer e ele me respondia com um "O que você acha que deveria fazer?". Tinha vontade de dizer que ele era inútil. Tinha vontade de dizer que com 150 dólares por 45 minutos de sessão, ele deveria ter resolvido todos os meus problemas, e ainda por cima me servindo expressos duplos.

— Bom — falei cheio de confiança. Fiz uma pausa e depois soltei, sem me controlar. — Minha mãe acha que esse negócio de terapia é uma completa perda de tempo e que eu deveria gastar meu dinheiro com outra coisa.

Não preciso nem dizer que ele achou a ideia da minha mãe elementar e quase infantil. Quando minha mãe ligou na manhã seguinte, contei a ela o que o Dr. Morty tinha dito, estabelecendo uma rixa ainda maior do que a de Cher e Bette, ou de Christina e Britney, e de alguma maneira toda semana na terapia eu ia parar bem no meio dela.

O que diz a mamãe

Não sou contra terapia. Acredite em mim, tem muita gente que precisa disso por um motivo ou outro, e eu realmente acredito que algumas pessoas têm desequilíbrios químicos. Algumas pessoas da minha família são terapeutas, e hoje, além de professora, minha filha é orientadora psicológica. Então, como você vê, não sou contra. Porém, vivemos em uma sociedade cheia de gente que corre para a terapia quando as coisas estão indo um pouquinho menos do que perfeitas em suas vidas. Nem pensamos antes de desembolsar dinheiro para uma pessoa com duas letras antes do nome na esperança de que ela tenha a resposta do quebra-cabeças. Será que isso realmente ajuda alguém? Claro que é possível ter algumas pequenas conquistas e chegar a alguns insights. Vou colocar a coisa em termos que a maioria dos gays possa entender melhor: se você está se exercitando e escolhe um haltere que é um pouco mais difícil de levantar, você está fazendo algum enorme progresso? Se escolhesse o mais pesado de todos, aquele que você sabe que vai levar mais tempo para dominar, não estaria obtendo mais benefício? A vida não é fácil, e não sou contra pedir ajuda, mas o que aconteceu com tentar resolver as coisas sozinho?

Uma amiga minha foi fazer terapia porque achava que seu marido ia largá-la por outra mulher. Ela estava num casamento feliz havia 19 anos e seu marido não dera nenhum sinal de que queria dar o fora, nem ela tinha motivo algum para desconfiar que ele a estivesse traindo. Mas ela foi fazer terapia como precaução, para o caso de ele *talvez* abandoná-la um dia. Eu me lembro de ouvi-la dizendo: "Apenas quero estar preparada para tudo, só por precaução. Nunca se sabe hoje em dia." Eu tenho medo de um monte de coisas. Tenho medo do terrorismo biológico, mas não ando por aí com uma roupa Hazmat.

Deixe a coisa acontecer primeiro. Essa é minha opinião. Então, se você sentir necessidade de conversar com alguém a respeito, vá em frente, mas não coloque o carro na frente dos bois. Às vezes, acho que só precisamos de um amigo que depois de uma conversa nos dê um bom tapa na nuca, gritando: "Sai dessa, bobalhão!"

Eu simplesmente não entendo essa mentalidade, e infelizmente minha amiga não é a única viciada em terapia que eu conheço. Eu só não tinha percebido que a coisa tinha chegado tão perto da minha casa.

Nós nos sentávamos para jantar juntos todos os dias como uma família, quer as crianças gostassem ou não. Os problemas de todo mundo eram colocados ali na mesa, entre a carne assada e o purê de batata. Todos os dias alguém da mesa vivenciava algo traumático. Com o resto da família ao redor, uma pérola de sabedoria seria encontrada, mesmo vinda de uma boca cheia de batata. Havia ao todo cinco perspectivas diferentes à mesa — era só escolher a que funcionava melhor naquela situação e que parecia a mais adequada ao seu coração. Por isso, fiquei bastante surpresa quando soube que Robert iria fazer terapia.

Depois de Robert soltar sua última bomba, corri ao mercado para comprar algumas coisas e pensar um pouco no fato de meu filho fazer terapia. Andei pelos corredores com meu carrinho, abrindo caminho pela seção da padaria como uma mulher traída. Virei as esquinas e tentei espairecer. Será que ele estava falando de mim? Será que o terapeuta dele estava dizendo que eu acabei com a vida dele? Que se dane ele. De início eu me senti culpada. Achei que talvez não tivéssemos deixado claro o bastante para ele que não nos importávamos por ele ser gay, mas ele me garantiu que estava bem nesse departamento. O que poderia ser, então? Aquilo estava me deixando maluca.

Eu me vi no corredor dos produtos de papel fitando com olhar vazio as prateleiras de papel higiênico e papel toalha. Eu não precisava de nenhum dos dois; estava tentando entender que diabo aquele merdinha estava dizendo sobre o pai dele e sobre mim naquela sessão de terapia.

Senti um tapinha no meu ombro que me assustou e desencadeou uma reação que assustou a senhora idosa que batera no meu ombro.

Eu devia estar parecendo uma mulher possuída. Logo me desculpei e voltei a fitar o papel higiênico. Então a mulher, com seus 70 e poucos anos, olhou para mim bem séria e disse:

— Senhora?

De início não ouvi, pois estava imaginando Robert sentado na cadeira do terapeuta.

— Desculpe, senhora — repetiu ela.

— Sim? — falei, pensando que ela iria me perguntar se eu estava bem, já que a essa altura eu devia parecer desconcertada.

— Que tipo de papel higiênico a senhora usa? — perguntou ela.

— Desculpe. O que a senhora disse?

Ela repetiu:

— Que tipo de papel higiênico a senhora usa?

Fiz uma pausa por um momento e respondi:

— Bom, eu gosto mais do White Cloud, acho.

— A marca que eu uso sempre gruda.

— Lamento saber disso — falei, como se meu cérebro estivesse sofrendo um atraso de transmissão via satélite. Aquilo era mais do que surreal. Comecei a rir. Eu entreguei a ela um pacote com quatro White Cloud e lhe disse para experimentar, que a ajudaria a se livrar do problema do "grude". Ela então me abraçou e me agradeceu. Saiu sem dizer mais nada, e fiquei ali estupefata, olhando de novo para as prateleiras com papel higiênico.

Eu me vi rindo um minuto e cheia de introspecção no outro durante o resto do meu tempo no mercado. Foi bizarro. Vi a mulher de novo, na fila do caixa. Havia apenas uma pessoa entre nós. Ela sorriu e fez sinal para mim, mas não disse mais nada. Havíamos estabelecido uma relação, irmãs de problemas do banheiro. Ela saiu e eu fui até o caixa, e nós dois olhamos a mulher que saía.

— Que mulher legal — falei.

— É mesmo, ela é tão doce. Perdeu o marido há poucos meses. Ele sempre vinha fazer compras com ela. Vai ser duro. — A atendente do caixa suspirou enquanto continuava contabilizando meus produtos.

No trajeto de volta para casa, comecei a pensar em Robert. Eu estava obcecada com a terapia do meu filho por causa do que ela significava para *mim*, não para ele. Ri da mulher no mercado porque ela *me* constrangeu. Eu me senti péssima. Eu havia ignorado os sentimentos dos dois, quando eles é que estavam refletindo as *minhas* inseguranças. Liguei para Robert quando cheguei em casa, respirei fundo e perguntei como tinha sido a sessão. Ouvi, tentando não enxergar a terapia dele como reflexo dos meus fracassos como mãe. É como dizem: se você não aprende com seus erros, não tem sentido cometê-los.

Nunca tinha percebido o impacto de falar com um estranho sobre as coisas do dia a dia e como isso é capaz de mudar toda a nossa perspectiva. Agora tento ficar no corredor do papel higiênico sempre que possível. As pessoas costumam se abrir comigo o tempo todo. Sou muito quieta e meio tímida, então é engraçado que elas venham falar comigo quando desejam compartilhar coisas de suas vidas, mesmo que apenas em relação ao papel higiênico.

Quem sabe? Talvez se todos nós tivéssemos alguém com quem conversar sobre os altos e baixos da vida, estaríamos melhores. Sabe, pensando nisso, acho que talvez eu também precise de terapia.

CAPÍTULO DEZENOVE
Quando Jane encontrou Gidget

Uma Menininha com Grandes Ideias; bem, pequena, apesar disso

Meu ex-namorado e eu éramos completamente opostos, tanto física quanto culturalmente. Sou um cara branco do Meio-Oeste com cabelos e olhos claros. Ele é um italiano durão do Queens com cabelos escuros e lindos olhos castanhos. Eu estava em forma e de vez em quando ia para a academia, quando encontrava energia para isso. Achei que, já que eu tinha um namorado, podia colocar o corpo de solteiro de volta no armário. Ele, por outro lado, acordava todo dia às 6 da manhã, ia para a academia, malhava por noventa minutos, depois voltava para casa parecendo aqueles caras das propagandas da *Men's Health*. Eu era seis anos mais novo que ele, fato que me alegrava a cada aniversário. Ele, por sua vez, odiava quando eu o lembrava disso. Como a maioria das pessoas educadas do Meio-Oeste, eu raramente discutia e me fechava em copas quando aparecia um conflito. Ele era capaz de discutir melhor do que qualquer advogado que eu conhecia e não tinha receio de me contar exatamente o que estava sentindo e quando estava sentindo. Eu adorava assistir jogos universitários de basquete. Ele adorava jogar bocha. Eu dizia coisas do tipo: "Você gosta de maçã?" E ele: "Ele está um dia atrasado e um dólar mais pobre." Ele respondia às mesmas situações com frases como "Vaza logo daqui" e "Ele tá suando que nem puta em igreja". Nós dois éramos diferentes em quase todas as coisas imagináveis. Mas deu certo.

Rocco e eu compramos um apartamento um pouco depois de um ano de namoro. Comprar um apartamento com alguém já é algo que dá medo; comprar um apartamento em Manhattan no início de um relacionamento é aterrorizante e, sinceramente, pode ser fator para um rompimento. No começo, não sabíamos direito que tipo de apartamento queríamos. Pré-guerra? Um ou dois quartos? Tradicional? Contemporâneo? Ainda bem que pelo menos uma coisa a gente havia decidido. Queríamos morar no West Village. Então, você pode imaginar minha surpresa quando Rocco voltou num domingo à tarde e me informou que tinha feito uma oferta para um apartamento... em Midtown. Eu odiava Midtown. Era lotado e cheio de turistas. Mas eu amava meu namorado, e ele amou tanto aquele apartamento que eu não ia ser o estraga-prazeres. Sim, comprar um apartamento foi um salto no escuro, mas foi um salto que nós dois estávamos dispostos a dar.

Uma pessoa que ficou particularmente feliz com esse desenrolar das coisas foi minha mãe. Ela costumava encontrar qualquer desculpa possível para ir a Nova York, e nosso novo apartamento era um motivo bom o suficiente. Mesmo o fato de meu pai não poder vir por causa do seu trabalho não bastava para fazer minha mãe ficar em casa. Quando éramos pequenos, costumávamos dizer, brincando, que ela sempre tinha uma mala feita, para o caso de aparecer a chance de viajar. Pelo menos eu achava que era uma brincadeira, até que um dia eu estava apanhando uma toalha no armário do corredor e descobri uma malinha cheia de coisas da minha mãe. Ela não estava para brincadeiras. Essa mulher era como uma refugiada preparada para fugir a qualquer momento. Bem, mas com o ronco do meu pai, quem poderia culpá-la?

Visitas da minha mãe não eram raras. Porém, a primeira visita depois de eu ter me mudado com o meu namorado para nosso novo apartamento foi um grande evento. Por algum motivo, aquilo atiçou cada nervo do meu corpo. Eu queria que a visita fosse perfeita. Ela já tinha ficado no meu apartamento milhões de vezes sem que eu estressasse nem um fio de cabelo, mas acho que, olhando para trás, Rocco e eu agimos como qualquer casal casado age quando alguém da família vem de visita.

Minha mãe iria chegar no sábado, no início da tarde. Na noite anterior, Rocco e eu fomos jantar com alguns amigos e voltamos para casa por volta de 1hora da manhã. Nada mal, pensei. Tenho algumas horas para dormir, acordar, correr para o Starbucks, lavar a roupa, correr para o mercado e comprar algumas das coisas preferidas da minha mãe. Coloquei o alarme para as 7h30.

Ou pelo menos achei que havia colocado.

Na manhã seguinte, abri os olhos e olhei tranquilamente pela janela. Respirei fundo, expirei, depois sorri. Era sensacional. Eu era um gay assumido que morava com seu namorado e nós iríamos receber minha mãe durante o fim de semana. Em todos os anos da minha vida no armário, nunca havia cogitado essa possibilidade, e lá estava: uma realidade. Eu me levantei para escovar os dentes e olhei para o alarme na mesa de cabeceira de Rocco.

— Puta que o pariu! — gritei.

Rocco se levantou como se a casa estivesse envolvida em chamas.

— O QUE FOI?

Dois Cheerios estavam grudados na sua bochecha. Não havia tempo para lhe perguntar por que ele estava comendo Cheerios na cama, mas fiz um lembrete mental para tratar desse assunto mais tarde. Será que ele tinha alguma espécie esquisita de compulsão alimentar sonâmbula de que eu não sabia?

— São quase 10 horas! O voo dela chega daqui a três horas — berrei para ele.

— O quê? — disse ele, e franziu a testa.

— Cadê a faxineira? Achei que ela chegaria às 9. Você sabe como ela é. Você precisa ligar para ela agora mesmo, Rocco. Isso não é bom. Não é nada bom. — Agarrei o telefone dele da mesinha de cabeceira e o atirei em cima da cama.

— Dez da manhã? Merda, preciso estar no trabalho em trinta minutos — disse ele com voz rouca.

— Sim, Rocco, são 10 horas! Alôôô?! — falei.

Ainda meio dormindo, Rocco grunhiu alguma coisa enquanto eu saía correndo do quarto.

Encontrei o telefone da nossa faxineira ocasional, Eva, e deixei várias mensagens desesperadas. Eu me acalmei o bastante para conseguir começar a me preparar para a chegada dela. Me arrumei um pouco, mas antes de mais nada, tomei uma dose dupla de café expresso e fiz uma lista gigante das coisas que ela teria que fazer em quatro horas. Fui para o computador e rezei para o voo da minha mãe estar atrasado. Depois de digitar o número do seu voo, fiquei horrorizado ao descobrir que ele chegaria quarenta minutos adiantado.

Comecei pela roupa, lavando os lençóis da cama do quarto de hóspedes, embora ninguém os tivesse usado há mais de seis meses.

Coloquei toalhas limpas e um novo rolo de papel higiênico no banheiro de hóspedes. Eu estava pronto para a chegada de Eva, para poder começar a fazer o que eu tinha que fazer.

Gritei para Rocco da cozinha:

— Acho que talvez Eva comece a me odiar até o fim do dia. — *Tudo bem, pode me odiar ainda mais.* — Vou me desculpar com ela assim que ela chegar. Você tem cinquenta mangos aí que eu possa dar a ela para ela não me apunhalar com uma faca de cozinha quando olhar minha lista?

No meio de meus preparativos, não vi Rocco entrar na cozinha com a escova de dentes.

— Cadê nossa pasta de dente? — perguntou ele.

— Ah, coloquei no banheiro de hóspedes para minha mãe. Ainda não fui ao mercado — expliquei. — Por quê?

Rocco levantou a escova de dentes e disse:

— Quero que você saiba que escovei meus dentes por, tipo, um minuto e meio antes de perceber que tinha alguma coisa diferente. Achei que você talvez tivesse trocado a marca da pasta ou que fosse um novo sabor. Aí percebi que eu estava escovando os dentes com creme para hemorroida.

— Acho que você está procurando alguém em quem jogar a culpa. A culpa não é minha. Você devia ter olhado o tubo antes de colocar a pasta na sua escova.

— Eu ainda estava meio sonolento. Esse tubo estava bem no lugar onde a nossa pasta de dentes esteve nos últimos quatro meses — disse ele. — Vou ficar o dia inteiro no trabalho sentindo gosto de creme para hemorroida. Muito obrigado. — Ele voltou para o quarto e com certeza limpou a boca com alguma espécie de desinfetante enquanto se arrumava para ir ao trabalho.

Eu logo esqueci do incidente das hemorroidas e só consegui me concentrar no fato de que Rocco precisava sair para trabalhar, o que o livrava de qualquer preparativo para a chegada da minha mãe. Isso foi difícil de engolir, provavelmente como a pasta de hemorroidas. Porém, eu me convenci a não ficar irritado com isso, porque era a *minha* mãe que estava vindo visitar. Eu sabia o que eu deveria esconder bem escondido no armário do nosso quarto e como esconder de uma mãe intrometida. Entretanto, com Rocco a história era outra.

Rocco se vestiu em um segundo e já estava saindo porta afora, mas não sem antes me dar um abraço de despedida e me tranquilizar, dizendo que tudo ia ficar bem. Ou, nas palavras dele: "Fique calmo, merda."

Quando Eva finalmente apareceu eu não tinha tempo para gentilezas e, para ser sincero, ela não gostava muito de mim. Para começar do jeito certo, estendi para ela a lista de tarefas e cinquenta mangos extras.

— O que foi? — perguntou ela.

— É do Rocco.

Os olhos dela se iluminaram e ela disse:

— Ele é um homem tão generoso. Não precisa me dar a mais. Por que ele faria isso? — perguntou ela em tom de paquera, como se ele tivesse deixado um bilhete de amor para ela.

— É para compensar as coisas terríveis que podem sair da minha boca nas próximas duas horas. Agora vamos logo com isso.

O sorriso dela sumiu rapidinho. Ela na mesma hora ficou fula da vida. Eu não tinha conseguido nem ter um ataque de fúria ainda e já havia arruinado tudo.

Uma hora depois, Rocco me ligou para saber como estavam as coisas.

— E aí, amor? — perguntou ele.

— Eva apareceu há uma hora, mas está se movimentando como uma tartaruga que tomou remédio para dormir. Ela me odeia. E você sabe exatamente por quê! É sua culpa. — Eva tinha sido faxineira de Rocco antes de a gente se conhecer. Ela fazia tudo para ele, até dobrar suas cuecas. Tinha uma paixão não muito secreta por ele e me via como um empecilho para a felicidade dos dois. Quando Rocco e eu fomos morar juntos, Eva começou a me tratar mal escancaradamente. Na verdade, ela não me dirigiu a palavra nas três primeiras vezes que veio ao apartamento. Eu achei que ela não falasse inglês, até Rocco me dizer que ela tinha nascido no Riverside.

— Ficou tudo em cima de mim. Eu estou espanando as prateleiras e limpando a cozinha. Juro por Deus que é como se a gente fosse Big Edie e Little Edie morando em Grey Gardens, pelo amor de Deus. Quer dizer, é claro que você é Big Edie, já que é mais velho do que eu.

— Quê? Quem é essa merda de Big Edie? Sim, eu sei que sou mais velho do que você, imbecil. Pega leve na cafeína — disse Rocco.

— Acho que eu devia abrir uma garrafa de vinho para acalmar os nervos.

— São 11h30.

— Não venha me julgar! Você não está aqui! — vociferei como uma pessoa insana.

— Porque estou no trabalho. Rob, você só precisa relaxar. Pare de limpar. Saia um pouco. Vá até à delicatéssen, compre umas flores ou algo assim. Tome um expresso. Coma um biscoito. Faça alguma coisa. Sinceramente, não estou entendendo essa ansiedade. É sua mãe, não uma marcha em Washington.

O irônico disso tudo é que em geral *eu* é que era a voz da razão. Era eu quem acalmava Rocco. Tanto que, na verdade, ele costumava me apresentar aos amigos ou colegas de trabalho como: "Esse é meu Xanax, Rob." Era fofo de certa maneira, como só um antidepressivo pode ser. Entretanto, por mais que eu apreciasse o fato de ele estar tentando ser o *meu* remédio antiansiolítico, eu era como um viciado que remédio nenhum saciaria naquele momento.

— Eu sei que não é uma marcha em Washington e não estou tentando conseguir nenhum avanço numa grande causa política em prol dos gays e das lésbicas, Rocco. Mas estou tentando mostrar à minha mãe do Meio-Oeste que somos como qualquer outro casal casado e que não andamos pela nossa casa num par de saltos altos de 15 centímetros o dia inteiro.

— Saltos altos? Do que você está falando?

— Você já viu os estereótipos na televisão.

— É, mas sua mãe...

— O que me faz lembrar, falando nisso, de uma coisa: você jogou fora aqueles sapatos que seus amigos Dave e Eddie deixaram aqui quando se vestiram de *drag* no Halloween? Não preciso da minha mãe descobrindo esses sapatos em algum armário quando estivermos fora de casa e depois sussurrando a respeito quando falar com meu pai ao telefone.

Felizmente, Rocco sabia que quando eu entrava em um dos meus surtos neuróticos, o melhor era deixar para lá. Tenho certeza de que foi preciso cada mililitro de seu sangue italiano para não me dar uma resposta atravessada.

— Rob, é só um par de sapatos. E calma, sua mãe sabe que seu gosto para sapatos femininos é melhor do que esses sapatos que eles deixaram aí — disse Rocco, e começou a rir.

— Você está brinc...?

— Quem se importa, pelo amor de Deus? Eu só queria saber por que você está se estressando tanto com isso.

— Sinceramente, Rocco, acho que ter saltos altos na nossa casa é bastante ridículo. Mas se essa é a mensagem que você quer passar para a minha mãe, tudo bem. Talvez a gente possa perguntar se Sherry Vine e Lady Bunny não querem vir jantar com a gente também, Rocco. Melhor ainda, se elas poderiam fazer uma maquiagem de *drag queen* completa em mim, para eu mostrar à minha mãe. Eu posso cantar com playback da Patti LaBelle na nossa sala. Que tal? Qual seria meu nome de *drag*? Você já pensou nisso? Roberta Rhinestones? Qual seria, Rocco? Vamos. Estou esperando.

— Que tal "Doida de Pedra"? — disse Rocco antes de desligar.

Em um dia normal isso teria me enfurecido, mas Rocco tinha razão. Ele não precisava saber disso, mas que tinha, tinha.

Meia hora depois ouvi uma batida na porta. Por um momento, achei que fosse minha mãe e entrei em pânico, mas logo percebi que eu ainda tinha umas duas, *talvez* duas horas e meia, dependendo se ela tivesse despachado sua mala ou não. Era o porteiro com um pacote da FedEx. Ele me entregou uma caixa mais ou menos grande endereçada para nós.

— Desculpe. Estou surtando agora — falei, apanhei a caixa da mão dele e fechei rapidamente a porta. Quando corri de volta para dentro para continuar limpando, de repente percebi que o apartamento estava estranhamente silencioso. O que será que Eva estava fazendo? Ela estava no mesmo banheiro há quase 40 minutos, sem por o pé para fora.

— Eva? — gritei.

Nenhuma resposta. Fui até o meio da sala e tentei de novo.

— Eva? Oi? Está tudo bem aí dentro? Você está se sentindo bem? — perguntei. — Ouvi uma lata de água tônica se abrindo. — Sei que você consegue me ouvir. — Com isso, o aspirador de pó logo foi ligado, para que ela pudesse abafar minha voz. Ei, se aquilo a fizesse se apressar, eu não ia me sentir insultado.

Decidi abrir a garrafa de Riesling que tínhamos na geladeira. Quando me virei para entrar na cozinha, fui recebido com uma surpresa.

— Oi. O que você está fazendo aqui? — perguntei.

— Tirei o dia de folga. Fiz Valerie reagendar meus compromissos. Achei que você estava precisando de ajuda — disse Rocco.

Que tipo de loteria eu ganhei para merecer esse homem? Eu o abracei com força.

— Agora já fiquei mais calmo — falei, sorrindo. — Obrigado.

— O que tem na caixa na cozinha? — perguntou Rocco.

— Sei lá, fiquei distraído com sua namorada Eva. Será que você poderia fazer alguma coisa para ela mover aquela bunda preguiçosa? Ela não quer me ouvir.

— Porque ela sabe quem manda aqui.

— Ai, que fofo.

Rocco entrou na cozinha, pegou a caixa da FedEx e sacou um bilhete.

— Ei, é da Srta. X — disse ele, com um sorriso demoníaco.

Srta. X é uma popstar cuja identidade deve permanecer para sempre não revelada. Não, sério, digo isso por mim e por ela. Você só precisa saber que ela é linda e incrivelmente talentosa. Fora isso, não posso dizer mais nada sem revelar quem ela é. Além disso, ela sabe de muita sujeira sobre mim que eu não quero que ela saia falando por aí quando decidir escrever seu próprio livro. Portanto, ela vai continuar sendo a Srta. X.

A Srta. X e eu ficamos amigos pouco antes de eu e Rocco começarmos a namorar. Na verdade, quando ela viu Rocco pela primeira vez em um jantar, ela o puxou de lado e lhe disse que, se ele me machucasse de qualquer maneira ou forma, ela conhecia "pessoas". Era o tipo de "pessoas" que só chefes de estado, líderes do crime e popstars conheciam. Observei a conversa a alguns centímetros de distância enquanto chamava um táxi. Eu sabia o que ela estava fazendo; ela havia me dito que ia ter uma conversinha com ele. Quando a conversa terminou, a Srta. X se despediu dos outros convidados do jantar e Rocco veio ficar ao meu lado.

Enquanto olhávamos para a Greenwich Avenue, perguntei:

— E aí, como foi?

— Eu disse a ela que conhecia pessoas também. E que as pessoas dela provavelmente eram alguns dos meus parentes distantes.

— Certo, então estou namorando um Soprano.

A Srta. X adorava o fogo e o senso de humor maluco de Rocco. Os dois se tornaram parceiros de crime quase imediatamente. Tanto que, quando estavam juntos na mesma sala, a impertinência dos dois tomava as rédeas, e encontrar formas novas e originais de me constranger eram os Atos I, II e III.

Então você pode imaginar minha trepidação quando Rocco me disse que era um pacote da Srta. X.

— Bom, o que diz o bilhete? — perguntei.

Oi, meninos,

Encontrei isso numa loja e na mesma hora pensei em vocês. Agora, a questão é: vocês vão pensar em mim quando estiverem curtindo o presente? Por favor, me avisem.

Beijos,
Srta. X

Rocco espiou dentro da caixa e engasgou. Fechou-a rapidinho e olhou para mim, tentando não rir. Oh-oh. Era pior do que eu pensava.

— O que tem na caixa?

Rocco não conseguiu segurar e começou a dar risadinhas como uma criancinha.

— Não ligue para a caixa.

— Não, é sério. O que tem aí dentro? — perguntei de novo.

— Nada. Bem, algo. Não ligue, eu mostro a você mais tarde — disse Roco, mas agora não conseguiu segurar a gargalhada.

— A caixa estava endereçada a mim. Vamos, o que tem nela?

— Ah, ela nos pegou nessa aqui — disse Rocco, com o tipo de risada que em geral era reservada para alguém sob efeito de alucinógenos.

— Isso não é o filme *Seven*. E não é a cabeça de Gwyneth que está na caixa. Então pare de ficar fazendo joguinho e me entregue logo isso aqui — falei, estendendo a mão para apanhar a caixa.

— Prometo que depois mostro para você — disse ele.

— Rocco, quero ver. Estou perdendo tempo aqui quando podia estar limpando a casa. Agora mostre logo, senão eu raspo metade da sua sobrancelha quando você estiver dormindo.

— Você não faria isso!

— Experimente.

Antes de nos conhecermos, uma vez rasparam parte da sobrancelha de Rocco depois que ele desmaiou numa festa. Ele nunca conseguiu superar isso, e desde então tem sono leve. Eu sabia dessa fobia dele e a usava para tirar vantagem. Não é para isso que servem os relacionamentos?

— Rob, confie em mim. Eu vou mostrar a você mais tarde — insistiu ele.

Os olhos de Rocco se moveram momentaneamente para os fundos do apartamento e eu me atirei em cima da caixa. Ele apertou-a com mais força e por um átimo de segundo brincamos de cabo de guerra, o que acabou rasgando a caixa, atirando seu conteúdo em todo o nosso chão de madeira.

— Que diabo...? — falei, e coloquei a mão na boca.

Espalhadas pelo nosso lindo piso de madeira-de-lei estavam várias garrafinhas de lubrificante de diversos sabores: coco, morango, banana. Era como uma sorveteria, só que de lubrificante íntimo. Quando virei a cabeça ligeiramente para a esquerda, vi uma grande toalha branca e uma menor que pareciam exatamente iguais. Eu não tinha muita certeza de qual era a piada até pegá-las e ver o que estava escrito na menor. *Oh. Meu. Deus. Ela não fez isso.* Escrito na toalha menor estava "pano limpa-porra" e, bingo!, na maior, "toalha limpa-porra".

E como se isso não fosse suficiente, perto do pé de Rocco estava um filme pornô. Mas não qualquer filme: era um filme estrelado por "Gidget, a Anã". Sim, isso mesmo: pornô com anões.

— Gidget, a Anã? — falei a mim mesmo. — Pornô com anões? Ela devia estar bêbada quando nos mandou isso. É politicamente correto dizer pornô com anões? Quer dizer, está na cara que a Srta. Gidget, a Anã, não se importa. — Notei que Rocco estava estranhamente quieto. — Oi? Está me ouvindo?

Olhei para Rocco e segui o seu olhar diretamente até uma Eva horrorizada, que estava encarando aquele mini-sex shop no chão da nossa sala.

— Ah, isso não é nosso — falei rápido. — É um presente de brincadeira.

Eva me olhou feio e depois balançou a cabeça para Rocco.

— Que nojo — disse ela. — Não consigo nem olhar para isso. Vou vomitar.

— Não! Não vai, não! Minha mãe vai chegar a qualquer momento! — falei, voltando para o modo pânico.

Rocco pegou o resto do presente da Srta. X das minhas mãos, recolocou-o na caixa e colocou-a na mesa.

— Por que você não sai para tomar um café e comprar o resto das coisas que você precisava no D'Agostino's?

— E o resto das coisas que precisam ser feitas por aqui? — perguntei.

— Eva e eu cuidamos disso — disse Rocco, esforçando-se ao máximo para me acalmar.

— Sério? Tem certeza?

— Sim, está tudo sob controle — respondeu ele.

Peguei minhas chaves e corri até o elevador. Assim que as portas do elevador se fecharam, eu soube com certeza que eles não poderiam me ouvir gargalhando.

Saí do prédio sentindo que tinha um novo contrato com a vida, e levei esse novo contrato direto para o Starbucks que ficava a menos de 30 metros dali. Quem precisava do ar puro do Central Park para relaxar quando podia sentir o cheiro de café moído misturado ao de diversos perfumes de mau gosto? Gostaria de ter uma explicação para isso, mas eu sentia uma espécie de puxão gravitacional me atraindo para lá. Além disso, eu sinceramente estava cansado demais para fazer qualquer outra coisa. Minha energia tinha se esgotado com todo aquele pânico.

A fila estava longa, mas, surpreendentemente, não me importei. Aquilo era tempo que eu estava passando fora do apartamento e uma distração da bomba-relógio que era minha mãe. O que costumo fazer para me distrair nesse tipo de situação é observar as outras pessoas.

Por exemplo, nunca entendi por que quando as pessoas estão numa fila para comprar alguma coisa elas não estão com a bolsa aberta e a carteira ou o dinheiro na mão, ao fazer o pedido. Não entendo a expressão de surpresa no rosto delas. *O quê? Preciso pagar por isso? Não é de graça? Ah, está bem. Deixe eu ver se tenho dinheiro aqui.* Essas pessoas me fazem ter vontade de me apunhalar. A mulher na minha frente era desse tipo. Enfiei a mão no bolso para sacar minha carteira e tudo o que achei foram duas notas de um dólar amassadas que restaram da corrida de táxi na noite passada. Com toda aquela comoção em torno do presente da Srta. X, não me incomodei em pegar minha carteira ou minha identidade. Voltar ao apartamento não era uma opção. Escolhi a única coisa que encontrei no menu que eu poderia pagar. Depois que a mulher à minha frente se recuperou do choque de pagar pelo seu café, peguei meu expresso duplo e imediatamente agarrei uma mesa vazia nos fundos. Isso era coisa rara no Starbucks, principalmente em um que ficava no turístico Midtown.

Enquanto me sentava na minha mesinha minúscula, fiquei pensando no que fazer depois. Eu não tinha trazido meu celular. Não tinha dinheiro para comprar um *New York Times*. Eu levaria talvez uns trinta segundos para beber meu expresso. Encostei a cabeça na parede. Eu ficaria ali sentado só por uns minutinhos. Quase uma hora depois, senti um tapinha no ombro. Era um sem-teto que me pediu para usar a outra cadeira da minha mesa. Eu dei a mesa para ele e decidi que estava na hora de voltar para casa.

Entrei no apartamento e ele estava impecável — quase como se estivéssemos num set de filmagens. Já não éramos mais *Grey Gardens*. Não há palavras para descrever como isso me animou. O melhor de tudo foi Rocco me entregar um copo alto de vodca tônica.

— Achei que você precisaria disso — disse ele sorrindo.

— Sim. Eva já foi embora? Ela não está escondida por aí com uma faca, pronta para me apunhalar para vocês dois poderem fugir para casar?

— Engraçadinho. Ela saiu faz alguns minutos.

Quase nesse momento, o porteiro interfonou para avisar que minha mãe tinha chegado.

— Lá vamos nós — falei, e expirei.

Rocco me olhou e sorriu.

— Vai ficar tudo bem. Ela é sua mãe. Ela é ótima.

Minha mãe chegou e, depois de fazer um tour com ela pela nossa casa, abrimos uma garrafa de vinho e jogamos cartas por algumas horas. Depois de ela derrotar Rocco e eu e ganhar uns vinte mangos da gente, colocou as cartas de volta na caixa e disse:

— Estou tão cansada. Mal dormi à noite. Por algum motivo, estava tão nervosa com a viagem, dessa vez.

— Hã. Que estranho, por que será? — perguntei, dando de ombros.

Claro, o mais maduro seria contar que eu estava um caco poucos segundos antes de ela bater na porta. Mas o que posso dizer? Eu tinha a maturidade de um menino de 14 anos.

— Acho que vou tomar uma chuveirada e relaxar. Vocês se importam se a gente não sair hoje à noite?

— Nem um pouco — falei, aliviado. — Tem toalhas no roupeiro.

Minha mãe pegou uma toalha do roupeiro e foi para seu quarto. Rocco ficou de pé na cozinha, bebendo minha vodca tônica. Fui até ele e o abracei. Achei que era o mínimo que eu poderia fazer.

— Obrigado por hoje — falei.

— De nada. Você é doido de pedra, você sabe disso, né? — disse Rocco, enquanto me apertava.

— É, eu sei — falei, relaxando em seu abraço.

— Não, é sério. Você é maluco mesmo. Precisa começar a tomar algum remédio ou algo assim, para se tratar — disse ele rindo.

— Venha, vamos sentar. Trabalhei o dia todo — falei do meu jeito sarcástico habitual. Ainda bem que ele gostava do meu sarcasmo. Puxei Rocco pela mão e nós desabamos no nosso sofá. *Finalmente, um momento para relaxar.* A casa não parecia uma casa de baladeiros. Nenhuma *drag queen* nem *go go boy* apareceu para dar um oi. Tudo estava como devia estar.

Isso é, até minha mãe sair do banheiro. Ela ficou ali de pé no corredor de robe e toalha ao redor dos ombros — uma toalha que tinha "toalha limpa-porra" escrito em letras garrafais.

— Robert, você tem aquele secador de cabelo que eu deixei no seu antigo apartamento? Não trouxe o meu — disse ela.

Rocco e eu olhamos para a minha mãe com o queixo caído.

— O que foi? — perguntou minha mãe. — Ah, por favor, gente, meu cabelo não está tão horrível! — brincou ela.

— Hã, deixe eu apanhar o secador e outra toalha para você — falei.

— Ah, essa toalha está ótima. Você me conhece, não quero que você fique com um monte de roupa para lavar depois que eu for embora. Vou usar essa mesmo — disse ela.

Rocco engoliu o resto da minha vodca tônica como se ele fosse um diabético com necessidade desesperada de suco.

— Onde você apanhou essa toalha? Parece uma das toalhas de ginástica do Rocco — falei, sem ter certeza se estava fazendo uma afirmativa ou uma pergunta.

— Estava no roupeiro — explicou minha mãe.

— Ah, estava, é? — falei, e me virei para olhar para Rocco, que disparou para a cozinha.

— Vou pegar outra. Melhor não usar a toalha de ginástica dele. É nojento — falei.

Ouvi os cubos de gelo atingindo o copo de Rocco enquanto ia para o corredor pegar outra toalha para a minha mãe. Abri o roupeiro e a primeira toalha que vi foi a menorzinha que a Srta. X nos mandou. Peguei a toalhinha e a atirei para o fundo do roupeiro. Escondido entre duas pilhas de toalhas estava o filme pornô *Gidget, a Anã* que a Srta. X havia nos mandado. Minha mãe devia ter visto aquilo. *Oh, meu Deus.* Quase desmaiei no corredor. Escondi o rosto atrás da porta do armário, estendi uma nova toalha para minha mãe e apanhei a grosseira dos ombros dela. Ainda fico nervoso até hoje só de lembrar da minha mãe andando por aí com uma toalha daquelas enrolada nos ombros, como se fosse de algodão egípcio.

— Você encontrou o secador? — perguntou minha mãe.

— Talvez esteja no outro banheiro. Vou pegar para você — falei, com a mão no secador. A verdade é que eu precisava de um minuto para me recompor. Peguei o secador e o coloquei em cima da cama dela enquanto ela estava lavando o rosto no banheiro. Disparei para a cozinha, onde Rocco já estava bebendo vodca pura. Peguei o copo da mão dele.

— O que você pensa que está fazendo? — falei com raiva.

— Desculpe, surtei.

— Não, você está bebendo toda a minha vodca. Pegue um drinque para você! Esse aqui é meu — falei, nervoso. — Aquela toalha nojenta estava bem na frente do armário para a minha mãe ver.

— A luz do corredor estava apagada. Ela provavelmente nem notou. Vamos, ela não tem como ter percebido. Que pessoa em sã consciência ia apanhar uma toalha escrito "toalha limpa-porra" e andar com ela nos ombros pelo apartamento do filho? — disse Rocco, tentando me acalmar. Aí ele fez uma pausa e falou: — Como ela pode não ter visto?

— Sei lá, Rocco — falei, entre os dentes. — O que eu sei é que *Gidget, a Anã* também estava bem à vista. Quem poderia não ver isso? Pelo amor de Deus, está escrito "Eles são pequenos, eles são doces e estão com tesão!" bem na capa! — falei, engolindo um gole gigantesco de vodca. — Ela não tem como não ter visto isso! Não dava para não ver. É quase como se alguém tivesse colocado o filme ali de propósito para alguém achar. — Inclinei a cabeça e olhei para ele.

— Não comece. Ela não pode ter feito isso — disse Rocco.

— Ah, Eva com certeza faria isso. Ela vai ver quando entrar por essa porta de novo.

— Já chega. Vou me deitar.

Sempre que Rocco não sentia vontade de lidar com alguma coisa, ele ia se deitar, supondo que tudo ficaria mais claro de manhã. Dessa vez eu sentia vontade de ir com ele, mas não podia.

— Mas espere! — falei, num sussurro bem alto.

— Não, já aguentei demais sua insanidade por hoje. Vou dormir. Você decide o que vai fazer — ele disse, depois beijou minha testa. — Boa noite.

Então pensei em fazer o que eu faço melhor em situações estranhas. Nada. Peguei minha bebida e me sentei numa das pontas do enorme sofá em módulos. Minha mãe sentou na outra ponta e bebericou sua taça de vinho enquanto folheava uma revista *People* velha.

— Eu devia fazer isso mais vezes — disse ela.

— Mãe, você já vem a Nova York com bastante frequência — falei, rindo.

— Não, tomar uma taça de vinho de vez em quando em casa. Não sei por que não tomo.

— Com certeza você devia tomar. Alcoolismo na terceira idade está super na moda.

— E pelo visto rapazes espertinhos também — disse ela, rindo.

Na verdade, quem estava ligeiramente tonto era eu. Liguei a televisão para ela não perceber.

— O que você está a fim de assistir? — perguntei.

— Tanto faz. Eu provavelmente vou me deitar daqui a pouco mesmo.

Era como se eu estivesse no sofá da casa dos meus pais. Parecia tão normal quanto deveria. Se foi o copo gigante de vodca tônica ou apenas a presença da minha mãe, não sei, sei que eu estava relaxado e finalmente percebi que todo aquele estresse tinha sido por nada. O que eu achei que iria acontecer? Depois de tudo pelo que a gente tinha passado... Eu era um idiota e, graças a Deus, ela não descobriu nenhum dos presentes da Srta. X. Olhei de jeito vazio para a televisão e continuei passeando pelos canais, até chegar a um programa que não reconheci, mas minha mãe, sim.

— Espere, fique aí. Oh, meu Deus, não vejo isso há anos. Nem sabia que ainda passavam reprises desse programa velho — disse ela, empertigando-se de repente.

Analisei a TV, tentando descobrir o que a gente estava assistindo. Achei que eu tinha uma boa base de dados de programas televisivos armazenada no meu cérebro.

— Não faço a menor ideia do que é isso — disse eu.

— É Sally Field. Você não está reconhecendo? Ela é a *Gidget*.

Uma imagem da versão pequenina de Gidget passou pela minha cabeça e meu pânico voltou por um momento. Então, olhei para Sally Field na praia e percebi que a Gidget que imaginei estava a léguas de distância da pessoa de que minha mãe estava falando. Relaxei de novo no sofá.

Minha mãe continuou:

— Eu a adorava quando era pequena. Queria ser igual a ela — disse minha mãe, sorrindo.

— Sério, mãe?

— É. — Ela fez uma pausa e, sem perder o tempo da piada, disse: — A *Gidget* da Sally Field, não a que vocês guardam no armário.

O que diz a mamãe

Como adolescente no fim dos anos 1960, eu adorava assistir aos filmes da *Gidget* e ao programa de televisão, que durou pouco. Como a personagem principal do programa, eu também era uma "garotinha com GRANDES ideias" e dizia isso a quem quisesse ouvir.

Gidget e eu tínhamos muito em comum, principalmente nossa personalidade forte. Como meus pais sempre diziam às pessoas, a última palavra sempre tinha que ser minha. Eles não estavam de todo errados. Sempre que me mandavam fazer alguma coisa, eu perguntava: "Por quê?" Isso provavelmente tirava meus pais do sério. Talvez, só talvez, seja daí que venha a teimosia de Robert. Gidget e eu também compartilhávamos o mesmo espírito aventureiro e a paixão para fazer tudo o que só os meninos faziam. Enquanto as outras garotas da minha idade aprendiam a costurar ou se maquiar, eu cortava a grama do jardim, tirava as ervas-daninhas, fazia esqui aquático e nadava. Acho que é por isso que eu gostava tanto da Gidget.

Gidget nunca gostava que lhe dissessem que algo era reservado apenas para os meninos, e nem eu. Então, quando me disseram que eu não podia me inscrever para o posto de salva-vidas no lago da região porque eu era menina, fiz o que eu sempre fazia, perguntei por quê. Os funcionários dos parques e do escritório de recreação não conseguiram dar uma resposta direta e no fim o gerente do parque tentou me dizer que eles não estavam contratando ninguém, embora eu soubesse pelos meus amigos que estavam. Eu não iria aceitar um não como resposta.

Implorei para o gerente me dar uma chance, mas ele ignorou meus apelos Então eu apareci todos os dias para nadar junto com os meninos. Ele mesmo assim não cedeu — e também, convenientemente, esqueceu que tive aulas de salvamento durante quatro anos seguidos e que passei em todos os testes de primeira. Isso ainda assim não importava para ele, mas ele não conhecia minha determinação. Eu não era do tipo que aceitava um não. Continuei indo todos os dias apesar dele, para provar meu valor. Ensinei os pequenos a nadar e até alguns pais, até que finalmente ele me deixou fazer o teste para o cargo. Gidget e eu éramos irmãs de alma.

No dia do meu teste, fui muito melhor que os garotos em todos os quesitos de agilidade e nos testes de salvamento. Não havia como negar que eu era a pessoa mais qualificada para o posto, e o gerente não teve escolha senão me deixar ser salva-vidas naquele verão. Eu era a única garota que pensou em se candidatar. Meus pais não acreditavam. Eles sabiam que eu era teimosa, mas isso superava suas expectativas. Quando contava essa história aos amigos e à família, eles costumavam usar as palavras "revolucionária" e "feminista". Eu era uma jovem garota de uma cidadezinha e não percebi que todo um movimento em prol dos direitos das mulheres estava acontecendo no resto do país. Eu só sabia o que era justo e o que não era, e esse princípio me guiou ao longo de boa parte da minha vida até hoje.

Por mais maluco que possa parecer, eu muitas vezes sonhava em morar em uma cidade grande como Paris quando pequena, como Gidget. De certa maneira, ela era meu alter ego, alguém através de quem eu poderia viver indiretamente. Porém, Paris não estava no meu futuro, e, depois da minha gravidez, meus planos de vida mudaram, como os planos de vida costumam mudar. Mas eu me lembro que, quando abandonei esse sonho, outro sonho, de ter uma família, estava começando. Jurei para mim mesma que desfrutaria da minha vida ao máximo... exatamente como a minha Gidget.

Décadas depois, quando Robert estava prestes a se formar na faculdade, ele avisou que iria se mudar para Nova York. Eu na mesma hora reconheci o brilho "à la Gidget" em seus olhos. Era igual ao que eu tinha. Ele estava determinado a ir para onde achava que era seu lugar, de modo muito parecido com a certeza que eu tinha de que deveria estar sentada naquela cadeira de salva-vidas. Não faria diferença se a gente tentasse convencê-lo a não fazer isso, aquele rapaz iria para Nova York com ou sem a nossa bênção.

No fundo senti uma pontada de inveja, e ao mesmo tempo muito orgulho dele por ter a coragem de fazer algo fora da sua zona de conforto. Ele sempre quis morar em uma cidade grande e provou que era capaz disso. Porém, eu sabia que Robert não seria o único membro da família a desfrutar da animação de uma metrópole. Eu também viveria a emoção de andar pelas ruas de Manhattan. Adorava quando outros turistas me paravam nas ruas e *me* perguntavam a direção para algum lugar, ou quando a gente ia a algum restaurante e os funcionários lembravam de nós. De certa maneira, vivi a aventura nova-iorquina sem na verdade precisar morar de fato lá.

Ele compartilhou grande parte de sua vida e das suas histórias comigo. Fico incrivelmente feliz por ele e me sinto abençoada por ele ter permitido que eu fizesse parte disso tudo. Ainda adoro quando visito Nova York porque nunca sei o que irei descobrir a respeito de mim mesma. Quem diria que depois de tantos anos, ainda sinto aquela conexão especial com a Gidget? Então, quem sabe no fim das contas eu estivesse vivendo o sonho dela... só que não o da "outra" Gidget que encontrei naquela noite no roupeiro de Robert.

CAPÍTULO VINTE

Brownies light

Brownies deliciosos que contam apenas dois pontos no sistema dos Vigilantes do Peso; ou o que eu estava fazendo quando minha mãe despejou uma bomba

Uma das muitas coisas que minha mãe e eu temos em comum é nosso amor por chocolate. Não importa se é no bolo, no biscoito, no café ou no brownie. Se tem aquele gosto espesso, grudento e chocolatoso, atacamos. O triste é que tínhamos um grande problema nas mãos. O Vigilantes do Peso não permitia nossas comilanças de chocolate. Minha mãe estava determinada a encontrar um remédio para esse dilema.

Eu tinha virado um viciado na CNN e estava olhando distraído a televisão quando ela me ligou para contar da sua última descoberta, um brownie *fat-free* que tinha gosto de chocolate mesmo, diferente das versões com gosto de papelão às quais eu tinha me acostumado nos últimos meses.

Brownies light pareceram a resposta às minhas preces. Rapidinho desliguei o telefone e corri para o mercado para comprar minha caixa de delícia achocolatada. Essa é a beleza de morar em Nova York. Você pode comprar qualquer coisa, 24 horas, sete dias por semana. Encontrei a mistura para Brownies Light entre minhas duas ex-amantes, a Nestlé e a Pillsbury. O porco na frente do caixa me fez parar. Eu já estava me sentindo um gordo na fila do caixa com três caixas de Eskibon e uma Coca Diet. Agora isso? O caixa estava me criticando; pude sentir.

Voltei bem a tempo de assistir Larry King.

Pat, um ministro evangélico, estava denunciando o "programa homossexual" dos Estados Unidos para Larry. Pat tinha ar triste e a testa enrugada de uma vida inteira franzindo a testa para os grandes programas que os gays estavam armando. Sua camisa branca abotoada até em cima infelizmente não impedia a passagem do oxigênio para fazê-lo desmaiar.

— Esses caras são espertos hoje em dia, e usam uma tática conhecida como "conversão" para angariar apoio — declarou ele num sotaque sulista forte e arrastado. Em geral eu considerava isso estranhamente atraente, mas no caso de Pat eu estava tendo mais uma vibe tipo *Amargo pesadelo*. Pelo que ele dizia parte da "conversão" gay era um esforço organizado que envolvia um ataque psicológico disseminado por programas de televisão como *Oprah* e, naquela época, o *Ellen DeGeneres Show* — o sitcom, não o programa de entrevistas. (Se ele soubesse que a única coisa que a maioria dos gays consegue organizar é uma festa, economizaria muito dinheiro em creme antirrugas.)

Ele era ridículo demais, e eu estava prestes a mudar de canal quando Pat começou um novo ataque, que me meteu tanto medo que coloquei de lado a caixa de Brownies light e fiquei imóvel na frente da televisão.

Há anos a Disney era um nome associado a torta de maçã, beisebol e o *American way*. Mas gente, acordem! O mundo vai para o inferno em via expressa graças a Walt Disney. Eles lançaram um ataque às famílias americanas ao adotarem essa agenda gay, gritou Pat. Nem Larry tinha certeza do que fazer com aquela tirada.

Uma coisa era dizer que os gays irão para o inferno ou para a danação eterna ou algum outro lugar que um bar gay logo poderia usar como nome, mas insultar minha Disney era blasfêmia. Dos 7 aos 13 anos, minha mãe nos levou à Walt Disney World debaixo do sol escaldante da Flórida durante um dos meses mais quentes do ano para que os filhos pudessem invadir o Magic Kingdom como qualquer outra criança.

Quando eu tinha 8 anos, passamos dois dias infernais sem encontrar nenhum personagem da Disney. Claro, os brinquedos eram ótimos, mas a gente tinha ido para lá para ver o Mickey e sua turma. Minha mãe começou a sentir o descontentamento no pelotão. Não era declarado, mas ela percebeu. Quando ela perguntou para um de nós o que a gente estava achando do parque temático, um retumbante "legalzinho" foi a resposta dada por mim, meu irmão e minha irmã. "Legalzinho" é a última palavra que deveria sair da boca de alguém na Disney World. Mais tarde, depois de se acalmar de uma injeção de glicose de sorvetes, minha mãe entrou no hotel com um brilho nos olhos e segurando cinco ingressos. Seu cabelo estava despenteado, e seus olhos ardentes. Logo me inclinei na direção da janela, para o caso de precisar fugir caso ela começasse a atirar.

— Vocês querem ver alguns dos personagens? — perguntou ela com a voz trêmula. (Minha mãe nunca conseguia gritar; sua voz sempre tremia, o que a fazia parecer um sapo no cio.) — Eu vou mostrar uns personagens a vocês! — Então ela atirou os ingressos em cima da cama. Eles, descobrimos mais tarde, eram para o Café da Manhã com Personagens da Disney, onde, pelo equivalente a dois meses da parcela de hipoteca de uma família, eles poderiam comer um café da manhã chinfrim de ovos malfeitos e mingau com os personagens da Disney desfilando ao redor. Genial!

Vestido com short azul celeste, uma camiseta do Pateta, meias esticadas até os joelhos e uma apropriada viseira, eu era um desastre fashion aos 8 anos de idade. Porém me preparei para conhecer a realeza da Disney. Meu irmão e minha irmã me deixaram de lado na tradição bastante não Disney de tentar comprar cerveja como pré-adolescentes na loja de conveniência do estacionamento que ficava do outro lado da rua. Fiquei aos cuidados da minha mãe e da minha avó.

Olhei para a torrada no meu prato enquanto o Tigrão, do *Ursinho Pooh*, saltava pelo salão, de mesa em mesa. Minha avó começou a cantar bem alto *It's a small world*, que estava tocando baixinho no som estéreo do restaurante. Eu me afundei ainda mais na cadeira enquanto Tigrão balançava aquela bunda listrada nas outras mesas, sem nem sequer uma vez vir até a nossa. Quando ele começou a sair do salão, ouvi minha mãe gritar:

— E a nossa mesa?

O felino se virou e deu de ombros antes de partir. Eu teria ficado feliz de simplesmente pular aquela refeição e ir encontrar meu irmão e minha irmã, que tentavam comprar cerveja. Isso sim teria sido diversão! Minha mãe olhou para mim e me viu sorrindo, desapontado.

— Volto num minuto — disse ela, pedindo licença da mesa.

Agora minha avó estava cantando o tema de *A casa do Mickey Mouse*. Dali a alguns minutos, minha mãe voltou para a nossa mesa acompanhada da verdadeira nobreza da Disney: Mickey, Minnie e Donald. Até hoje, não sei o que ela deu para eles, mas essa é a minha mãe. Ela queria ter certeza de que eu teria a mesma experiência de qualquer outra criança.

Daquele dia em diante, a Disney World se tornou uma instituição sagrada para mim, e enquanto eu estava ali sentado no sofá, um cara qualquer do Conselho de Pesquisa das Famílias Cristãs Preocupadas dos Estados Unidos, ou algo do gênero, culpava a Disney pela nova agenda gay.

— A Disney é um dos principais promotores do estilo de vida homossexual, bem como da agenda política e social homossexual que está se espalhando mais rápido do que a AIDS em uma casa de massagem — argumentou ele. — Precisamos parar a diretriz gay da Disney, e para isso eu convoco um boicote nacional a essa empresa — acrescentou ele.

Eu não tinha certeza do que mais me incomodava, o monte horroroso de mentiras que esse fundamentalista estava vomitando ou o fato de eu não saber que tinha sido convidado a fazer parte da nova diretriz gay da Disney, empresa que eu apoiava com tamanha lealdade há tantos anos.

Essa foi uma das vezes em que fiquei feliz com o intervalo comercial. Eu me levantei e voltei a preparar meus brownies. Me sentia ridículo. Eu não só tinha a impressão de que aquele cara me roubara uma noite legal assistindo Larry King e comendo um pouco de chocolate; ele tinha me deixado assustado quando percebi que ele não era o único a acreditar nessas coisas. De acordo com o que contou a Larry, ele tinha 500 mil apoiadores. Isso era ódio o suficiente para silenciar dez vezes esse número de gays e lésbicas, pensei. Eu tinha acabado de pegar a caixa de Brownies light quando o telefone tocou.

Unte ligeiramente uma assadeira de 20 x 20 cm.

— Não são deliciosos? — perguntou minha mãe.

— Acabei de começar — falei.

— Você pelo menos já está batendo a massa?

— Não, quase. Aliás, você assistiu ao Larry King hoje? — perguntei com tom amargo.

— O que foi agora?

— Ah, só um idiota. A corda arrebenta sempre do lado mais fraco no caso dos gays, em tudo.

Eu não queria ser assim tão extremo, mas de alguma maneira me sentia como um daqueles caras com bandeiras de arco-íris e triângulos cor-de-rosa que, quando eu era pequeno, via na televisão no noticiário noturno e me encolhia de medo. Eles me deixavam incomodado, por me obrigarem a encarar a minha própria realidade. Por mais que eu os tenha abominado naquela época, eu os amava por colocarem a boca no trombone, porque eu sabia que tinha medo demais de fazer isso. A verdade é que minha vida tinha sido sensacional até então, graças à minha família maravilhosa, e eu não ia deixar nenhuma organização de pesquisa da família americana vir me dizer o contrário, muito menos que eu tinha uma "mente depravada".

Acrescente 2/3 de xícara de iogurte desnatado de baunilha e mexa bem até a massa ficar homogênea. A massa será bem espessa.

— Isso é tão ridículo quanto esse ministro de que você está falando. Tenho uma notícia para lhe dar: ser julgado e discriminado ocorre de muitas maneiras, e não se limita apenas aos gays — argumentou ela.

Pude sentir a raiva crescendo na sua voz, mas por algum motivo continuei a insistir, porque eu sabia que, ao contrário da Disney World, dessa vez ela não poderia garantir que seu filho recebesse o mesmo tratamento que todo mundo.

— Eu sei, mas por favor. Você consegue me dizer com sinceridade uma vez em que como heterossexual você tenha sido discriminada por causa da sua sexualidade?

Depois que a mistura seca for incorporada, mexa bem por aproximadamente um minuto, até que a massa esteja lisa e brilhante.

— Se quer saber, consigo. Quando eu estava grávida do seu irmão, fui julgada e discriminada.

— Porque você ficou grávida muito jovem. Mas, além da fofoca, nada demais aconteceu com você. Grande coisa! Eu tive que esconder quem sou durante 21 anos e encarar gozações e tormentos durante toda a minha vida.

De algum modo, minha raiva com aquele idiota na CNN tinha virado na direção errada.

Coloque a massa na assadeira untada e asse por 32-34 minutos.

Houve uma longa pausa. Eu sabia que tinha passado dos limites. Se estivesse em casa, teria recebido um tapa na boca, como era de costume quando eu ia além da conta. Por fim, ela disse em voz baixa:

— Não me deixaram frequentar o último ano do ensino médio porque eu estava grávida.

De modo bem parecido com meus brownies no forno, minha percepção da minha mãe e de sua vida "fácil" acabara de se queimar.

O que diz a mamãe

Uma coisa que aprendi na vida é que uma hora ou outra todo mundo pensa que foi o único ser humano do planeta vítima de uma injustiça cometida por alguém. A verdade é que isso acontece com todo mundo: gays ou héteros. Infelizmente, quem comete a injustiça costuma ser o mesmo tipo de pessoa.

Ficar grávida aos 17 anos em 1967 numa cidadezinha do Meio-Oeste foi tudo o que você pode imaginar que seria. Não preciso entrar em detalhes introdutórios para explicar como as pessoas podem ser maldosas, porque o canal Lifetime já aborda um número suficiente dessas situações, mas digamos apenas que foi tudo isso e um pouco mais. Eu era a última pessoa que alguém pensaria que ficaria grávida no colegial. Eu tinha grandes planos: fazer faculdade, ter uma carreira, *depois* casar e começar uma família, nessa ordem. Mas a vida nem sempre acontece do jeito que a gente planeja, como tantos de nós aprendem.

Naquela época, eu estava sentindo muitas emoções diferentes, principalmente vergonha e medo. (Eu odiava cuidar de crianças pequenas quando adolescente, e agora eu teria o meu próprio filho.) Meu maior obstáculo, ou assim eu pensava, era contar aos meus pais. Numa comunidade pequena, é difícil guardar segredo. No começo eu tentei, mas depois percebi que era inútil, pois um barrigão estaria a caminho em questão de meses. De modo parecido com Robert, eu tinha medo de envergonhar minha família por causa de algo que era parte de mim. Meu pai era um comerciante importante da cidade. O que as pessoas iriam pensar quando sua filha caçula aparecesse grávida e solteira? Eu precisava "me assumir" para meus pais, digamos assim, porque o tempo estava correndo.

Antes de eu poder contar a notícia aos meus pais, minha mãe veio conversar comigo e disse que sabia que eu estava grávida. Era uma dessas coisas que as mães simplesmente "sabem", embora ainda não desse na vista. Minha mãe deixou claro para mim que eu não precisava me casar, mas eu me casei, porque mesmo com todo aquele medo, eu amava Ron. Meu pai ficou mais do que desapontado comigo e com aquela situação. Ele inclusive me disse que não achava que o casamento iria durar. Ainda estamos juntos 37 anos depois, mas meus pais se divorciaram após 23 anos de casamento. Meu pai mais tarde se casou de novo e ficou 33 anos com sua nova mulher, até morrer, recentemente. Então aqui estou eu, uma garota que todo mundo achava que estaria divorciada dali a alguns anos, mas que bateu todos eles.

Entretanto, logo descobri que contar aos meus pais não seria o meu único obstáculo. A fofoca rapidamente se espalhou pela cidade, e minha vida de repente se tornou muito difícil. Meus pais aguentaram o tranco de toda aquela fofoca, de modo semelhante a como Ron e eu aguentamos as fofocas sobre Robert. Não é fácil ouvir os outros falando mal dos seus filhos; é como aquela sensação que se tem ao entrar em uma sala e todo mundo de repente parar de falar, só que isso não para. Meus pais ficaram ao meu lado, mas por dentro aquilo estava consumindo todos nós.

Eles me chamaram para a sala e me disseram que precisavam conversar comigo. Pude ver a dor nos olhos da minha mãe. A escola lhes havia mandado uma notificação de que eu não poderia mais frequentar a sala de aula. Teria que concluir o último ano do ensino médio em casa. Fiquei arrasada. Eu tinha passado de uma das garotas mais populares a pária da cidade. Chorei muito em casa, mas nunca demonstrei isso em público. Sempre mantive a dignidade. Mesmo aos 17 anos, eu dizia a mim mesma que cada um tem o seu próprio caminho de vida. Se o caminho dos diretores da escola incluía ignorância e preconceito em relação a mim, o problema era deles. Tentar fazê-los mudar de opinião ou entender não era trabalho meu. Meu trabalho era a minha vida.

Continuei a fazer da minha vida o meu trabalho, fazendo a mesma quantidade de tarefas escolares que todos os outros alunos. Meu orientador educacional enviava as tarefas para a minha casa toda semana. Eu precisava me redobrar como professora e aluna, mas surpreendentemente tirei algumas das notas mais altas da minha vida.

Meus colegas votaram em mim para rainha do Homecoming naquele ano, o que para a maioria das adolescentes seria o ponto alto da sua experiência na vida escolar, mas para mim foi dolorosamente irônico. Não me permitiram ir à cerimônia nem aceitar a coroa, por ordem da administração escolar. Esses estranhos me criticaram sem jamais terem tido uma única conversa comigo. Eu tinha sentimentos, esperanças, sonhos, como qualquer outra pessoa, mas isso não tinha importância, porque eu era diferente e eles não queriam passar a "mensagem errada" para o resto das alunas (como se elas fossem ficar grávidas só de olhar para mim). Em vez disso, coroaram minha melhor amiga, Linda, na mesma noite do jantar de ensaio da cerimônia do meu casamento. Isso foi duro.

No fim do ano, quando nossos *yearbooks* chegaram, eu mal podia esperar para que todos os meus amigos assinassem o meu antes de partirem para a faculdade. Meu orientador educacional enviou meu *yearbook* junto com as minhas tarefas escolares e, quando eu estava prestes a sair para pedir a assinatura de todos, folheei as páginas para ver se eu não estava com cara de idiota na minha foto. Nunca consegui tirar uma boa foto para esses livros, então queria ver se eu não estava parecendo uma completa idiota. Passei as páginas até chegar na minha turma e não encontrei uma foto minha em nenhum lugar. Primeiro achei que eu tivesse folheado rápido demais e não tivesse visto. Depois olhei para o resto do livro e notei que várias das minhas fotos haviam sido removidas. Era como se eu nem sequer existisse. Eu tinha sido apagada, simples assim. Até hoje fico assustada com o modo como as pessoas em posições de poder são capazes de corromper e destruir tanta coisa num piscar de olhos. Chorei por semanas a fio, até que as minhas lágrimas se transformaram em raiva. Acabei conseguindo falar com meu orientador educacional pelo telefone e lhe disse que, se ele queria guerra, era o que a escola teria, porque eu não iria mais aceitar ser tratada como cidadã de segunda classe. Ele me levou a sério e incluiu minha foto no livro do ano seguinte. Por isso eu sempre encorajei todos os meus filhos a nunca deixarem ninguém lhes roubar suas experiências de vida ou sua alegria. Às vezes, você precisa se levantar e lutar, mesmo quando sente que não vai conseguir vencer.

O ensino médio chegou ao fim e alguns dos meus amigos tentaram manter contato, mas apenas por algum tempo, depois logo sumiram. Depois de terminar a escola, me mudei para Bloomington, onde Ron estava cursando a universidade. Fiz vários cursos, mas, com uma família, eu sabia que a faculdade teria que esperar, e infelizmente ela está esperando até hoje.

Robert é muito parecido comigo. Nós dois tínhamos algo a dizer e nós dois sobrevivemos. A diferença é que eu acho que para mim foi um pouco mais fácil. Os crimes e o ódio contra os gays são aterrorizantes. A coisa melhorou, mas ainda existe, o que é errado demais. Tantos grupos fundamentalistas disfarçados de grupos "familiares" incitam o ódio em relação aos outros. Na época em que eu era adolescente eles não eram organizados, mas ainda sinto seu ódio por não me enquadrar no seu código moral.

Ao longo dos anos, passei a acreditar que meu propósito na vida é criar uma boa família, ser uma boa mãe e avó, e, acima de tudo, ser uma boa esposa. Acho que consegui fazer isso. Quando aceitei que não iria cursar a faculdade nem ter uma carreira, a vida ficou mais fácil; a pressão acabou. Robert sempre diz, quando eu estou para baixo: "Mãe, você é uma pessoa fantástica. Não precisa de faculdade nenhuma para lhe dizer o que você é. Suas ações falam muito mais." Tive uma vida ótima. Todos os meus filhos fizeram faculdade, se formaram com honras e têm bons empregos. O que mais eu poderia querer?

Para algumas pessoas, o propósito na vida é ser bom naquilo que têm diante de si. Minha família é a minha vida, e ser uma constante na vida deles é o meu propósito. Tenho grande orgulho da minha família e, graças a ela, tenho um orgulho enorme de mim mesma também.

CAPÍTULO VINTE E UM
Momento M'Lynn

Baseado no personagem de Sally Field em *Flores de aço* e em seu ataque de desespero e depressão no funeral da sua filha Shelby

Por mais clichê que pareça, é verdade o que as pessoas dizem: sua vida passa na sua frente em um piscar de olhos quando você está prestes a morrer. Eu nunca tinha entendido como isso seria possível, pois até então tivera uma vida tão completa, e, além disso, eu pisco bem rápido.

Eu estava na ala de emergência do St. Luke Roosevelt, pensando que iria morrer. Meu pulmão havia parado de funcionar — espontaneamente, segundo o médico. Ao que parecia, o meu pulmão esquerdo tinha se cansado da monotonia de inspirar e expirar e dito: "Que se dane. Vou fazer greve."

Observei os médicos enfiarem um tubo de oxigênio no meu nariz, prenderem um monitor cardíaco no meu peito e verificarem o tempo inteiro meus sinais vitais. Esperei que o filme da minha vida começasse a passar na minha cabeça, como eu tinha ouvido falar que aconteceria em tantos programas de entrevista diurnos. Pensei em escrever uma carta para a vidente Sylvia Browne reclamando. O bip do meu monitor cardíaco ficava mais rápido a cada minuto. A enfermeira correu até o meu leito e verificou meus sinais mais uma vez. Tentei dizer a ela que meu coração estava batendo assim tão rápido porque o barulho do monitor cardíaco estava me assustando muito, mas eu estava fraco demais para conseguir falar. Acabei fechando os olhos em protesto silencioso.

Dali a alguns minutos, um médico veio até a minha cama, segurou minha mão e me pediu para apertá-la. Olhei para ele e tive uma visão de nós dois terminando de jantar no Moomba juntos. Mesmo diante dos portões da morte, eu estava tentando conseguir uma paquera. Ele então me fez uma série de perguntas. Achei que era porque ele estava interessado em mim, mas minha mãe depois explicou que ele estava tentando ver se eu falava com coerência.

Enquanto ele falava, vaguei para outro devaneio. Mas, em vez da *minha própria* vida, por algum motivo meus pensamentos correram imediatamente para o filme *Flores de aço*. (Sendo gay, é um dos filmes obrigatórios a se ver.) Minha mente saltou por toda a história de fundo inútil e foi direto até a cena principal, em que Truvy, Ousier, Annelle e Clairee tentam consolar M'Lynn depois da morte da sua filha Shelby. De início ela é forte, mas no caminho de volta até seu carro, ela perde a cabeça. Eu ouvi o monitor cardíaco começar a rarear justamente quando M'Lynn estava chorando a plenos pulmões. As enfermeiras correram até mim enquanto minha cabeça não parava de repetir aquela cena, e eu imaginava se alguém havia me amado assim tão profundamente. Claro, eu sabia que meus pais me amavam, mas seria o tipo de amor que inspiraria um momento M'Lynn?

O monitor cardíaco disparou ainda mais rápido, e meus pensamentos finalmente abandonaram Sally Field e Shirley MacLaine e se voltaram para os meus pais. Minha própria vida por fim começou a passar na minha cabeça. *Isso deve ser para mim*, pensei. Quando eu chegasse do outro lado, teria que mandar um pedido de desculpas para Sylvia Browne. O quarto de hospital desapareceu diante dos meus olhos, e tudo o que eu vi foram lembranças e flashes da minha família. Era como assistir a um filme em *fast forward*.

Lembranças ao acaso começaram a preencher minha cabeça. Eu me lembrei do meu pai esperando de mau humor no que pareciam horas em um McDonald's pelos meus cheeseburgers especiais. Lembrei-me da minha mãe me levando ao show do Michael Jackson. Dos meus pais me ajudando a fazer as malas quando me mudei para Nova York. Flashes da minha vida e das pessoas que fizeram parte dela continuaram a rodopiar na minha cabeça. Pensei na minha mãe e nos nossos telefonemas diários do Vigilantes do Peso. Pensei em Diane, a líder maluca, dizendo que eu ainda estava meio gordinho. Eu me vi cantando karaokê com meus sobrinhos nos feriados.

Eu me lembro de dizer em voz alta:

— Oh, meu Deus. Agora entendi tudo. É assim que acontece.

Se isso era realmente a minha vida passando pelos meus olhos ou apenas o tubo intravenoso surtindo efeito, nunca vou saber. O que sei com certeza é que eu estava assustando as enfermeiras.

Com tubos no meu nariz, fios cobrindo meu peito, e um tubo intravenoso enfiado no meu braço, não pude deixar de pensar que essa seria a última imagem que meus pais teriam de seu filho. Achei que eu iria morrer, e, o que é pior, exatamente como a minha mãe temia: sozinho. Lágrimas começaram a queimar as laterais do meu rosto enquanto eu permanecia deitado ali em silêncio, no meio do caos ao meu redor.

Depois de enfiarem um tubo na lateral do meu peito para inflarem meu pulmão novamente, fui levado até a unidade de terapia intensiva, onde fiquei por três dias. Como seria de se esperar, minha mãe estava ao meu lado já no dia seguinte. Durante os sete dias que se seguiram, ela esteve no hospital durante todo o horário de visitas, do segundo em que elas começavam até o último minuto, quando então tinha que ser praticamente arrastada para fora pelas enfermeiras.

Com um pulmão teimoso que não queria inflar, eu me sentia completamente deprimido. Sempre imaginei ter um namorado fazendo vigília ao lado da minha cama de hospital nesse tipo de situação. Desde o fim do meu namoro com Rocco alguns meses antes, eu tinha bastante tempo para lidar com minhas próprias questões em relação à solofobia.

Conhecendo-me como só uma mãe pode conhecer, ela parava na delicatéssen toda manhã e me trazia um biscoito gigante no lugar da comida do hospital. Era exatamente o remédio que eu precisava. O Vigilantes do Peso foi atirado pela janela, e nós rimos enquanto contávamos a quantidade de pontos por biscoito. Aos poucos eu comecei a me recuperar, e até hoje, acredito piamente que, se ela não estivesse ali, isso teria demorado bem mais.

À medida que eu me fortalecia física e emocionalmente, tomei outra decisão. Finalmente percebi que talvez eu jamais encontrasse um namorado, que dirá um parceiro para a minha vida, e que tudo bem. Ninguém colocou isso de modo melhor do que Carrie Bradshaw nas suas frases finais em *Sex and the City*: "O relacionamento mais empolgante, desafiador e significativo é o que você tem consigo mesmo.

E, se você encontrar alguém que ame o você que você ama, então é fabuloso."

Na noite anterior à minha alta, passou *Flores de aço* na televisão. Eu estava na cama do hospital e olhei para minha mãe, que dormia na sua cadeira. Percebi o quanto aquela mulher tinha feito por mim. Ela me amava incondicionalmente, gay ou hétero. Acima de tudo, ela era mãe, e eu era seu filho: o resto não passava de detalhes. Ela começou a roncar enquanto meus olhos se enchiam de lágrimas. Peguei o controle remoto e desliguei o filme. Eu já estava vivendo a minha própria versão de um momento M'Lynn.

O que diz a mamãe

Enquanto eu estava no primeiro avião que saía da cidade, para ficar ao lado de Robert, tive bastante tempo para pensar no quanto ele significava para mim e para nossa família. Ele estava sempre sorrindo, sempre feliz e sempre tentando fazer todos à sua volta se sentirem à vontade. Era um tempero para a vida como ninguém que eu conhecera. Saber que ele estava numa cama de hospital sozinho me partia o coração. Meu voo não chegava rápido o bastante. O pai dele quis ir também, mas estava trabalhando, e nós não tínhamos certeza da gravidade da situação, nem de quanto tempo eu precisaria ficar.

Durante o voo, pensei nele sempre me dizendo que eu precisava ser mais independente para conseguir passear por Nova York sozinha. Adoro viajar, principalmente de avião, mas as metrópoles às vezes me assustam. Eu lhe respondia que eu sempre estaria ou com ele ou com seu pai quando estivesse em Manhattan, então por que me dar o trabalho? Ri sozinha no meu assento. Aquele merdinha. Eu teria que conseguir chegar ao apartamento dele e ao hospital sozinha. Na minha última visita, eu finalmente me acostumei a pegar táxis sozinha. Eu tinha a impressão de que uma parte dele devia estar no fundo gostando do fato de eu precisar encarar alguns dos meus maiores medos. Não sei por que eu estava tão preocupada, se criei três filhos e tudo correu bem. Com toda certeza consigo me virar sem a ajuda de Robert, pensei.

Quando cheguei ao hospital, ele estava adormecido. Ligado a ele havia um monitor cardíaco e um tubo saía de entre suas costelas. Eu fiquei aliviada ao vê-lo descansando porque, quando ele acordou, veria sua mãe ali esperando para saber que diabos tinha acontecido com ele.

Tanto a enfermeira quanto o médico me informaram o que estava acontecendo e me disseram que tudo poderia ter sido bem pior se o porteiro do seu prédio não tivesse visto ele cair e ligado para a emergência. Senti meu estômago embrulhar. Não tinha percebido o quanto a coisa era grave. Finalmente, depois de repassar todos os detalhes, recebi a notícia de que ele ficaria bem. Soltei um grande suspiro de alívio e estava pronta para cuidar de novo do meu caçula. Robert acordou e deu um sorriso enorme. Com o tipo de sorriso malandro que só ele sabe dar, olhou para mim e me perguntou como eu consegui me virar em Nova York. Eu disse a ele que me virava muito bem sem sua ajuda. Não quis admitir que de início fui parar no hospital errado.

Em um ou dois dias, Robert já estava começando a se sentir bem melhor. Só sei disso porque ele me perguntou se eu não me importaria em trazer uns biscoitos da padaria que ficava em frente ao hospital. Ele é bem parecido nisso comigo: basta nos dar algo doce para nos sentirmos melhores, não importa qual seja a situação. Nos dias seguintes, fiquei conhecendo o pessoal da padaria e eles costumavam ter o biscoito dele à minha espera quando eu entrava. Enquanto eu aguardava na fila para pagar, olhei ao redor para os diferentes rostos do lugar. A maioria eram rostos familiares, de gente que eu tinha visto andando no saguão do hospital. Supus que muitos fossem familiares ou amigos visitando alguém que amavam. Isso me levou a pensar na fragilidade e na complexidade da vida.

Quando chegamos ao xis da questão na nossa vida, todos nós temos que lidar com algumas situações difíceis. Seus problemas podem não ser tão ruins quanto o do cara ao lado, mas não significa que eles não existam. E quando você pensar que ninguém no mundo poderia estar passando por algo pior que você naquele exato momento e você está sentindo uma dor que parece inimaginável, abra a boca e converse com alguém, porque há muita chance de essa pessoa ter passado por coisa pior. Você não é o primeiro a sentir dor, nem vai ser o último.

É impressionante como podemos nos torturar para acreditar que nossos problemas são insuperáveis. Robert percebeu, quando seu pulmão parou de funcionar e ele passou uma semana no hospital, que sua família estava ao lado dele para o que der e vier. Para mim, o fato de ele ser gay foi a última coisa que passou pela minha cabeça; eu simplesmente não queria perder o meu filho. Desde que Robert se assumiu, passei a falar muito mais sobre os direitos dos homossexuais. Robert tenta explicar muitos desses direitos para mim e o que deveria estar acontecendo no governo em relação a eles. Entendo parte do que ele diz, mas comparo isso à época em que Robert jogava tênis no colegial: eu não entendia completamente, mas conseguia acompanhar e continuei a apoiá-lo até a última partida.

Enfim: todos nós precisamos nos recompor e seguir em frente — a vida é curta demais.

CAPÍTULO VINTE E DOIS

Bicha das Mães

Ninguém sabe o trabalho que dá manter o lar unido.
Ninguém sabe os passos que isso exige,
ninguém a não ser a mãe

— Anônimo

Ninguém sabe as besteiras que eu faço, a não ser minha mãe.

— Robert Rave

De: Robert Rave
Para: Jane Rave
Enviado em: 6 de maio 11:21AM
Assunto: FELIZ BICHA DAS MÃES

Desculpe, não vai dar para ir para casa este fim de semana para passar o Dia das Mães com você. Tentar organizar tudo para me mudar para LA tem sido um pesadelo maior do que eu havia imaginado. Eu teria convidado você para passar o Dia das Mães aqui, mas quem eu estaria enganando? Eu teria colocado você para organizar tudo e você teria exigido que eu a levasse para tomar cosmopolitans — todas as noites.

Não dá para acreditar que já faz dez anos que eu me assumi para você. Na verdade, não dá para acreditar que tenho 31 anos. Você percebe que sou praticamente irrelevante na comunidade gay com essa idade, não é? Brincadeirinha, brincadeirinha. Mas, sério, agora estou atrás de um bom Botox. Talvez você possa fazer isso também na sua próxima visita.

Enfim, voltando a falar do Dia das Mães ou, nesse caso, Bicha das Mães — já que você é a mãe da bicha mais irada do mundo. Preciso lhe dizer que você lidou com minha revelação com a maior graciosidade e amor. Você nem por um minuto hesitou em me apoiar e isso me ajudou a me tornar o homem que sou hoje. Isso também me fez economizar uma fortuna com terapia, então só por isso já sou agradecido.

De certa maneira, sinto como se tivesse me assumido semana passada. Ainda me lembro de como você me repreendeu brincando por não ter lhe contado antes e depois pela decisão de gênio de enviar uma carta para você e papai, em vez de telefonar. Nunca disse que eu era seu filho mais inteligente.

Nós dois sentimos as pressões de ficar em forma e ter boa aparência mesmo quando nossa vontade era comer uma fatia enorme de bolo de chocolate. (Não comece de novo com aqueles malditos pontos.) Durante anos, não conseguia ir a lugar nenhum sem calcular tudo na minha cabeça. Eu era uma espécie de "Rain Man" dos pontos. Não foi legal.

Percebi que não só eu me assumi para você, como assumi *você* — pela cidade. Tenho orgulho de dizer que você tomou seu primeiro cosmopolitan comigo — e o segundo, o terceiro, o quarto, tudo na mesma noite, devo acrescentar. Porém, fiquei tão satisfeito de ver um grupo de amigos meus de Nova York e também estranhos completos percebendo o quanto minha mãe interiorana do Meio-Oeste é sensacional.

Você me ouviu reclamar dos homens com quem saí, algo que nem nos meus sonhos mais ousados de menino no armário eu imaginaria falar para a minha mãe. Tentou indicar caras que você achava que fariam um bom par comigo — muito embora alguns deles mais parecessem *serial killers*. Até ameaçou "ter uma conversa séria" com um canalha que partiu meu coração. Veio visitar meu namorado e eu no nosso novo apartamento sem hesitar momento algum.

Você também não teve receio de me contar quando minhas neuroses estavam me dominando, o que, nos meus vinte anos, e às vezes até hoje, aconteceu muitas vezes. Você me salvou de dívidas sérias no cartão de crédito. Discutiu depilação com o resto da família, quando era um assunto meu. Você me disse que você ou meus amigos poderiam resolver os meus problemas da mesma forma que qualquer terapeuta. Não tenho 100% de certeza se concordo com isso, mas eu segui ao pé da letra e até curti seu conselho de que eu simplesmente precisava comer mais!

Você me lembrou que a coisa essencial a ser lembrada era permanecer fiel a mim mesmo e ser uma pessoa autêntica.

Eu sempre soube que você era uma pessoa formidável, mas achava que todas as mães eram. Não conhecia nada diferente. Quando fiquei mais velho, percebi que tenho muita sorte de ter uma mãe como você.

Feliz Dia, ou melhor, Bicha das Mães!

Eu te amo.

Robert

O que diz a mamãe

De: Jane Rave
Para: Robert Rave
Enviado em: 6 de maio 1:34PM
Assunto: Re: FELIZ BICHA DAS MÃES

Oi, Robert!
Obrigada pelos votos de "Bicha das Mães". Acho eu.

Queria lhe escrever rapidinho para contar o quanto tenho orgulho de você finalmente ser aberto com a sua vida. Você tirou um peso de cima dos ombros e posso ver nos seus olhos e no sorriso ainda maior do seu rosto. Você precisou de muita coragem para fazer o que fez, e tenho muito orgulho de você.

Você me fez parar e pensar sobre a minha própria vida e sobre como preciso ser sincera comigo mesma, por ter me casado tão jovem e me sentido uma fracassada por ter engravidado. Seria de se pensar que depois de 43 anos de casamento, eu teria relaxado, mas sou muito exigente comigo mesma.

Admiro você por não esconder mais seus sentimentos em relação a ser gay e conseguir contar para a gente. Agradeço muito por você ter dividido tanta coisa da sua vida comigo e por me levar até Nova York e por adorar cada minuto.

Acho que nós dois nos assumimos, por assim dizer. Ha ha.

Acho que conheço você muito bem e pelo tom do seu e-mail tenho a impressão de que você está me preparando para alguma coisa, mas não tenho certeza do quê.
Você está sempre aprontando alguma.

Saudades.
Seu pai e eu vamos ligar para você no fim de semana.

Com amor,
Mamãe

CAPÍTULO VINTE E TRÊS

O início

Um novo começo e uma nova ideia

Eu estava diante da decisão mais difícil que todo nova-iorquino deve enfrentar. Quando ir embora? Pelo menos duas ou três vezes por ano, a maioria dos nova-iorquinos se pergunta isso. Entretanto, com grande determinação, eles perseveram e continuam a ter um dos melhores endereços do mundo. Com eterno otimismo, os nova-iorquinos se agarram com unhas e dentes ao sonho de um dia viverem a vida que sempre sonharam quando chegaram aqui e se mudaram para uma quitinete de cinquenta metros quadrados. Um sonho que poucos chegam a realizar.

Algo dentro de mim dizia que era hora de ir. Se eu não fizesse isso agora, nunca conseguiria minha chance na vida e estaria no meio de uma eterna luta para sobreviver. Eu precisava dar uma guinada na minha carreira e de fato começar a minha "vida adulta", pois meu aniversário de 30 anos estava chegando. Porém, a sensação que eu tinha é de estar rompendo com a cidade que eu tanto amei e por tanto tempo.

Um dos meus piores medos se materializou na forma de uma brochura do Alternative Living for the Aging, uma vila para gays aposentados. A ideia de estar rodeado de um grupo de bichas velhas em um "lar" fofocando me deu vontade de vomitar. Já podia ouvir: "Mary, você sabe que aquela biba é tão tarada que sentaria numa maçaneta se deixassem", enquanto remixes antigos da Mariah Carey tocavam na sala de atividades. Eu tinha acabado de fazer 30 anos e, pelos padrões gays, havia cruzado o limite do "que gostoso" para "que idoso", como diria a onipresente Paris Hilton. Eu ainda não tinha nada de significativo para mostrar depois de todo o meu trabalho, e, como qualquer gay, comparava minhas conquistas às dos meus colegas. Eu não era exatamente uma vítima da "máfia de veludo", mas com certeza tinha chegado a hora de me mudar. No mesmo instante em que tomei a decisão, minha mãe ligou.

— O que está acontecendo na cidade grande? — perguntou ela.

— Ah, você sabe, só estou canalizando meu Truman Capote interior.

— Não escreveu nem uma palavra, né?

— Nenhuma.

— Você acha que eu pareço uma lésbica? — perguntou ela. Ela muitas vezes começava no meio de um pensamento, como se a gente estivesse conversando há horas. Segurei o informe do lar para aposentados e olhei no espelho.

— Lésbica? Por que você diz isso? — perguntei, examinando minha testa, com medo diante da ideia de colocar Botox futuramente. Eu estava em vez disso planejando uma ida ao balcão de cremes anti-idade da Saks quando ela continuou.

— A mocinha do salão de beleza disse que achou que eu tinha cortado meu cabelo curto demais e estava parecendo uma lésbica.

— Você fala isso como se fosse uma coisa ruim.

Então de repente, depois de meses de ócio criativo, uma ideia nasceu, graças ao corte de cabelo curto e eficiente da minha mãe. Nós escreveríamos um livro juntos, mãe e filho, um livro que mostraria nossa visão das percepções e dos mitos em torno do que é ser gay e do que é ter um filho gay. Abriríamos um diálogo entre pais e filhos dos anos à frente. Era algo completamente novo e original. Só tinha um problema: fazer minha mãe aceitar.

Minha mãe sempre foi do tipo de pessoa que protege "a família". Ela e a cidade de Las Vegas compartilham o mesmo mantra: "o que acontece na família *permanece* em família." Embora sejamos uma família branca do Meio-Oeste, você acharia que ela é a própria Mama Soprano. Certa vez ela excomungou uma prima por contar a uma amiga em comum que minha irmã tinha sido suspensa da escola por ficar bêbada e vomitar no sapato do diretor. Até hoje as duas não se falam. E agora eu queria escrever um livro sobre a experiência da nossa família. Eu podia dar adeus à minha herança.

Alguns meses depois, minha mãe e eu estávamos sentados num canto da Pastis em Nova York. Eu imediatamente pedi um café para ela, para ter certeza de que ela teria cafeína suficiente nas veias, caso o choque da minha notícia fizesse seu coração parar de repente.

Fiquei sentado vendo ela tomar seu café e inspirar o ar matinal de Nova York. Claro que *ela* estava em um estado de graça, bebendo café e esperando sua rabanada. *Rabanada?*, pensei. Como ela podia ter fome, se meu estômago estava se revirando em agonia? Achei que as mães conseguiam perceber quando os filhos estavam em crise.

Quando eu estava prestes a desembuchar meu plano, um grupo de gays bem arrumados de 30 e poucos anos se sentou na mesa ao nosso lado, cada um mais sexy e musculoso que o outro. Esses aí eram ouro gay, coisa que eu não era. Minha autoestima foi ao chão enquanto minha mãe parecia não notar a existência deles. Estava satisfeita ali bebericando seu café e passando uma tarde de domingo com seu filho.

Meu desespero aumentou. Eu sabia que tinha que agir rápido. Por sorte, meu último emprego como relações-públicas em Nova York tinha me dado um treinamento excelente na arte de manipular. Tomei o último gole do meu café expresso e finalmente soltei:

— Mãe, acho que a gente devia escrever um livro juntos.

Ela lentamente se recostou na sua cadeira, olhou para mim, remexeu o corpo ansiosa, segurou o café e deu um gole enorme, depois, por fim, respondeu com uma risada.

— Muito engraçado. Você sabe que eu não sei escrever.

— Claro que sabe. Você é hilária — falei, trêmulo. Eu a achava engraçada, mas será que os outros também iriam achar engraçada a minha mãe PVV (Prisioneira do Vigilantes do Peso)?

— E sobre o que eu iria escrever? — perguntou ela, enquanto o garçom despejava mais café em sua xícara. Quando ele estava se preparando para ir embora, ela agarrou seu braço com força e murmurou: — Deixe o bule aqui.

O garçom nervoso deixou o bule de café conosco e recuou devagar da mesa.

— Bom... — falei, enquanto um nó crescia na minha garganta a cada segundo que passava. — Seria sobre nossas experiências, de como você aprendeu coisas sobre a minha vida pessoal. — Ela não estava entendendo. — A gente poderia escrever sobre... você sabe... como dizer isso?

— Que você é gay? — soltou ela.

— Bingo.

— E-e-eu não sei, Robert — gaguejou ela. — Não é que eu tenha vergonha de quem você é, mas simplesmente não sei se conseguiria fazer uma coisa dessas. Sou muito reservada e... e isso... bom, isso não é.

Ela precisava de mais. Eu me apressei para dizer que o livro não seria apenas sobre mim, mas sobre a maneira como as nossas vidas sempre andaram em paralelo. Não conseguia olhar no rosto dela, por isso fiquei encarando o padrão dos azulejos.

— Nós dois enfrentamos o preconceito e nós dois o superamos — disse eu.

Olhei para o rosto dela, que agora estava vermelho e molhado de suor.

— Por que você quer contar a toda essa gente sobre o que é ser gay? Achei que você tinha dito que sua sexualidade não tinha importância — disparou ela.

— Quero fazer isso porque isso pode fazer diferença na vida de algum menino que precisa viver uma mentira.

— Mas por que eu?

— Porque você é a voz das mães nesse país que têm filhos gays e tentam entendê-los. Você é a *Mãe Vermelha* perfeita.

— Mãe o quê? — perguntou ela, confusa.

— Você vem de um estado vermelho. Tem valores "conservadores". Você é, como diria Chaka Khan, *uma mulher comum*. — Minha referência a Chaka foi recebida com um olhar confuso. Continuei: — Sua voz faz com que os pais saibam que não tem problema rir com os filhos sobre sua sexualidade, ao contrário do típico cenário de desastre e tristeza.

— Então, você seria o meu filho azul — brincou ela.

— Exato. — Sorri. Ela me deu um olhar comprido e duro, o suor continuando a descer pelo seu rosto. Enquanto se remexia em sua cadeira, ela não tirava os olhos da mesa cheia de homens bem-sucedidos e gatos ao nosso lado. Ela observou tudo: seus dentes brancos de cegar os olhos, sua pele sem rugas perfeita, o cabelo cortado a navalha, e por fim suas roupas com caimento perfeito. Olhou para mim e não pôde evitar reparar em meu jeans largo e rasgado e na minha camiseta retrô "Minha Mãe Acha que Sou um Partidão". Entretanto, foi nesse momento que a minha mãe entrou na *minha* realidade.

Foi como se ela estivesse enumerando todas as minhas inseguranças, esperanças e sonhos — não somente como seu filho, mas como homem gay. Ela começou a entender minha neurose com o trabalho, as pressões de ser sexy e viável mesmo depois dos 30 e o medo paralisante de acordar sozinho todos os dias. Aquelas eram questões universais, e ela finalmente entendeu sua importância e a minha necessidade de compartilhar a *nossa* história com o resto do mundo, mesmo que ao risco de alienar não apenas ela, como também o resto da minha família, por escrever um livro assim tão honesto.

Ela respirou fundo, olhou direto nos meus olhos e disse:

— Se é isso que você precisa que eu faça, eu faço.

Seu tom era tão maquiavélico que até eu fiquei meio assustado. Eu não estava exatamente pedindo que ela fosse conversar com meu agente, mas já que ela concordou em fazer isso assim tão fácil, achei que poderia logo cuidar desse assunto. Colocar isso na minha lista de coisas a fazer.

Eu não tinha palavras.

— Precisa ser autêntico. Nada de estereótipos. Vamos contar a *nossa* história, não um clichê — disse ela como quem não quer nada. A maioria dos filhos faria um *scrapbook* para seus pais. Eu, por outro lado, estava pedindo que minha mãe escrevesse um livro para publicação.

— Posso terminar minha rabanada agora? — perguntou ela com um resmungo. Olhei para o chão de novo. — E agora, o que foi? — reclamou ela irritada.

— Estou indo embora de Nova York — falei em voz baixa. O rosto dela ficou vermelho de novo.

— Por que você iria querer sair de Nova York? — quis saber ela. Continuei em silêncio. — Eu adoro isso aqui — acrescentou ela rapidinho.

Uma coisa que a maioria dos nova-iorquinos parece esquecer é como seus amigos e familiares que não vivem em Nova York nunca querem que você abandone a cidade. Eles inconscientemente mantêm você aí com armadilhas mentais sutis e manipulações passivo-agressivas. Você é o ingresso de ouro deles para o melhor que há em termos de espetáculos teatrais, restaurantes, vida noturna e, é claro, o ritual de verão dos nova-iorquinos, os Hamptons. Por que eles iriam querer abrir mão disso? Você é a conexão deles com um mundo sobre o qual eles apenas leem a respeito ou assistem na televisão. Expliquei que na verdade aquilo não dizia respeito a ela, e que mais oportunidades de trabalho se apresentariam para *mim*. Embora ela tenha entendido minha necessidade de mudança, não se sentia preparada para discutir duas decisões tão importantes em um único café da manhã.

Enquanto ela tomava o último gole de seu café, eu a peguei dizendo baixinho:

— Não sei por que você não me escreveu uma carta para falar isso. Dizer que é gay vale uma carta; mudar-se para um lugar a milhares de quilômetros de distância e querer que eu escreva um livro com você pelo visto não.

Ela balançou a cabeça e me deu um sorriso gigantesco.

Dois meses depois começamos a escrever, e recebi um telefonema certa manhã.

— Estou fazendo uma pesquisa sobre as práticas sexuais dos gays. Você não é adepto de esportes aquáticos, é?

Pesquisa? Como assim ela estava pesquisando esportes aquáticos? Mas antes de eu conseguir dizer qualquer coisa, ela continuou:

— Você se consideraria um dominador?

— Os únicos esportes aquáticos que pratico, mãe, envolvem um par de esquis, mas obrigado pela consideração. Como anda sua escrita?

— Bem. Tenho algumas sugestões a fazer — disse ela, com um pouco de arrogância.

— Espere aí. Eu pareço ser um dominador para você?

— O livro? — atalhou ela, obviamente sem querer conhecer minhas preferências em termos de posições sexuais.

— Pode falar — declarei, enquanto começava a andar para lá e para cá no meu apartamento minúsculo.

— Acho que a gente devia falar das suas idas à depiladora.

— Você quer falar de depilação? Está maluca? — exclamei, horrorizado. — Mãe, eu estava pensando em algo mais na linha do que é ser gay, narrado do ponto de vista de uma mãe e um filho.

— Já entendi, já entendi. Você quer que as pessoas comprem isso aqui ou não? — disparou ela em retaliação. — Precisamos cobrir tudo, "depilação masculina" inclusive. — Eu estava enojado por minha mãe haver usado a expressão "depilação masculina". — Li que a maioria dos homens que se depila com cera costuma fazer isso para agradar o parceiro. Você está se depilando para você ou para outra pessoa?

Ai, meu Deus. O que eu tinha feito? Em questão de meses, minha mãe tinha se transformado em um cruzamento de Betty DeGeneres e a "vovó sensual" Sue Johanson.

O que começou como uma forma de levantar do chão mais um projeto criativo logo virou um trabalho de amor. À medida que eu escrevia, percebia que, mesmo que o livro nunca fosse publicado, pelo menos pude conhecer minha mãe de um modo completamente diferente, não apenas como mãe, mas como ser humano.

De modo conveniente, ela me ligou quando eu estava a caminho do aeroporto para começar minha nova vida em Los Angeles.

— É batata. Ela fez de novo — disse ela, irritada.

— Quem fez o quê?

— A recepcionista do salão. Ela me disse de novo que estou parecendo uma lésbica.

— E o que você respondeu, mãe?

— Eu disse obrigada — contou ela, cheia de orgulho.

Este livro foi composto na tipologia Chaparral Pro,
em corpo 11,5 pt/15, e impresso em papel off-white
no Sistema Cameron da Divisão Gráfica
da Distribuidora Record.